JN071000

ガラテヤ書講義 I

7

小川 修
パウロ書簡
講義録

神の〈まこと〉から人間の〈まこと〉へ

小川修パウロ書簡講義録刊行会 編

LITHON

小川修パウロ書簡講義録刊行にあたって

　小川修先生が長年追い求め掴まれた福音理解は、同志社大学神学部大学院での３年間（2007年〜2010年）に亘るパウロ書簡講義（ガラテヤ書、ローマ書、コリント書）に結実したと言っても過言ではない。ひとことで言えば、「神の〈まこと〉から人間の〈まこと〉へ」というパウロの福音理解であった。先生の師であった滝沢克己が『マタイ福音書講解』によって、自由で、まことに明るいイエスの福音を見事に表現したとするならば、小川先生は『パウロ書簡講義』によって、まことの福音を解き明かしたと言えよう。

　聖書の注解書や専門書は日本にも随分とあるが、失礼ながら、それらの多くが欧米の神学者や神学書の紹介であり、焼き直しのように思える。小川先生の福音理解の特徴は、日本の歴史と土壌に立つ者として、欧米の神学や思想から一度解放されて、自分で聖書をきちんと読むというものであった。このような自立的な聖書解釈は、ややもすると我流で、独り善がりのものに終わりがちであるが、小川先生の場合にはそれとは明らかに異なっている。仏教の研究（例えば、歎異抄は諳んじるほどに研究されていた）はもとより、米国と独国でも神学の研鑽を積まれた。ご本人の口から聞くことはなかったが、極めて優秀な成績を残されたことを人伝に耳にした。そして何よりも、聖書や専門書を自分で読むための語学力に優れていらしたことからも、そのことを案ずるには及ばない方であった。

　単なる思い付きではなく、学問的にも厳密に裏付けられたパウロの福音理解は、日本のキリスト教界に一石を投じることに留まることではない。キリスト教という枠を超えた、日本のすべての求道者を視野に置くもので

あった。この意味では神学的と言うより、宗教哲学的と言うべきかも知れないが、そのような類型分けは些細なことである。

　日本のキリスト教界が、欧米の神学思想に学ぶべきことは確かにまだ多い。しかしそこに留まり続けることに甘んじてはいけない。小川先生の『パウロ書簡講義』を柱とした福音理解は、日本のキリスト教界に警鐘を鳴らすだけでなく、欧米、そしてアジアの神学界や教会に対しても発信し得る優れた理解だと確信する。

　本来は小川先生ご自身の手で、その福音理解が公にされることが期待されていた。しかしまことに残念なことに、病に倒れ叶わぬこととなった。斯くなる上は、不肖の弟子たちであるが、我々の手で、出来る限り正確に先生の肉声の講義を起こすことしか道は残されていなかった。

　神の〈まこと〉に気づいたパウロの肉声（人間の〈まこと〉）が、マルティン・ルターを通して、カール・バルトや滝沢克己、座古愛子などの人々を通して我々に届けられて来た。その中に、小川修先生も加えられることは間違いない。

　　　　　　2011 年盛夏

　　　　　　　　　小川修パウロ書簡講義録刊行会を代表して

　　　　　　　　　　　　立 山 　忠 浩

目　　次

凡　　例

1　［授業資料］は授業で配布された資料で、章や段落分け番号以外は、できる
　だけ忠実にそのまま記載した。
2　［授業資料］のギリシヤ語と私訳は原資料では多様な色分けがされているが、
　そのままの記載は困難なため、一部を除き太字と傍線のみの表示に留めた。
3　［授業］の段落は、編者の判断による。
4　（　）内は、読者の助けとなると判断される限りにおいて、担当編者が挿入
　したものである。
5　話言葉の特徴から、「まあ、あの、この、ね」などの言葉がかなりの頻度で
　散見されるが、できるだけ肉声に忠実とするためにそのまま記した。また
　授業形式のため、言い間違いや文章が途切れることが当然起こるが、これ
　もそのまま文字化した。それらは小文字とし、読み飛ばすことで文意を汲
　み取れるようにした。なお、「ね」だけはカタカナとし、「えー」はすべて
　削除した。
6　ダッシュ（――）は、挿入の言葉や文章の場合に施した。
7　言葉や文章の上に付した黒点（・）は、先生が声を大きくされるなどから
　判断された強調点である。
8　〈まこと〉、〈いのち〉、〈からだ〉、〈こころ〉などの〈　〉表記は、［授業資
　料］からも判断される重要語であることから、［授業］本文でもそれに従っ
　た。
9　ギリシヤ語、ラテン語、ドイツ語はカタカナによる発音を（　）内に表記
　した。「ピスティス」、「エック　ピステオース　エイス　ピスティン」、「エ
　ン　クリストー」など頻繁に出て来る重要語の場合は、カタカナ表記を先
　に記した。またギリシヤ語発音表記の中には、前巻の『ローマ書講義』に
　少し修正を加えたものがある。
10　笑いや板書もできる限り表記することとし、その際は〔　〕で記した。
11　ギリシヤ語本文は、B. Aland/K. Aland, *Novum Testamentum Graece* (27.
　revidierte Aufl.; Stuttgart: Deutsche Bibelgesellschaft, 1993) を用いている。

（立山忠浩）

ガラテヤ書　第1章

1

［授業資料から］

1:1-5　挨拶

¹ Παῦλος ἀπόστολος οὐκ ἀπ᾽ ἀνθρώπων οὐδὲ δι᾽ ἀνθρώπου ἀλλὰ διὰ Ἰησοῦ Χριστοῦ καὶ θεοῦ πατρὸς τοῦ ἐγείραντος αὐτὸν ἐκ νεκρῶν,

² καὶ οἱ σὺν ἐμοὶ πάντες ἀδελφοὶ ταῖς ἐκκλησίαις τῆς Γαλατίας,

³ χάρις ὑμῖν καὶ εἰρήνη ἀπὸ θεοῦ πατρὸς ἡμῶν καὶ κυρίου Ἰησοῦ Χριστοῦ

⁴ τοῦ δόντος ἑαυτὸν **ὑπὲρ τῶν ἁμαρτιῶν ἡμῶν, ὅπως ἐξέληται ἡμᾶς ἐκ τοῦ αἰῶνος τοῦ ἐνεστῶτος πονηροῦ** κατὰ τὸ θέλημα τοῦ θεοῦ καὶ πατρὸς ἡμῶν,

⁵ ᾧ ἡ δόξα εἰς τοὺς αἰῶνας τῶν αἰώνων, ἀμήν.

［私訳］

1：1　人々からでもなく、人によってでもなく、イエス・キリストと彼を死人の中からよみがえらせた父なる神とによって（立てられた）使徒パウロ、

1：2　ならびにわたしと共にいる兄弟たち一同から、ガラテヤの諸教会へ。

1：3　わたしたちの父なる神と主イエス・キリストから、恵みと平安とが、あなたがたにあるように。

1：4　キリストは、わたしたちの父なる神の御旨に従い、**わたしたちを今の悪の世から救い出そうとして、ご自身をわたしたちの罪のた**

めにささげられたのである。

1：5　栄光が世々限りなく神にあるように、アァメン。

［授業］

はい。でまぁ先学期はブルトマン[註1]の有名な、ぁの『新約聖書神学』という大変難しい書物を取り上げて〔笑い〕、えらい難しい授業だなと思われたんじゃないかと思いますが、今度は直接パウロなので、あんな難しくはないですから、ぁのそう心配しないでください。あれは20世紀最高の新約神学書ですからネ。その中核部分を取り上げたと言うより、ケチをつけたという感じで、大神学者を（検証）したんですけど。今度は、ぁの新約学の人たちの解釈を見ながら、それからまぁ私の見方もできるだけ分かり易く（解説したいと思います）。まぁパウロというのは外せない存在ですょネ。ぁの外せないって言うか、中核的なぁの文書、新約聖書の中の文書なので、できるだけそのネ、中心的なメッセージと思われるものを（取り上げて行きます）。もちろんそれは私がそう考えるのであって、他の人たちと色々違う点がありますけれど、その点をお伝えしたい。それはまぁガラテヤ書が一番──まぁ半年と言ってもせいぜい十数回の授業ですから──それでやるのが丁度分量的にいいんじゃないかと思うんですぇ。それで、まぁこれは同時にここで律法の問題を取り上げますから、旧約聖書の問題、旧約聖書をどうパウロはみたかという（ことにもなります）。あの頃聖書と言ったら旧約聖書しかないですからネ。まぁ聖書の見方ですネ。それも同時に学んで行きたいと、こう思っているわけです。

それで今、みなさんにこの小さい方の資料をお配りしたでしょ。これはぁの岩波（書店）から出ているこの、ぁれ、青野（太潮）さん[註2]のなかなかいい訳で、パウロ書簡、パウロ真正書簡の7つを彼が訳して、その書物のお仕舞いに付いてる表なんですけど。わりとぁのどこにいたか、なにをしたかというのが、まぁぁのもちろん47年以後わずか十数年間ですけど、

まぁポイントが出ているので、みなさんにこれを刷って差し上げたんです
ネ。これを見ながらまぁ大体、ガラテヤ書というのがぁのこれ見ても分かり
ますようにネ、──エペソ、エフェス、エフェソですネ──エフェソで書いて
いますネ。54 年頃と考えられます。そういうことが分かり易い表になっ
ているので、これがいいんじゃないかと思ってネ。今日はぁの歴史的なお
話で、私のあまり得意じゃないところですから、新約聖書学者たちの説を
みなさまに受け売りで教えるだけですから〔笑い〕、今日は。

　それで、まぁガラテヤ書に関しては日本では非常にいい書物が出たんで
すネ。それは佐竹明さん註3) の『ガラテヤ書』という書物で、もう相当入
手が難しいんですけれど、ここの図書館にはもちろんあると思うんです
けどネ。ぁのそれが最もいいから、まぁどっかで機会があったら入手されて
おくこと。それからまぁ後の二人はいずれも私の友人ですけど、ぁの山内
(眞)註4) という、今東京神学大学の学長なんかやってる──これは留学生、
留学したとき一緒だったんで仲良くしたんですが──この人が書いていま
すネ。それからもうひとつが、最近出たのが原口尚彰註5) という人の(注
解書です)。これもネ、これも僕の授業に出てた学生なんですょネ〔笑い〕。
学生って、今じゃあれですけど。若手で、盛んに書いていますけど、一生
懸命出てくれた(学生でした)。ぁの、で後に新約学者として一番ぁの色々
書いてんですが、でも、まぁぁの最も水準が高いと思うのはやはり佐竹さ
んの書物なので、主としてこれから(取り上げて行きます)。まぁその他
色んなガラテヤ書の翻訳が出てますネ。でサイズが丁度ローマ書のような
大きな書物じゃないので、まぁパウロというのを、というものの、まぁパウロ
神学という、そういうものを掴むのには一番いい書物かも知れない、ぁの
ガラテヤ書というのはネ。ルター註6) はこれに関して大きな講解を書いて
註7)、宗教改革の原動力になった。まぁローマ書もありますけど、そういう
あれですネ。まあここで書かれている内容というのは、ここで書かれている内容
というのは、まぁ主として義認論と言われるものです。それが重きをなして

いるわけですから、まぁパウロの中心的な見方ですぇ。それが書いてある。

　しかし今日はそれに入る前に、前の段階の章、話です。それじゃ、早速ちょっとみてみましょう。みなさんにお配りした資料ですぇ。日本語訳で結構ですぇ。ぁのこれ大体口語訳を変えて書いてありますけど、そのままのところも、でいいと思うところは——大部分はいいと思ってるんですけど——そのまま採ってます。

　最初、1章の1節ですけど、「人々からでもなく、人によってでもなく、イエス・キリストと彼を死人の中からよみがえらせた父なる神とによって立てられた使徒パウロ」。これは発信人の名前ですぇ。「人々からでもなく、人によってでもなく」、ここでもうすでにぇ、この書物がある状況を想定してその上で書いてることが分かりますぇ。つまりガラテヤに——自分が建てた教会だと思いますが——多分エルサレム教会からユダヤ主義的な、ユダヤ教、ユダヤ主義的なキリスト者がやって来て、そしてまぁパウロ的な福音に対してまぁ異議を唱えていた。そういう状況で、一番ぁの考えてみるとパゥロが、パウロの弱点と彼らが考えたのはなにかと言うと、生前のイエス・キリスト——まぁ生前のイエスですぇ——生前のイエスに会ってないわけです。つまり直弟子ではないですぇ、そういう意味では。ですからペテロなどとはその点が違うわけで、そういうなんて言いますか、エルサレム教会の系譜に属してない。ですから、その使徒、使徒職というのがまぁ疑問視されたんでしょう、恐らくぇ。で、これはぁの、これに対して「人々からでもなく、人によってでもなく、イエス・キリストと彼を死人の中からよみがえらせた父なる神とによって立てられた」と、自分の使徒という使徒職は、使徒は、使徒たることは、使徒たる地位は、人々からじゃない。人によってでもない。そうではなくて、イエス・キリストと神である、こういう主張ですぇ。ですから初めっから相当に論争的ですぇ〔笑い〕。まぁそういう書き方ですよぇ。

　これはぁの、よくぇ、これぁの、宗教というのは色々人間と人間の系譜に

よって伝わって行くところがあるわけで、そうすると時々こういうパウロのような人が出て来て、ポンとそういう系譜とは別にぇ、言わば神様と直接的な関係によって、まぁ召命感と言うか、そういうものを得た人というのはいつも問題になるんですょ。ぁのまたいつもぁの、まぁその人々の系譜から見られた——そういう人々の系譜から見られたというのはいい表現ではないですけど——ぁの人々の、人から人へとこぅ伝わって来たものから見て、そういう人たちから見ると疑問視されるんですぇ。そういう軋轢は実はキリスト教だけではなくて、他の宗教、たとえば仏教にもあるわけです。

　例えばの話ですけどぇ、ぁの禅宗というのがありますぇ。禅宗というのは悟りを開いたんですから、言ってみるとそれは悟りを開いたまぁ悟った人、その系譜が問題になるんですが、よく「法を誰それに継ぐ」というような言い方をするんですぇ。でこう縦線を引くんですょ。自分の、自分はこの人によって印可を得たということでぇ。〔板書しながら〕誰それ、Aは——自分はBとすると——A師匠から印可を得たと。そしてこぅ、でこの一番先には、まぁ、まぁ一番どん詰まりには釈迦がいるわけですぇ。そういうふうに言うわけですぇ。ですから以前東京のお寺で、ある有名な禅のお師家さんの話を聞いたら、「私は釈迦から五十何代目」——だったかな、忘れちゃったけど——（と）聞いて僕びっくりしちゃったことあるんですけどぇ。ぁのこれはぁの別に禅宗の人はそういう言い方をするんですぇ。〔学生が「いんかとはどういう字ですか」と質問する〕はい。「印可」って、「印可」っていう字ですか。〔板書しながら〕こういう字。ぁの要するに許可、ぁのお前は受け取ったというぇ。でもこれは、ぁの悟りっていうのは絶対師匠とは関係ない、まぁ言わば絶対者との結びつきですから、ここにこういうものを、人間を介在させて来るっていうのは（本来はないんです）。まぁ普通、ですからこういう系譜の図、系譜の絵がありましてぇ、ぁの恐らく例えば京都には、天龍寺だとか妙心寺だとか色々ありますでしょう。

14

こういうお寺はﾈ、今、今でもぁの禅匠がいて、師家と言われる人が──師家ってこういう字を書くんですけど。〔板書しながら〕師家、師家。まぁこれはもう絶対的な師匠ですけど──この人たちは自分は何代目だっていう、自分の師匠はここだっていうことを非常に大切にする、系譜を。だからこういうことと無関係にひょっとこぅすごい人が出て来たときは、ぁのそういう人はお寺の内部ではかなりこぅﾈ気の毒な扱いをされる。でも、でも元来悟りっていうのは〔笑い〕、どうもそぅ、ぁの僕はそういうもんだと思っていたら、ある禅の研究者が、実は〔板書の図を指しながら〕こういう点線は怪しいんだということを教えてくれましたが〔笑い〕、図で、その彼はﾈ。こういうのはぁの怪しいんだと、本当は。ぁのそんなもんじゃないって。本当に悟るってものはひとりでやるんだっていうことを聞いたことがあります。

　まぁぁのそれとこれとはちょっと話が違うかも知れませんが、こういうふうに、ある系列……。まぁカトリックは「ペテロから」ってやってるでしょ。で今のベネディクトゥス註8)、何代ってやってるわけでしょ。よく似てますょ、そういう点ではﾈ。ところがもし、ポンとこういうカトリックのお坊さんでなくて、ポンとこぅ神様のそのまぁ言ってみると啓示を受けて出て来た人間というのは、ぁの出て来た場合にはパウロと同じようにこぅﾈ、一匹狼になっちゃう可能性が高いですょ。これ一匹狼になったときの話ですから、これはﾈ。これﾈ、ですから今でもあるんです、こういう問題は。ぁの宗教ってのはいつもキリスト教に限りませんけれど、人から人へ、人から人へとどうしても繋がって行く。ところが、啓示とかなんとかいうことになって来ると、これは神と人の問題ですから、そこが出て来た場合に、そういうものを受け取った人というのは、そのなんて言うか、この一種の教団を形成して来た人たちから見るとうさん臭いんですﾈ。でもこっちの人は、ある意味で本当に、本当に得たという人が出て来ると、こっちの人の方の組織がちょっとおかしく見える。なんだこれ、教わっ

てるだけじゃないかっていうぇ〔笑い〕、自分でどこ悟ったんだってわけ
ですょ。要するに、教え込まれて出て来た人間に過ぎないって、そういう
こといつもあるぇ。こういうふうに繋がって来るものは当然、ぁの生きた、
生き生きとしたものがなくなっちゃうんですぇ。教えてこぅ、教え込まれて
来てるから。でそういう軋轢はいつもあるんですぇ。でキリスト教ももう
しょっぱなから出て来るぇ〔笑い〕。もうエルサレム教会というのがひと
つの権威を持っちゃって、まぁ、そして人々、人から、ィエス、ぁぁイエスか
らペテロ、ペテロから誰それへというようなことになって来ると、その系
列と外れたパウロのような人間は、「これは怪しいぞ」と言われるし、そ
れに対するこれ彼の反論ですよ、ぇ。

　はい、2節、「ならびにわたしと共にいる兄弟たち一同から、ガラテヤ
の諸教会へ」。まぁこれは宛先です。「諸教会」、複数形です。みなさん、
これはガラテヤっていうのはどこを言うか。地方名なのか州の名前なの
か、争いがあるという話を聞いたでしょう。まぁ普通は地方と考えられて
て、ローマの州にガラテヤ州っていうのがあったらしいですが、それを
言ってるんじゃないというのが有力ですぇ。ですから地方名。

　3節、「わたしたちの父なる神と主イエス・キリストから、恵みと平安
とが、あなたがたにあるように」。

　それから4節ですぇ。「キリストは、わたしたちの父なる神の御旨に従
い、わたしたちを今の悪の世から救い出そうとして、ご自身をわたしたち
の罪にささげられたのである。(5節) 栄光が世々限りなく神にあるよう
に」。まぁこういうのが前半の挨拶ですけれど、まぁ4節はひとつ重要なこ
とを言ってますぇ。ぁっ、そうですぇ。ぁのちょっとぇ、ギリシヤ語の方を
見ていただくとぇ、4節、τοῦ δόντος ἑαυτὸν ὑπὲρ τῶν ἁμαρτιῶν
ἡμῶν（トゥー　ドントス　ヘアウトン　ヒュペル　トーン　ハマルティオーン　ヘー
モーン）。最初の方ぇ、「わたしたちの罪」、これ複数形使ってるんですょ
ぇ。ἁμαρτιῶν（ハマルティオーン）、パウロは大体が単数形で使うんで、ま

16

ぁブルトマンのときもやりましたけど、単数で $\alpha\mu\alpha\varrho\tau\iota\alpha$ （ハマルティア）って言った場合には、まぁ罪の力あるいはまぁはっきり言うとサタン、そういうものを指す、指して言うことがパウロは多いんですが、この複数形は個々に人々が犯した罪。まぁ日本語で言う罪は大体それだと思うんですが、それを言っていると。ですからこれはパウロの用語としてはパウロ的でないというので、まぁパウロがこの時代の、この時代の、つまりこのキリスト教会のですネの使っている用語をそのまま踏襲したんだというのが、一般の聖書の解釈者たちの意見です。そのことを申し上げておきますネ。従って、佐竹さんなどは、ぁの「わたしたちの罪を、罪のために」ということは、わたしたちの罪を赦すためにまぁキリストはご自身をささげたというこの表現は、まぁ恐らくまぁこの時代のキリスト教会、まぁエルサレムを中心とするキリスト教会の科白で、この場合は「罪を犯す」というのは個々の罪ですから、結局律法違反ですネ。律法違反を、律法違反を言っているわけです、この $\alpha\mu\alpha\varrho\tau\iota\tilde{\omega}\nu$ というのはネ。色々な律法があって、それに反してしまったこと。ですから当然これは、律法の有効性というものを前提した上の、律法が正しいということを前提した上の、その罪ですからネ。そうなって来ると、まぁこれは元もとパウロの本来言おうとしていることじゃない、というふうに分析しているようですネ。これは佐竹さんが書いて（い）ぁりましたけれど、他の神学者もそうでしょう。「わたしたちの罪、諸々の罪を赦すために」、だからまずその場合には律法の有効性というものが前提されていると言いますネ。

　ところがですネ、後半の真ん中になりますけれど、$\ddot{o}\pi\omega\varsigma\ \dot{\epsilon}\xi\dot{\epsilon}\lambda\eta\tau\alpha\iota$ $\dot{\eta}\mu\tilde{\alpha}\varsigma\ \dot{\epsilon}\kappa\ \tau o\tilde{\upsilon}\ a\dot{\iota}\tilde{\omega}\nu o\varsigma\ \tau o\tilde{\upsilon}\ \dot{\epsilon}\nu\epsilon\sigma\tau\tilde{\omega}\tau o\varsigma\ \pi o\nu\eta\varrho o\tilde{\upsilon}$ （ホポース　エクスエレータイ　ヘーマース　エック　トゥー　アイオーノス　トゥー　エネストートス　ポネールー）というのは、「今の悪しき世からわたしたちを解き放つために」という言い方ですネ。これ「今の悪しき世」という言い方ですから、「わたしたちを解き放つ」という言い方ですから——これはぁのまあこのアイオーン、アイ

オー、αἰῶνος（アイオーノス）というのは時間ですょネ──時間の中にいるわ
たしたち、それを、そこから引き出すという意味で、まぁ言ってみると用
語は、用語は非パウロ的なんだけど、この考え方は実はパウロの考え方を
よく表している。用語は別だけどもぇ。そういうふうに言っていますぇ。
つまり、これはなにを言っているかというと、この、この我々が時間の中
に生きているということ、このこと自体が悪であり、このことから我々を
救うということですから、まぁ言ってみるとですぇ、その時間の中に律法も
あり罪もあるわけですから、律法そのもの、罪そのもの、そこから我々
を引き出したと、こういう解釈だから、こここれはもう律法も否定してい
ると、こういう解釈ですぇ。かなりきつい解釈ですけど〔笑い〕。そうい
うふうな解釈ですから、こちらは本質的にはパウロ的なんですぇ。用語は
用語は黙示文学的ですけど。その、律法の拘束力というものを前提としなが
ら、前のものと違って、これは律法そのものの否定、罪そのものの否定。
そのためにキリストは死んだんだと。まぁぁのこれは当たっていると思い
ますので、まぁこのようにパウロはキリスト教、──当時のキリスト教で
すぇ──その見方と、それからパウロの独自の見方と、それをふたつ並べ
て書いている、こういう指摘です。このことは知っておかれるといいで
しょう。まぁそういうふうにしてイエス・キリストというのを見ている、
まぁということが色々後でこれから出て参り、出て参りますぇ。

2

［授業資料から］
1：6-10　福音と律法（宗教）（cf. 5:7 ～ 12）

⁶ Θαυμάζω ὅτι οὕτως ταχέως μετατίθεσθε ἀπὸ **τοῦ καλέσαν-**

18

τος ὑμᾶς ἐν χάριτι [Χριστοῦ] εἰς ἕτερον εὐαγγέλιον,
⁷ ὃ οὐκ ἔστιν ἄλλο, εἰ μή τινές εἰσιν οἱ ταράσσοντες ὑμᾶς καὶ
θέλοντες μεταστρέψαι **τὸ εὐαγγέλιον τοῦ Χριστοῦ.**
⁸ ἀλλὰ καὶ ἐὰν ἡμεῖς ἢ ἄγγελος ἐξ οὐρανοῦ εὐαγγελίζηται
[ὑμῖν] παρ᾽ ὃ εὐηγγελισάμεθα ὑμῖν, ἀνάθεμα ἔστω.
⁹ ὡς προειρήκαμεν καὶ ἄρτι πάλιν λέγω· εἴ τις ὑμᾶς εὐαγγε-
λίζεται παρ᾽ ὃ παρελάβετε, ἀνάθεμα ἔστω.

［私訳］

1：6　あなたがたがこんなにも早く、**あなたがたをキリストの恵み
の内へと呼んでいる方**から離れて、違った福音に落ちていくことが、
わたしには不思議でならない。

1：7　それは福音というべきものではなく、ただ、ある種の人々が
あなたがたをかき乱し、**キリストの福音**を曲げようとしているだけの
ことである。

1：8　しかし、たといわたしたちであろうと、天からの御使であろ
うと、わたしたちが宣べ伝えた福音に反することをあなたがたに宣べ
伝えるなら、その人はのろわるべきである。

1：9　わたしたちが前に（前節のことではなく、第二伝道旅行時の
ことであろう――佐竹等）言っておいたように、今わたしは重ねて言
う。もしある人が、あなたがたの受けいれた福音に反することを宣べ
伝えているなら、その人はのろわるべきである。

R4:17b　κατέναντι οὗ ἐπίστευσεν θεοῦ **τοῦ ζῳοποιοῦντος
τοὺς νεκροὺς καὶ καλοῦντος τὰ μὴ ὄντα ὡς ὄντα.** (in the
presence of the God in whom he believed, who gives life to the
dead and **calls** into existence the things that do not exist.)

2C4:10 πάντοτε τὴν νέκρωσιν τοῦ Ἰησοῦ ἐν τῷ σώματι περιφέροντες, ἵνα καὶ ἡ ζωὴ τοῦ Ἰησοῦ ἐν **τῷ σώματι ἡμῶν φανερωθῇ**.

2C4:11 ἀεὶ γὰρ ἡμεῖς οἱ ζῶντες εἰς θάνατον παραδιδόμεθα διὰ Ἰησοῦν, ἵνα καὶ ἡ ζωὴ τοῦ Ἰησοῦ **φανερωθῇ ἐν τῇ θνητῇ σαρκὶ ἡμῶν**.

R8:30 **οὓς δὲ προώρισεν, τούτους καὶ ἐκάλεσεν· καὶ οὓς ἐκάλεσεν, τούτους καὶ ἐδικαίωσεν· οὓς δὲ ἐδικαίωσεν, τούτους καὶ ἐδόξασεν.**

[10] Ἄρτι γὰρ ἀνθρώπους **πείθω** ἢ τὸν θεόν; ἢ ζητῶ ἀνθρώποις ἀρέσκειν; εἰ ἔτι ἀνθρώποις ἤρεσκον, Χριστοῦ δοῦλος οὐκ ἂν ἤμην.

［私訳］

1：10　今わたしは、人々に喜ば**れ**ようとしているのか、それとも、神に喜ばれようとしているのか。あるいは、人々に取り入ろうと努めているのか。もし、今もなお人々に取り入ろうとしているとすれば、わたしはキリストの僕ではあるまい。

［授業］

　それで6節に入りますが、6節は日本語を見ていただくと、「あなたがたがこんなにも早く、あなたがたをキリストの恵みの内へと呼んでいる方——『召している方』というのはぁの本来の訳だったかな。あの、まぁ「呼んでいる方」、どっちでもいいですけどぇ——（から）離れて、違った福音に落ちていくことが、わたしには不思議でならない」。ぁの〔板書しな

がら〕この「召す」という日本語、いい日本語だと思うんですけどぇ、今の大学生なんかだと、これはもう難しい日本語ですぇ。「召す」って、日本語（には）色んな意味があるんですょ。例えば、食事を召す、召し上がるっていうぇ、食事を召す。それから衣服、着物を召す。まぁ女性なんか丁寧な日本語で言いますぇ。お風呂を召すなんて言い方もするんですょ〔笑い〕。ですから日本語って色々色々言うんで難しいんですけど。まぁ本来はぁの「呼ぶ」という、これは καλέω（カレオー）というぇ（ギリシヤ語です）。みなさん、ちょっとギリシヤ語ちょっと黒いあれになっちゃってますけど、読みにくくなってますけど、καλέω って書いてあるでしょ、καλέσαντος（カレサントス）って。〔板書する〕これ、「呼ぶ」ですぇ。この動詞、ですからまぁ元来は日本語の「召す」のように色んな多義的な言葉はないと思うんですけどぇ、これです。「あなたがたをイエス・キリスト、キリストの恵みへと召す」、この ἐν（エン）、ἐν χάριτι Χριστοῦ（エン　カリティ　クリストゥー）って書いてありますが、この神様のことをぇ「キリストの恵みにおいて」とも採れますぇ、この ἐν はぇ、この ἐν は。このギリシヤ語の ἐν というのは大体英語の in なんですょ、〔板書する〕ぇ。大体英語の in なんですが into って意味もあるんですぇ。ですからこの場合は into というふうに——まぁどっちでもいいんですけどぇ——僕の訳は into にしてありますぇ。「あなたがたがこんなにも（早く、あなたがたを）キリストの恵みの内へと呼んでいる方、召している方……」。でみなさんぇ、ぁのここ、まぁ黒い線（網掛け）が引いちゃってありますが、この καλέω（カレオー）というのを、まぁぁの僕がぇ、新約学者たちがさらっとやっちゃってるのが非常に気になるんで、ここを少しご説明しておきますぇ。

　ぁのこれは、神様のことを τοῦ καλέσαντος（トゥー　カレサントス）と書いてありますぇ。召す方、あなたがたを呼ぶ方、あなたがたを召す方という、そういう言い方で神様のことを（表現していますが）、そこから、そ

こから離れちゃって、あんたたちは別の福音に行っちゃったというわけですネ。で実際は別の福音なんかないって言うんですけど、まぁ要するに間違った方向に行ったというわけですからネ。あのこのネ、この「召す」という言い方、ここでネ、実は、その次のですネ、あの授業資料の2、2頁の、2頁[註9)]にもそのちょっと黒ずんでる所があるでしょ、上の方に、ネ。あのκαλέσας（カレサス）っていうのがありますネ。これも、ここでも出て来る、出て来てるわけです。で1章にはこの2度出て来て、いずれも神様。でκαλέω（カレオー）というこの動詞はネ、「呼ぶ」という動詞は、パウロでは何回か出て来るんですけど、みんなその主語は神様です。人間ってことはありませんで、キリストということもありません。人間という人間が主語になってる場合があったかな。ちょっと自信がないですけど、ほとんど神様なんですよ。キリストが主語として登場することもないですネ。そういう言葉なんですが、あの実はネ、実はあの、これをしっかり理解してもらいたいと思うのは、まぁ2頁の方でも出て来る、2頁の方で出て来るからなんですけど、前もって言っておきますネ。

　それでみなさんのに配った授業資料の1頁の方のお仕舞いの方に[註10)]、ローマ書4章17節、第二コリント4章10節、ローマ書8章30節と、いずれもネこのκαλέωという言葉が出て来る所で重要なのを拾ったんです。あっ、ただ第二コリント4章は出て来ませんけど、内容的に同じものが出て来んですネ。それでちょっとこれを見てもらいますと、大体パウロが「呼ぶ」とか「召す」と言うときに、どういうことを考えていたかがよく分かるんですネ。それで、それがいかに重要であるかということも分かって来ると思うので、ここでガラテヤ書を始めるにあたってネ、まずこれを頭に入れてもらいたいと思いまして。

　4章の17節、4章の17節、あっローマ書の4章17節ネ。ローマ書4章17節は、後半の、後半だけで結構なんだけど、これ挿入句的にちょっと入って来てるんですが、これはネ、あのそれは英訳はちょっと付けときま

22

したけど、κατέναντι οὗ ἐπίστευσεν（カトエナンティ　フー　エピステウセン）、彼が信じた、θεοῦ（テウー）、神。これ οὗ ἐπίστευσεν（フー　エピステウセン）というこのふたつの言葉は関係文です。で先行詞はなんと後ろの θεοῦ ですネ。先行詞じゃないネ、こうなっちゃ。で彼が信じた神、まぁアブラハムのことなんですけど、アブラハムが信じた神というのは。その神の定義が、定義っていうのは変ですけど、叙述がですネ、θεοῦ の後、τοῦ ζωοποιοῦντος τοὺς νεκροὺς（トゥー　ゾーオポイウーントス　トゥース　ネクルース）、死んだ人間、死者たちを生かし——そしてここで出て来るんです—— καλοῦντος τὰ μὴ ὄντα ὡς ὄντα.（カルーントス　タ　メー　オンタ　ホース　オンタ）、存在しない者を存在すると呼ぶ、呼ぶ。そこで神様。全部、神様にかかるんです。ですからこれは、アブラハムが信じた神というのは「死者を生かし」——日本語訳聖書は「無を有と呼ぶ」、簡潔ですネ。無を有と呼ぶ、τὰ μὴ ὄντα（タ　メー　オンタ）というのは「存在しない」っていうことでしょ——存在しない者を ὡς ὄντα（ホース　オンタ）存在する者と呼ぶ、無を有と呼ぶ、そういう神。でちょこっとこういうふうにネ、ローマ書の中で、神様についてパウロが言ってんです。でここはネ、すごく大切なことだと思うんですネ。まぁ英訳は付けてるからネ、ぁの後でローマ書の本文とちょっと前後関係を照らして見ておいてください。

　でネ、あのこのように「死者を生かし、無を有と呼ぶ」、同じ内容ですょ、これ。「死者を生かし、無を有と呼ぶ、無を有と呼ぶ」ということは、死者を生かすということですょ。で、この「無」とか「有」というのは、哲学で言うような概念ではありません、もちろん。ここで「無」というのは死んでいる人間のことを言っていることは明らかで、また「存在」、「有」というのは——「有」って分かるでしょ。「存在」のネ「有る」っていう（意味です）——「有」と言っているのは、まぁ復活した、生かされた、そういう「復活」を言っていることは明らかですネ。そういう神様っていうのはそうだと。ですからネ、パウロにとって神というのは、復活というものの

別名なんですょ。ぁの復活させる者として登場する、ネ。死んでいる者を生かす。死んでいる者と言っても、それはぁの生きている——我々生きていると思っているわけですけど〔苦笑〕——その生きてる者は死んでいる者なんですネ。そういう意味で死者。死者を本当に生かす、無を有とする。そういうときに、まぁこの καλέω（カレオー）っていうのを使っている。ですからこれはすごく重要な言葉ですネ。ぁの、これは自分が死んでいるというふうに、まぁ普通人間はそういう……、普通人間は自分が死んでいるとは思いませんけぇ、見る人が見ると死んでいる人間だと〔笑い〕。でそれがそれを本当に生かす、そういう、そういうネ、そういう者を神って言っているんですネ。でこのことのネ、このことの言い換えなんですょ。

　これは僕がよく、僕が実は、第二コリントの 4 章というのは非常にぁのパウロというものが分からなかったときに、光のように差して来て、教えてくれたのがこの言葉なんですけど。それで、ここではぁの καλέω というのは、この第二コリントの 4 章の 10 節と 11 節には出てはおりませんけれど、内容上同じことを言っていますネ。それでその後にぁの挙げておきました。これは今見ていただきますと、πάντοτε τὴν νέκρωσιν τοῦ Ἰησοῦ ἐν τῷ σώματι περιφέροντες（パントテ　テーン　ネクローシィン　トゥー　イエスー　エン　トー　ソーマティ　ペリフェロンテス）、これが 10 節の前半ですネ。イエスの死を、イエスの死をこの身にいつも—— πάντοτε（パントテ）って最初に出て来ますが、いつも——いつもわたしたちは、イエスの死を身に、この身に帯びている、περιφέροντες（ペリフェロンテス）。で ἵνα（ヒナ）、「～するために」と訳しますけど、καὶ ἡ ζωὴ τοῦ Ἰησου（カイ　ヘー　ゾーエー　トゥー　イエスー）、これネ。και（カイ）というのは「もまた」と訳してはいけないんで、ぁのこの場合の και は後ろに来るものを強める、そういう副詞的な役割ですネ。ἡ ζωὴ τοῦ Ἰησου、イエスのまさに、それは、イエスの〈いのち〉が、まさにイエスの〈いのち〉が、ἐν τῷ σώματι ἡμῶν（エン　トー　ソーマティ　ヘーモーン）、わたしたちの

〈からだ〉において φανερωθη（ファネロテー）、現れるためなんだと。「ため」という言い方はあまりいい訳じゃないんですけど、まぁこれは ἵνα、ἵνα の文章の方が意味が、内容が多いんですネ。従ってあのブルトマン、先学期ブルトマンやったときに、ブルトマンはここをですネ、ちょっと特殊な訳をしてましたけど、まぁあの前の方を副文のように訳してましたネ。それはぃぃいい訳だと思ってるんですが、「わたしたちがいつもイエスの死をこの身に帯びていることによって、イエスの〈いのち〉がわたしたちの〈からだ〉に現れるんだ」というふうに逆転させて訳してましたけど、それ悪くないですネ。

　ぁのその次の 11 節も全く同じですょ、内容は。ἀεὶ（アエイ）これもネ πάντοτε（パントテ）と同じ意味で「いつも」ってことです。γὰρ（ガル）っていうのは恐らく 10 節の言い換えって意味でしょう。「すなわち」っていうことですネ。すなわち、いつも、わたしたちは── ἡμεῖς（ヘーメイス）でしょ── οἱ ζῶντες（ホイ　ゾーンテス）、生きているかぎり、──生きているわたしたち、οἱ ζῶντες。ですから、肉体をもっている「わたしたち」ですょ。「生きている」ってこの場合は、生物的に「生きている」という意味だと思いますが──〈からだ〉が動いてネ、生きているかぎり、εἰς θάνατον（エイス　タナトン）、死へと、παραδιδόμεθα（パラディドメタ）、引き渡されている、διὰ Ἰησοῦν（ディア　イエスーン）、イエスのゆえに。これなかなか難しいと思うんですけど、まぁ結局これは「イエスの十字架に引き渡されている」というふうに僕は解釈しております。つまり、生きているかぎり我々は常に死へと引き渡されている。これは例えば「生きている」というのは、死と、死と死に裏打ちされた〈いのち〉でネ、我々は。ぁの我々は有限的な生ですから、いつでも死に得るわけですょネ。いつでも死というのがある。それが有限的な〈いのち〉ということですネ。永遠の〈いのち〉ちゅうのはないですから。しかし、それは「イエスのゆえに」という言葉によって、恐らくこれはパウロは上のちょうど上の

10節の前半と同じでォ、「イエスの、イエスのゆえに引き渡されている」という言い方は、「イエスゆえに」という言い方は、イエスの十字架を我々はいつもこの身に負っているんだ、というのと同じ意味だろうと思うんですォ。で後の ἵνα（ヒナ）はもう全く上と同じで、ほとんど同じ文章で、それはまさにイエスの〈いのち〉が、このわたしたちの死ぬべき σαρκὶ（サルキ）——これはこの場合の σάρξ（サルクス）は σῶμα（ソーマ）と同じ意味です。イエスの肉体、イエスの肉体じゃない——死ぬべきわたしたちの肉体において、φανερωθη（ファネロテー）ォ、現わされるためである。というわけですから、これは実際10節と11節は全く同じ内容のことを別の言葉で、一部別の言葉で表現しているに過ぎませんォ。

　で、ぁの、まぁ我々が生きているということはもうォ、ぁの、そらぁ例えば座古愛子[註11]さんのような場合が一番よく分かるわけで、もう健康な〈からだ〉じゃないですから。その我々（の）健康だって怪しいもんだょォ、一皮むけばいつ病気になるか分からない〔笑い〕。もう病気かかえているかも知れないォ。しかしまぁそれが我々の場合はまだはっきりしないんですけれど、まぁ彼女のような場合には、生きているということがもう死に裏打ちされているような（ものです）。でそういうところに、そこに、そこにイエスの〈いのち〉と、——これ復活のことですォ——復活の〈いのち〉が現れてるんだと、こういうことを彼女自身はあるとき悟るわけですォ。非常に早く、二十代初めぐらいに分かるんですォ。でぁの、まぁですから僕は非常にパウロというものを——あれどっかで、どこで掴んだんかよく分からないけど、とにかくすごい明治の人でォ——掴んでいる。教えられたわけですが、まぁそういうぁの、でこのォ特にぁの今やってる第二コリントの4章10節と11節を一、一文で言い表したのが11節の最後の文章です、ἵνα から。これはもう全部の要約ですょ。イエスの〈いのち〉というのは、わたしたちの死ぬべき〈からだ〉に、復活というのは死に死の〈からだ〉において——死の〈からだ〉、我々の〈からだ〉はォ、ぁのやっぱり

死ぬべき〈からだ〉ですからネ——そこに、そこに——いいですか、ἐν（エン）——そこに現れている、現わされている。この一文がこの前文10節と11節全部の要約をしているわけです。これよく見てください。死という、復活の〈いのち〉——まぁ永遠の〈いのち〉と言ってもよろしいですが——これは死ぬべき〈からだ〉に現れている。啓示されているという意味です。啓示されているというのは、そこに来ていて、そこにあって認識しろと迫っているということです、ネ。来てノックしてるということです。ですからそれがここに書いてある。

　でこれの実は言い……、これの言い換えがその実はローマ書4章17節ですネ。無を有と呼んでいると、神様が。無を有と呼ぶってことは、死を生と呼ぶと言ってもよろしいわけで、ですからこのκαλοῦντος（カルーントス）、そのローマ書ネ4章17節bにあるκαλοῦντος τὰ μὴ ὄντα ὡς ὄντα（カルーントス　タ　メー　オンタ　ホース　オンタ）、「無を有と、無を有と呼ぶ」、それは死者を復活させることだと、それが神様だと言うんですが、同じことがですネ、第二コリントの4章11節のこの文章に出て来るでしょ。イエスの〈いのち〉が、〈いのち〉が、生が死において現れている。ですからまぁそれがただ普通の人間はなかなか理解できないんですネ。それがなかなか認められない。分からない。ですからこのκαλέω（カレオー）というのは、「呼ぶ」というのは、まぁ神様が呼ぶわけですが、それは神様が啓示する。φανερόω（ファネロー）と言いますけど、第二コリントではこのφανερωθῇ（ファネロテー）という形で出てますが、啓示するということと同じことですョ。これ同じ文章、内容は同じです。別の言葉で言ってるけど。ですからネここでガラテヤ書でκαλέωというのは実は、神様が啓示しているという、このことなんですネ。このことをまずよく掴んでおかないと、このことをまずよく掴んでおかないと、後で出て来るダマスコ体験というのを異常にこの肥大して解釈することになるわけです。で日本の神学者はみなそれやるわけです。で、ですからここでごく自然に言っ

ているわけですぇ、すでに6節で。

　でもうひとつ後でも出て来るからここで補っておきますと、ローマ書の8章30節——下に註12)、その下に書いてあるでしょ——ローマ書8章30節にもやっぱり καλέω っていうのが出て来るんですが、これはですぇ、どういう——まぁローマ書8章30節、ほぼ8章の、つまりローマ書の第一部の終わりです——これはどういうのかと言うと、οὓς δὲ προώρισεν (フース　デ　プロオーリセン)、予め定められ——いわゆる「予定」って言われているやつです——予め神が定められた方、人々、τούτους (トゥートゥース)、その者を神は ἐκάλεσεν (エカレセン)、召した、呼んだ。ここで出て来るんですぇ。そして、ですからこれ言ってみるとまぁ「予め定めた」とは「予定した者を呼んだ」。そして、呼んだ者、οὓς ἐκάλεσεν, τούτους καὶ (フース　エカレセン　トゥートゥース　カイ) って書いてあるぇ。で呼んだ者をまた、ἐδικαίωσεν (エディカイオーセン)、義とした。これ義認論ですぇ。ですからぇ、まぁ予定論と義認論と違いはないんですょ。あの片っ方はカルヴァン註13) で、片っ方はルターによってということですが〔笑い〕、ただルターやカルヴァン、カルヴァンが言ったような予定説をパウロが言ったかどうかそれは話は別ですけど。でその間に「呼ぶ」という言葉が入ってますからぇ、いかに重要な言葉だか分かるでしょ。そして義とした者を、τούτους (トゥートゥース) に栄光を与えたと。全部アオリスト、過去形で書いてありますぇ。ですからこの場合は「呼ぶ」という言葉は、「召す」という言葉は、「義とする」というこの言葉、それからもうひとつ前に「予め定めた」という「予定した」(という言葉)、こういう概念に挟まれた概念で両方の意味を持っているわけですぇ。ですから極めて重要な概念ですぇ。ですから「神が呼ぶ」ということは、神が我々人間を、死者を生かすということで、それが義とする、それが栄光を与えてくださったことである。こういうコンテキストで、καλέω (カレオー) という言葉を使っていることがお分かりになりますぇ。

　ですからぁのパウロはこういうふうに、ある言葉の意味を知るときはあまりぁのコメンタールなど頼らないで、同じ言葉をどういうふうに使っているか——今コンピューターですぐ分かりますｪ——それで並べてみると大体分かって来ますｪ。それが一番いいやり方だと僕は思っていますけど、まぁひとつ καλέω で、こういう深い意味をもってパウロは使っているということを知っておいてください。このように、「いやいや、新約学者は、いや καλέω はそれは確かにローマ書 4 章 17 節はこうだが、ここはそういう意味で言ってんじゃない」っていうようなふうに理解をしますと、あまり掴めなくなって来ますから、言葉ですからぁ。確かにそういう場合もあるんですけれど、そういう場合もあるんですけれど、これはやはり他でどういうふうに使っているかということをみておくと、非常に色々なことを教えてくれるように思います。そうしますとこの、この「召す」とか καλέω というのは、〔板書しながら〕まぁ深い意味で「啓示する」というのと同じ意味で使ってますｪ。「呼ぶ」ということがｪ。でそのことを念頭において後を読んで行くと、まぁ色んな点が分かって来るように思うんですｪ。

　それで 7 節に行きますと、「それは福音というべきものではなく、ただ、ある種の人々があなたがたをかき乱し、——これは『間違った福音に落ちていく』って言ったことだからですｪ。元来間違った福音というのは福音じゃないわけで——ただ、ある種の人々があなたがたをかき乱し、キリストの福音を曲げようとしているだけのことである。(8 節) しかし、たといわたしたちであろうと、天からの御使であろうと、わたしたちが宣べ伝えた福音に反することをあなたがたに宣べ伝えるなら、その人はのろわるべきである」。

　まぁ9 節も同じようなことで、「わたしたちが前に言っておいたように、今わたしは重ねて言う。もしある人が、あなたがたの受けいれた福音に反することを宣べ伝えているなら、その人はのろわるべきである」。まぁこ

れはもうガラテヤの教会に、ある種の人々がやって来て、別の福音を説い
たって言うか、まぁ要するに「律法を守れ。割礼を受けて律法を守れ」と
言ったんでしょう、ネ。そうすると、そしてキリストを信ずるということ
は、もちろんあのキリスト、キリスト者である以上、それは述べたでしょう
が、パウロのようにそのあれかこれかじゃないんですネ、その人たちは。
あれもこれもなんです。ところがパウロはその律法とか割礼というよう
なことを入れてきたらもう福音じゃなくなっちゃう、こういう人ですか
ら、認められないんですネ。まぁ割礼を受けて律法を守れということは、
はっきり言やあ、ユダヤ、ユダヤ人にならなきゃぇ、信じられ……、あの信仰っ
ていうものはないんだぞ、というような言い方だと思いますが、そういう
ことはパウロの場合はできない。全部それはもう偽の福音であって、もう
要するにそれはまぁ律法になってしまう、こういう議論ですネ。どうして
そうなるかということは、これから彼の考え、彼のまぁ説く福音というも
のが分かって来ると、それが実際そうだということが分かるんですけれ
ど、まぁここはそういうふうな言い方です。この福音というのが、パウロ
の説く福音というものが、律法というものと実は全く別の次元のものなん
ですけれど、それがよく分かってない人は、あの律法というものをどうし
ても主張しちゃうんでしょうネ。

　ただですネ、君たちもどう思うか。日本のような状況、あるいは日本だ
けじゃなくて、もちろんすでに福音が、あのキリスト教がローマに行った
ときに、ユダヤ人以外の人に、ユダヤ人以外の人に、その律法は駄目だと言っ
たって、律法っていうのはよく分かんないですからぇ。あまり有効性はな
いと、こういうような議論は（そう）とも考えられますネ。「律法じゃ駄
目だ、駄目だ」って言ったって、律法なんて知らない人間にそんなこと
言ったってネ、どれだけの価値があるか。でもですネ、やっぱりそれはあの
律法というものがどういうものであるかということを知っておくと、や
はり価値があるんですょ。それはですネ、律法というのはあの実はパウロに

とって、一般に福音と律法と言う（より）福音と宗教と言った方がいいんですが、ぁの一般の宗教というのはこう考えているわけですﾈ。それは、そのまず一般的に人間には、宗教的に救われたい、救われたいというそういうまぁ願望があるわけです、人間は。それに対して、「これこれ、こうしなさい」と言うのが宗教の、宗教とか宗教家です。これこれ、こうしなさいということは、救われるための条件です。救われるための条件を提示するのが宗教ですﾈ。例えば念仏を唱える、座禅をする。これは律法とは違いますけれど、やっぱりぁの救われたいという人に対する一種の宗教者、あるいは宗教の側からの手段の提示なんですﾖ。救いの条件の提示なんです。私は今救われてないという、そういうことで悩んでいる人間——宗教的な人間ですﾈ——でそういう人間がまぁ教会なり、お寺の門を叩く。そうすると、「分かった、じゃこれをしなさい」と言うのが、そういう構造を持っているわけですﾈ。でこれはそうしますと、日本でもそうですﾖﾈ。なんにも動機もないのにお寺や教会に来る人はいないんですﾖ、ﾈ。そういう場合にはなにか深い悩みがあって、そしてそこから救われたいと、それで来るわけですﾈ。それに対してまぁはっきりしていますﾈ。お念仏を唱えなさい。あるいは座禅をしなさい。あるいはこうしなさいと。でそういうふうに、まぁそれぞれの宗教は自分たちが一番いいと思う手段というものを知っていて、そしてそれを提示する。でそれをやれば、それをやればあんたはそっから解放されますよと、救われますよと。ですから宗教というのは一般的にこういう形式とってるんですﾈ。ですからユダヤ教の場合はﾈ、それの救いの条件というのが実は律法という形をとってるんですﾖ。ですから、やはりこの律法という問題は、ぁの全然我々に、パウロが取り組んだ律法という問題は、我々に無効かというとそんなことはないんですﾈ。極めて重要。ただぁの日本人は別にそのユダヤ教徒じゃないから、この律法なんて知らないし、今の西洋人だってほとんどなんにも知らないわけですけど、まぁ専門家以外はﾈ。でこの律法、従ってこの律法

問題というのは、日本で説く場合にはこのユダヤ教の律法を持って来ると
わけが分かんなくなっちゃうけど、やっぱり宗教というカテゴリーに含め
て考えるとよく分かって来る。でパウロの言っている宗教というのは――
ぁっ、宗教と言いますかぇ、福音ですぇ。パウロの言う――パウロの言う福音
というのは、実はこれの、こういう宗教の構造ぇ、人間が宗教的な願いを
もって救われたいという願いをもっている、あるいは罪の意識に悩んでい
ると言っても同じですけど、でそれに対して宗教、あるいは宗教家が、こ
れこれ（と）救いの条件を出すと、ぇ、でこれを満たせば救われますよと、
こういう宗教の構造（を）根底から否定するのがこの福音なんですぇ。よ
ろしいですか。ぁのそのことをまぁぁの前もって申し上げておきます。

　ですからまぁパウロという人はそういう意味で、なんでこんなにぇ律法
を嫌がるかと、自分は若い頃一生懸命やってたのにぇ〔笑い〕、なんでこ
んなにこぅ嫌うかということは、彼の掴んだ宗教、――彼の掴んだ宗教っ
ていうのは、彼の掴んだ福音ですぇ――これは徹底的にそういう次元とは
違った別次元のものだったんですぇ。でそこから来ているわけです。でそ
んなことは分からないぁのユダヤから来たぁのキリスト者ですか、エルサ
レム教会の人たちは、ガラテヤに来たってそんなこと分からないですか
らぇ。旧来、旧来のまぁ実質的にはユダヤ教ですぇ。それを説いてたわけで
しょ。でそれをパウロは非常に激高するわけですょ。まぁピリピ書はもっ
とすごいですからぇ、言ってることぇ。「あの犬どもを警戒しなさい」(3:2)
なんて言ってるんですからぇ。まぁガラテヤ書はそれほどでもないですけ
どぇ、そういうこと。

　ですから前もってぇ、この僕、ちょっと「福音と律法（宗教）」なんて表、
タイトル（を付けましたが）、なんのことか分かんないと思いますけど、
実はそういうことなんですぇ。ですから逆に言うと、そういう純粋の福音
と言うか、本当の宗教というものを掴んだパウロから言うと、ちょっとで
も外れると、全部律法、あるいは全部駄目なんですょ。もう全部あの例の

構造になっちゃうんですネ。救いの条件を出して、その条件を満たせば救われるよと。仏教だって多くそうでしょ。ほとんどそうでしょ、ネ。「これやれば救われますよ」ってやってますからネ。ですからそこからぁの抜け出した仏教もありますけれど、極めて少数、いずれももうぁの例外中の例外みたいなものです。ぁの大半はそうです。そういうカテゴリーでやってますからネ。それでまぁそういうことですネ。そのことで、が、律法と、福音と律法、あるいは、律法、宗教。でこれからあの実はローマ書じゃない、ガラテヤ書の主要なテーマは、この、この律法の問題ですが、それはそういうことで、これから問題になるんで、そうなって来ると決して日本人の我々と無関係な、ぁの古代のユダヤの人たちの問題じゃありません。ちゃんとした意味を持っているわけですネ。

　はい、それで10節をみておきましょう。10節は次の段落に対する経過を示す句ですネ。「今わたしは、人々に喜ばれようとしているのか、それとも、神に喜ばれようとしているのか。あるいは、人々に取り入ろうと努めているのか。もし、今もなお人々に取り入ろうとしているとすれば、わたしはキリストの僕ではあるまい」。これは自分の宣教活動の性格を問うている言い方ですネ。人間のためか神のためか。神に喜ばれようとしているのか。これはですからネ今僕が申し上げたことです。ぁの人に喜ばれ、取り入ろうとするというこういうことは、ぁの人々の宗教的な願いというものに迎合する宗教ということになります。でユダヤ教の場合は、これは律法遵守ということになります。でこういうこと（を）パウロは撥ねるんですネ。撥ねつけるんですョ。人々に喜ばれ、取り入ろうとするのか、それとも神の、神に喜ばれようとするのか。ですからまぁ人々に喜ばれ、取り入ろうとするというのは、結局どういう意味で言ってるかというと、律法を守ること自体大変なことだと思いますけれど、基本的には自分は救われたいという、そういう人間のまぁ欲ですネ。宗教的欲望ですが、それに取り入ることなんだというのがこの、この人の考え方なんですョ。なぜこん

なに、なぜこんなに宗教とか律法とかユダヤ教とかを撥ねつけるかと言う
と、それは基本的に、人間がそれによって救われたいという宗教的な我が
ある、宗教的な欲が背後にあるからですぇ。でパウロの考えから言うと、
そういう人間に宗教的な欲、宗教的な我があるかぎり、これは絶対に救
われない――そりゃそうですぇ――という考えですから、それがまた人々
に喜ばれ、取り入ろうとする、こういうことなんだぇ。ぁの人々に喜ばれ、
取り入ろうとする。ですからこの手の宗教に対するパウロの拒否、拒否で
すぇ。頭から拒否、切り捨てる。そのやり方は非常にきついものがありま
す。

　話はちょっと余談になりますが、まともには、ぁのまともに当たっている
かちょっと分からないんですけど、カール・バルト[註14)]という人は『教会
教義学』という膨大な書物を書いたことはみなさんご存知でしょう。その
『教会教義学』のある所にですぇ、かなりの頁にわたって実は、法然[註15)]の
宗教を取り上げている所があるんです。まぁ浄……、まぁ京都に来てぇお寺
を見ることが多いので思い出したんですが、法然と親鸞[註16)]の宗教って
いうと、まぁ浄土、浄土、浄土教ぇ。であれは特に法然の宗教について言って
たのかな。まぁぁのそれほどの知識はないんですょ。当時バルトがいた時代
にドイツ語に訳されていたものは少ないですからぇ。彼は日本語ができる
わけじゃないですから。でその宗教に対してですぇ、ぁのこの宗教は、つま
り日本の浄土教（を）みて、もう極めてプロテスタントにものすごくよく、
プロテスタンティズムにすごくよく似てると、酷似している（と）。酷似
しているけれど、この宗教は基本的にパウロやカルヴァンといった宗教と
は違うって言ってるんですぇ。それはなぜかと言うと、これは人間の、人間
の救われたいという欲望に奉仕する宗教であると、こういう言い方をして
るんですょ。滝沢（克己）先生[註17)]はだいぶ反発をされたようですが、ぁ
のしかしですぇ、これはぁの滝沢先生の反発にもかかわらず、かなり僕は当
たっていることを言っていると思ってんですぇ。その確かにぁの宗教という

ものは、特に法然の宗教というのは――法然自身は大変人間的に偉い人でした。もう日本の仏教の中で最高の聖者のひとりだったと思いますが――ぁの基本的にはぁの人間が救われるようにというのが、この生き方で（す）ネ。

　ぁの有名なひろさちや註 18) という人が（こういうことを言ってるんですが）、この宗教はぁの言ってみるとですネ、ぁのこちら側の要求で、宗教側の、まぁ言ってみると神、仏様の要求からこういうふうに出してるんじゃなくて、人間の要求を先に出して、そしてそれに迎合するようにやっていくというような意味で、（受け手の要求が先にあると）。言ってみるとあのなんか僕は分かんないけど、本出版するときは営業部というのがあって、それから企画部というのがあるらしいんですネ。企画部は「これが、こういう本は絶対にいい」と、だけどこれを出版しようというと、営業部は「そんな本は売れない。売れない本出してもしょうがない。売れるのはこういう本だ。だからこういう本を出さなきゃ駄目だ」と。で要するに法然の宗教は営業部の主張だって言うんですネ〔笑い〕、これは。ところが親鸞や、親鸞じゃない、その前の最澄註 19) とか空海註 20) はどちらかと言うと、そのこれが本当の仏教だっていう、これはこうでなきゃいけない、それに人々を合わせなきゃいけない（という主張ですネ）。だけど、どうも平安から鎌倉仏教に来たときに、法然はどうも営業部の考え方（を）取ってるというようなことを書いてあったのを読んだことあるんですけど。まぁこれ当たってるかどうか知りませんょ。まぁしかし仏教学者が言ってるんですからネ。そうしますと、これはぁの多分にそういうところが僕もあるように思うんですネ。人間はこうでなきゃ絶対救われなきゃならないから、それには「南無阿弥陀仏」が一番簡単だっていう、こういう議論ですからネ。まぁ他宗派の問題で、よく知りもしない人間が言うのは危険ですから、これ以上話はしませんけど。

　まぁぁの宗教の世界は確かにぁのこういうふうに人々に喜ばれようとす

るか、あるいはそうじゃなくて本当に本物を出すか、ﾏ ｧそういう反省を
やっている。ただﾏ ｧﾈ、ｧ の法然さんをそういうことで批判すると、大変
浄土宗の方に失礼ですから（これ以上は言いませんが）、法然というのは
ｧ のそういう営業部の主張だっていうことが分かる〔笑い〕、これ。そん
な本出したら売れないから、営業部だからっていうﾈ ……。ｧ の純文学な
んぞ、純文学などを出したんじゃ売れないから、大衆小説を出せって。大
衆の好むようなものを出せっていう、ﾏ ｧそういうようなｧ の説明をして
ましたけどﾈ。浄土宗の人がどういう反応をしているかはちょっと分かり
ませんけど。ﾏ ｧ ｧ の人、人間のためか神のためか。ﾏ ｧそういう意味では
ﾈ、律法宗教というのはやっぱり人間のためと見てるんですﾈ。それは結
局人間の救いのため。人間が、救われたいという、こういう欲望を満たす
ための宗教だと言う。こういうことで、そういうふうな宗教に自分が仕え
るなら、「わたしはキリストの僕じゃあるまい」と言うわけですﾈ。

3

［授業資料から］
  I　パウロ的福音とその由来（1:11-2:21）

§1　1:11-17

[11] Γνωρίζω γὰρ ὑμῖν, ἀδελφοί, τὸ εὐαγγέλιον τὸ εὐαγγελισθὲν
ὑπ᾽ ἐμοῦ ὅτι οὐκ ἔστιν κατὰ ἄνθρωπον·
[12] οὐδὲ γὰρ ἐγὼ παρὰ ἀνθρώπου παρέλαβον αὐτὸ οὔτε
ἐδιδάχθην ἀλλὰ δι᾽ ἀποκαλύψεως Ἰησοῦ Χριστοῦ.
[13] Ἠκούσατε γὰρ τὴν ἐμὴν ἀναστροφήν ποτε ἐν τῷ Ἰου-

δαϊσμῷ, ὅτι καθ᾽ ὑπερβολὴν ἐδίωκον τὴν ἐκκλησίαν τοῦ θεοῦ
καὶ ἐπόρθουν αὐτήν,

¹⁴ καὶ προέκοπτον ἐν τῷ Ἰουδαϊσμῷ ὑπὲρ πολλοὺς συνηλικι-
ώτας ἐν τῷ γένει μου, περισσοτέρως ζηλωτὴς ὑπάρχων τῶν
πατρικῶν μου παραδόσεων.

¹⁵ Ὅτε δὲ εὐδόκησεν [ὁ θεὸς] **ὁ ἀφορίσας με ἐκ κοιλίας
μητρός μου καὶ καλέσας διὰ τῆς χάριτος αὐτοῦ**

¹⁶ **ἀποκαλύψαι τὸν υἱὸν αὐτοῦ ἐν ἐμοί**, ἵνα εὐαγγελίζωμαι
αὐτὸν ἐν τοῖς ἔθνεσιν, εὐθέως οὐ προσανεθέμην σαρκὶ καὶ
αἵματι

¹⁷ οὐδὲ ἀνῆλθον εἰς Ἱεροσόλυμα πρὸς τοὺς πρὸ ἐμοῦ ἀπο-
στόλους, ἀλλὰ ἀπῆλθον εἰς Ἀραβίαν καὶ πάλιν ὑπέστρεψα
εἰς Δαμασκόν.

［私訳］

1：11　兄弟たちよ。あなたがたに、はっきり言っておく。わたしが
宣べ伝えた福音は人間によるものではない。

1：12　わたしは、それを人間から受けたのでも教えられたのでもな
く、ただイエス・キリストの啓示によったのである。

1：13　ユダヤ教を信じていたころのわたしの行動については、あな
たがたはすでによく聞いている。すなわち、わたしは激しく神の教会
を迫害し、また荒しまわっていた。

1：14　そして、同国人の中でわたしと同年輩の多くの者にまさって
ユダヤ教に精進し、先祖たちの言伝えに対して、だれよりもはるかに
熱心であった。

1：15　ところが、母の胎内にある時からわたしを聖別し、み恵みを
もってわたしをお呼び（お召し）になっていた方が、

1：16　異邦人の間に宣べ伝えさせるために、わたしの中において・

**わたしの中なる御子を啓示することをよしとしたもうた時、わたしは
直ちに、血肉（＝人）に相談もせず、**

1：17　また先輩の使徒たちに会うためにエルサレムにも上らず、ア
ラビヤに出て行った。それから再びダマスコに帰った。

［授業］

　それはそういうことで、それで次にですネ、「パウロ的福音とその由来」
と書いときましたが、ここがこの今日は全部はできません。後、午後あり
ますけれど、ずーっと歴史の話ですから、まぁあの特に佐竹（明）先生か
らあの、の書物から教えてもらったことをこれから今日の午後も申し上げ
ていきますが、少し入っておきましょうネ。その前にパウロ的な福音が
ちょっと出て来てますネ。

　はい、11節、「兄弟たちよ。あなたがたに、はっきり言っておく。わた
しが宣べ伝えた福音は人間によるものではない」。また出たネ。（12節）「
わたしは、それを人間から受けたのでも教えられたのでもなく、ただイ
エス・キリストの啓示によったのである。（13節）ユダヤ教を信じていた
ころの――ここで『イエス・キリストの啓示』っていう言葉出て来てる
でしょ。これを、後でも出て来ますから、そこで詳しいことは説明します
――自分は人間から受けたのでも教えられたのでもない。ただイエス・キ
リストの啓示によったのである。ユダヤ教を信じていたころのわたしの行
動については、あなたがたはすでによく聞いている。すなわち、わたしは
激しく神の教会を迫害し、また荒しまわっていた。（14節）そして、同国
人の中でわたしと同年輩の多くの者にまさってユダヤ教に精進し、先祖た
ちの言伝えに対して、だれよりもはるかに熱心であった」というわけです
ネ。

　15、16、17（節）です。ここがまぁポイントになるわけですが、これネ
15、16、17（節）、ギリシヤ語としてはネ一文なんですょ。ピリオドひと

つ。まぁ難しい、ぁの複雑なぁの構文ですけど、ピリオドはひとつなんですﾈ。ですからそういう複合文としてはひとつです。

　（15節）「ところが、母の胎内にある時からわたしを聖別し、み恵みをもってわたしをお呼び（に）――また出て来たﾈ――なっていて、なっていた方が、――これは神様のこと――（16節）異邦人の間に宣べ伝えさせるために、――その次ですけどﾈ、その次は普通の聖書の訳を変えました――わたしの中において・わたしの内なる――まぁどっちでもいいです。『わたしの中において』と、ギリシヤ語はそうなってるんですょ。ぁのἐν ἐμοι（エン　エモイ）となってんですからﾈ。後で言いますけど――わたしの中において、御子を啓示する――あるいは――わたしの内なる御子を啓示することをよしとしたもうた時、わたしは直ちに、血肉に相談もせず、（17節）また先輩の使徒たちに会うためにエルサレムにも上らず、アラビヤに出て行った。それから再びダマスコに帰った」。これで終わってるんですﾈ。まぁ「再びダマスコに帰った」という言葉がありますから、まぁみなさんﾈ、ダマスコ体験を言っているだろうと、多くの学者はそう推測しています。反対する人もいます。しかしまぁ恐らくこれはダマスコ体験を言ったんだろう、言ったんでしょうﾈ。

　そこで、でﾈ、ところでみなさんﾈ、ダマスコ体験のことはぁの使徒行伝で大変有名ですﾈ。パウロが目が見えなくなっちゃったりするあの話は、使徒行伝の中（で）3回も出て来るんですょ。つまりルカはすごく関心持ってたんですﾈ、そういうことにﾈ。でパウロが。でこういうことは、ぁのまぁこういうのを回心体験と言いますけど、こういうことに関心を持つということはまぁ普通多いですょﾈ。そして、ところがですﾈ、パウロは自分が回心した体験、回心体験を持ったということはほとんど言ってないです。（パウロの直筆の書簡は）7つありますでしょう？　で一番言っていると思われるのはここなんですょ。で他はほんとにもうちらっと言っているだけですﾈ。ここだって「ダマスコに再び帰った」と言うから、ダマスコで

（回心体験が）あったんだろうということは分かりますけどぇ。あそこでぁのルカが大変、物語ふうに書いているような書き方じゃないですぇ、これは。どっちかって言うとちらっと書いてるって感じでしょう？　だって、「異邦人の」、じゃない、15節ぇ、「ところが、母の胎内にある時から」って言うときに、上のぇギリシヤ語を見てみると῞Οτε（ホテ）っていう、῞Οτεっていうぇ、ぁの接続詞で書いてる、の中の文章なんです。῞Οτεってのは英語で言うと when ということですぇ。つまり副文の中で書いてるんですょ、従属節の中でちらっとぇ。で主文はなにかって言うとぇ、「わたしは血肉に相談もせず、エルサレムにも上らず、アラビアに出て行った」というのが主文なんですょ〔笑い〕。ですから副文の中でぇ、「母の胎内にあるときからわたしを聖別し、み恵みをもってわたしをお召しになっていた方が、異邦人の間に宣べ伝え……わたしの中において御子を啓示することをよしとしたもうた時」と言ってるんですぇ。でまぁ多分これはダマスコ体験を言ったんだろうと思います。多くの神学者のょうにぇ、が言うようにぇ。でもちらっとしか言ってないですぇ。目が見えなくなっちゃったとか、上から声が聞こえたとか、周りの人にはそれは聞こえなかったとか、そういうような大変絵になっているような、絵にもなるような、そういう書き方は全然してないんですぇ。もうほんとにちらっと言ってる。ましてそれを誇る、「俺はこういう体験もったぞ」なんてことを誇るというようなことは一切してない。これが非常にまぁなんて言いますか、回心体験ってすごく強調する宗派もあるでしょう？　ぁのそういうその人たちに比べると、非常にパウロ自身はその寡黙ですぇ。ほとんど言ってない。これ以外のところっていったらぇほとんどちらっと言ってるだけですょぇ。

　で、そこのところですけどぇ、ちょっとこの15節から17節もう一度みてみましょうぇ。「ところが、母の胎内にある時からわたしを聖別し、――『選び』ってことです、これ――み恵みをもってわたしをぉ召し、お呼びになっている方」、これがまずあるんですょ。ですからぇ、ここで、

またここで「呼ぶ」という言葉が出て来たでしょう。でここをぉよく注意しないといけないと僕思うんですぉ。でこの「召す」という言い方ですけどぉ、みなさんちょっとギリシヤ語を見てもらいますとぉ、えーとぉ、前はぉ、どういうふうに言ってるかというと、「母の胎内にある時からわたしを選び」、そして καὶ καλέσας（カイ　カレッサース）。ですからこの ἀφορίσας（アフォリサース）というのが前にありますぉ。これ「選ぶ」という（意味ですぉ）。「母の胎内にいた時から選び、そしてわたしをそのみ恵みによって召した方」。「召した方」ですからぉ。この「召す」はどうも自然にとればぉ、自然にとればその「母の胎内にいた時から」ということは、「生まれる前から」ってことですぉ。生まれる前からわたしを召していたと、わたしをお呼びになっていたということです。そう採るのが自然ですぉ。お召しになったのはずっと後で、ガラテヤ書、あっ、ダマスコ、ダマスコ途上だというんじゃなくて、普通にはこれは。ですからこれはぁの「母の胎内にある時からわたしを選び、——これは『前もって選ぶ』ってさっきありましたけど、『予め選び出す』——そしてわたしを同時にお召しになっている方」。ですから、これはすでに〔黒板をトン、トン、トン、トンと叩き〕そういう意味でのぉ「啓示」というものはすでにあるんですぉ。その、その、その神様が、このダマスコの途上で、その途上で、ぁの「わたしの中において、御子を啓示することをよしとしたんだ」と、こういう書き方してんですょ。よろしいですか。なにを変な議論をしてるかと思われるかも知れませんが、これはダマスコの回心体験というのを異常に重視する人たちとは違った書き方ですょ、パウロ自身は。まず、自分が生まれて来るということは神様の選びであり、神様のお召しである。だがしかし、それがあるとき分かったというのが、このわたしの、「わたしの中に、御子を啓示した」（という言葉の意味です）、16節の初めぉ。ギリシヤ語でいうと、ἀποκαλύψαι τὸν υἱὸν αὐτοῦ ἐν ἐμοί（アポカリュプサイ　トン　ヒュイオン　アウトゥー　エン　エモイ）、わたしの中に、わたしの中に、——いいですか

——わたしの中に。「わたしの中に」って書いてあるんですょ。

　ところが、佐竹（明）さんからそれからまぁ一番新しいぇ原口（尚彰）君にいたるまで、全部この ἐν ἐμοι（エン　エモイ）の ἐν を取っちゃった。そういう解釈です。「わたしに啓示した」って。これはしかし他の聖書訳もそうです。でもこれは、「わたしの中に」というのは、「わたしの中に御子を啓示した」ということは、なにかって言うと、「わたしの中に御子がいる」ということなんですょ、これ。こういう解釈をする人は今絶対少数でしょう。「わたしに御子を啓示した」というんじゃないです。これはあのガラテヤ書じゃない、使徒行伝に引きずられた訳です。佐竹さんははっきりこの ἐν（エン）は無視してよいという考えです、ぇ。元もとこの「啓示する」というこの ἀποκαλύπτω（アポカリュプトー）というギリシヤ語はぁのぇ、ἐν という前置詞（は）いらないんです。ぁのぇ与格の ἐμοι（エモイ）だけでいいんです。だから取っちゃうんです。でもこれ取るの変ですょ。ἐν ἐμοι、「わたしの中に御子を現わした」ということは、「現わした」ということは、ぁのはっきりと自覚させたということです。この場合の ἀποκαλύψαι（アポカリュプサイ）というのはぇ。そういう意味で、ἐν ἐμοι の ἐν を採りました。これはさっき言ったでしょう。「わたしの死ぬべき〈からだ〉において、イエスの〈いのち〉が現われている」という（言葉です）。ぁの実は第二コリント（4:10）、さっき読みましたょぇ。あのときは「わたしたちの死ぬべき肉体において、おいて、御子、御子、御子じゃない、イエスの〈いのち〉が現わされている」というのがあったですょぇ、第二コリントぇ。あんとき ἐν だったでしょ。ἐν τῇ θνητῇ σαρκὶ ἡμῶν（エン　テー　トゥネテー　サルキ　ヘーモーン）って書いてある。「わたしの、わたしたちの死ぬべき〈からだ〉において」。ですからぇ、この「啓示する」というこの訳ですけど、この言葉は ἐν、ἐν が付いていると、啓示が行われている場所を示してるんですょ、ἐν。in のことですからぇ。ですからこれは「わたしの〈からだ〉に」、「わたしにおいて」ということはまぁ「わたし

の〈からだ〉において、御子が、御子がいるんだ」という、こういうこと
をはっきりとわたしに認識せしめた、これが（真意なんですょ）。で実は
〔黒板の字を指して〕生まれた時からこれなんですから、生まれた時から
その、そのわたしと御子はひとつなんですぇ、パウロにとっては。だけど、
それが分かるのはやっぱりダマスコ体験ですから。そらぁダマスコ体験、
ダマスコでそういう体験をして分かったって言うわけですけど、でもその
とき御子がぁの自分にちらっとぁの幻のように現われた、というのと話が
違いますこれは、と僕は解釈するんです。ですからこっからが一般の新約
学者と解釈が違って来るんで、ぁの申し訳なく思っておりますけど。あの
ぇ、まぁ後でやりましょ、ちょっと時間が来ちゃったからぇ。ちょっと休み
ましょう。

〔休憩をはさんで続く〕

　はい、それでは今さっき途中であれしちゃったんですけどぇ、時間が
来ちゃったんですけど。もう一度申し上げますと、要するにこのまぁ15
節、16節、17節というのはぇ、1章ではポイントになるんでもう一度読
むと、（15節）「ところが、母の胎内にある時からわたしを聖別し、み恵
みをもってわたしをお召しになった方」、ですからこれが基本なんですぇ。
ここが基本で、これは神の働きかけです、一方的に。そしてその神様がぇ
──ギリシヤ語でそう書いてある──その神様が「わたしの中に御子を示
すことをよしとしたされた時」、従ってまぁこれは「御子を啓示する」と
いうことは、まぁダマスコ体験だったんでしょう、ぇ。ダマスコ体験だっ
たんでしょうが、そのダマスコ体験そのものをどうこうというんじゃなく
て……。体験というのはぇ、人間の〈こころ〉に起こった出来事です。で
すから人間の〈こころ〉に起こった出来事は、そんなに確実なこと言え
ないんですょ。ぁのこういう回心体験というのを非常に重視する宗派もあ

ります。それから日本の仏教は一般的にこれを非常に重視します。しかし人間の〈こころ〉に起こったことは、ぁのそれほど確実ということは誰も言えないんですネ。人によって随分違う。それで、それよりも、それよりも、それよりもですネ大切なのは、その前のその「わたしをお母さんのお腹の中にいた時に選んで、——ぁのそれから καλέω（カレオー）ですネ——お召しになった方、お呼びになった方」、ここが大切なんですョ。でですからネ、〔黒板の文字を指して〕ここ、この、これが根源的な出来事ですネ。語りかけて来ているという（ことです）。ただそれに言ってみると、ダマスコで気づいたんですネ。気づいた。

　ぁの回心体験の研究というのは色々ありまして、こういう非常にドラスティックな、あるいはドラマティック、ドラマティックなですネ体験をする人もいるけど、そういうそうでない人もいるわけですネ。しかし肝心なのは、そういう体験があったかなかったか、体験が深かったか浅かったかというのは、それは、それはぁの、ぁのなんとも言えないです、それでは。それよりも大切なのはその神が働きかけてくださる、呼びかけてくださる、そのことなんですネ。でそのこと、そのことをちゃんとここに書いてあるでしょ、ここにネ。καλέσας（カレッサース）と、呼びかける。でそこを、そこがあって、それが先、それがダマスコ体験に先立っているわけですネ。ですからその出来事がまぁ「神の予定」というものであり、また私はそれを「根源の〈こと〉」、「根源の〈こと〉」——根源的な出来事ですネ——というふうに呼んでいるわけです。〔黒板に書きながら〕でそれが、それが「根源的な〈こと〉」ですネ。それがまぁ後で実はガラテヤ書の、ガラテヤ書の2章になって来ると、πίστις Ἰησοῦ Χριστοῦ（ピスティス　イエスー　クリストゥー）、「イエス・キリストの〈こと〉」と言うんです。〈まこと〉、それを「イエス・キリストの〈まこと〉」とまぁパウロは言っている。〔黒板に書きながら〕ですからこれがイエス・キリストの——まぁこれはこの次になってしまいますけど、今日はできないですけど——イエス・キリストの

〈まこと〉、〈まこと〉、本当の〈こと〉。まぁこれ通常ぇ、しかしみなさんご存知のように、これ「イエス・キリストに対する信仰」って訳しちゃうんですょ、みんな、ほとんどの聖書が。そうなっちゃうと信仰主義になっちゃうんですぇ。まぁそうではなくて、イエス・キリストの〈まこと〉。そういうことをまぁ次回は覗きますので、今日はその序論みたいなもんで、まぁ次回というと 11 月の 10 日ですか？ 1 ヶ月も先ですけど〔笑い〕、それはぁのパウロ、あるいはガラテヤ書のぇ中核的な〈こと〉に触れてきますけど。

§2　質疑応答

〔学生の質問する声あり〕

[小川] はい。

[質問者] 16 節のところで、「啓示することをよしとし…」

[小川]「……したもうた」、と。ええ。

[質問者]「よしとしたもうた」というこれは……

[小川]　これはぇ、これはぁのギリシヤ語で言いますとぇ──あの……1 章だっけ……〔しばらく沈黙が続き、資料を捜す〕1 章ですぇ──このぇ 15 節のぇ、εὐδόκησεν（エウドケーセン）というのがありますでしょ。これですぇ。15 節の最初の方に εὐδόκησεν っていうのがあるでしょ。これがぁの、まぁ持って回った言い方ですょぇ。なくたっていいと思うんですけど。まぁだから訳すと変な日本語になるんで、訳すの止めようかなと思ったけど、わざわざ書いてある。これは「神様がそれをまぁ決めた」ということですぇ。なにをって言うと、「わたしの中に御子を現わすことをまぁ神様がよしと、よしと考えた」と。εὐδοκέω（エウドケオー）ぇ。それでまぁ無理に訳したんです。ただちょっと変な日本語ですけどぇ。

はい。ですからなくてもいいんですょ、これ。はい。

［質問者］あの……

［小川］少しぇ、ぁの持って、持って回った言い方らしいんですけどぇ。神様は、神様は生まれた時から語りかけてくださるけど、それをはっきり認識させるということで、をまぁしたということでしょうぇ。まぁこういう認識を得た人はみなやっぱり神様が与えてくださったと思いますから。

［質問者］御子は、すでに、母の胎内にあるときから、わたしの中に……

［小川］そうです。そうです。そういうことです、ぇ。でもそれを、まぁつまりぇパウロって人はぇ、あまり今の神学者は言いたがらないんですが、他の、他の系統で、他の系統のキリスト教はちゃんとそういうこと言ってるらしいんですぇ。たとえば東方のキリスト教とかはぇ。ちゃんとぁの「わたしとキリストはひとつだ」というのは、パウロという人の基本なんですょ。ところが今西洋神学はほとんどそれ言わないんですょ。「わたしとキリストはひとつだ」。ただぇ、「わたしとキリストはひとつだ」とこういう言い方は、まぁ僕は「人基一体（にんきいったい）」という言葉で言ってんですけど、これは下手するとぇ「俺、キリストだ」というふうに非常に傲慢なぇ〔笑い〕、ことになりかねないんで、西洋神学のように慎重なのはいいことなんですょ。でも基本それを忘れちゃってぇ、キリストをいつも向こうっ側においてやるとぇ、ぁのパウロは掴めないです。これ、「わたしの中に御子を」と言ってるわけでぇ、「わたしに御子を教えた」っていう（ことや）「知らせた」っていうんじゃ、ちょっと違うんですょ。それもありますけど、「わたしの中に御子を」。で後ずっと実はガラテヤ書の２章で有名な「もはやわたしが生きているんじゃない。キリストがわたしのうちにあって生きている」っていう（言葉が）すぐ後に出て来るんで

しょ、ネ。

　ですからそのやっぱりキリストというのはネ、わたしとひとつ
なんです。ひとつだけど、ぁのひとつなんですが、ぁのまったく
自分と、自分はキリストになっちゃった、神様になっちゃった
と、そういうようなことを言ってるんじゃないんです。そこが難
しいところですネ。だけどまぁそこを今のキリスト教会は忘れて
しまうので、非常にキリストが空疎になっちゃうと言うか、対象
化されちゃっているんで、そうじゃなくてパウロの場合もっと
キリストって身近ですネ。だってキリストの〈いのち〉はわたし
の〈からだ〉に、この死んで行く〈からだ〉に現れているって
言ってんですからネ〔笑い〕。そうでしょ。それはやはりぁのキリ
ストと自分というのは、まぁ一枚、ひとつ。ただ「俺が、俺がキ
リスト様だ」、こういうようなことじゃないですょ、もちろんネ。
そういうことを言ってるんじゃないんですけれど、ひとつ。でそ
れはやはり基本にあるんですネ。そのことを申し上げているんで
す。あまり多分そういうことを聞かないでしょう、みなさん、神
学勉強して。でもやっぱりそれをパウロは言ってると思います
ネ。そういうことを言うと、神秘主義だとかなんとかだって言う
人がいますけど、そういうことじゃないです、これは。神秘主義
とは全然別のことです。それでもやはり「わたしの存在」と、あ
るいは「わたしの現実」、そこにキリストが。「わたしの現実」と
いうのは死の現実、死ぬべきわたしの〈からだ〉と言ってますけ
ど、〈からだ〉っていうのは、先学期色々ブルトマンを読んで、
僕らはぁのパウロを、がどういうふうに考えてたかを色々研究し
ましたけど、まぁ自分の現実ということですネ。その現実の中に、
この死に裏打ちされた現実の中に、イエスの〈いのち〉がある
という言い方は、やはり「わたし」を離れてはないんですネ、キリ

ストっていうのは。そこを忘れないようにしないといけないわけ
です。

　でそのことをₑ、言っている。でぁのそれがあるから、それがあ
るからそれにいつか気づく。人間気づくわけですけど、まぁそれ
がダマスコ体験という形でここで出て来てるんですₑ。ですから
ダマスコ体験が重要なんじゃなくて、その前にある、神様がₑの
自分に語りかけている。ですから生まれたときから、あるいは生
まれる前からですₑ、キリストとひとつである。そう、それがぁの
そりゃまぁ表現の仕方ですₑ。ここにも書いてあるように、なん
に呼びかけたかと言うと、キリストの、キリストの恵みの中へと呼
びかけるという、こういう表現がありましたが、それですₑ。そ
れがそういうふうに言ってると思います。だからこれって非常
に多様な表現をとるんですけどₑ。ガラテヤ書の1章6節では、
「ゎたし、あなたがたをキリストの恵みへと──『キリストの恵み』
と言っても『キリスト』と言っても同じですけど──へとそぅぃ
ぅ呼びかける。その神様、その呼びかけた方から、あなたたちは
どうしてそんなに早く、よその方向に行っちゃったのかと、こう
いうふうに言ってますけど。その「呼びかける」っていうのはₑ、
今見たように、「お母さんのお腹の中にいた時から」っていうわ
けですから、そうとるのが自然ですₑ。このようにしてまぁダマ
スコ体験に先立つこういう出来事、これが、これがまぁパウロが
後でイエス・キリストの、πίστις Ἰησοῦ Χριστου（ピスティス
イエスー　クリストゥー）、「イエス・キリストの〈まこと〉」と言って
来るものですₑ。そのようにまぁ私は解しておりまして。これは
後で次回に他の新約学者の意見なども紹介しながら論じようと思
いますが。

§3 1:18-24

[授業資料から]

¹⁸ Ἔπειτα μετὰ ἔτη τρία ἀνῆλθον εἰς Ἱεροσόλυμα ἱστορῆσαι Κηφᾶν καὶ ἐπέμεινα πρὸς αὐτὸν ἡμέρας δεκαπέντε,

¹⁹ ἕτερον δὲ τῶν ἀποστόλων οὐκ εἶδον εἰ μὴ Ἰάκωβον τὸν ἀδελφὸν τοῦ κυρίου.

²⁰ ἃ δὲ γράφω ὑμῖν, ἰδοὺ ἐνώπιον τοῦ θεοῦ ὅτι οὐ ψεύδομαι.

²¹ Ἔπειτα ἦλθον εἰς τὰ κλίματα τῆς Συρίας καὶ τῆς Κιλικίας·

²² ἤμην δὲ ἀγνοούμενος τῷ προσώπῳ ταῖς ἐκκλησίαις τῆς Ἰουδαίας ταῖς ἐν Χριστῷ.

²³ μόνον δὲ ἀκούοντες ἦσαν ὅτι ὁ διώκων ἡμᾶς ποτε νῦν εὐαγγελίζεται τὴν πίστιν ἥν ποτε ἐπόρθει,

²⁴ καὶ ἐδόξαζον ἐν ἐμοὶ τὸν θεόν.

[私訳]

1：18 その後三年たってから、わたしはケパをたずねてエルサレムに上り、彼のもとに十五日間、滞在した。(第一回エルサレム訪問 AD35 年) (cf. A9:26 〜 28)

1：19 しかし、主の兄弟ヤコブ以外には、ほかのどの使徒にも会わなかった。

1：20 ここに書いていることは、神のみまえで言うが、決して偽りではない。

1：21 その後、わたしはシリヤとキリキヤとの地方に行った。

1：22 しかし、キリストにあるユダヤの諸教会には、顔を知られていなかった。

1：23 ただ彼らは、「かつて自分たちを迫害した者が、以前には撲

滅しようとしていたその信仰を、今は宣べ伝えている」と聞き、

1：24　わたしのことで、神をほめたたえた。

［授業］

そして今、今申し上げたこの15節ですネ。それから16節。そして17節は、まぁそこを得た自分は、わたしは、もうそんなエルサレムに上ってですネ、まぁさっき書きましたけど、〔笑いながら〕印可をもらおうなんていうようなことを考えなかったんですネ、この人。そういうもんですょ。ぁの本当にこういうなにか、こういうまぁそういう宗教的な真理を掴んだという人は、そんなに──その、その宗教、宗教の教会の権威ったってそれは世俗の権威ですから──そういうものにいちいちあれ（を）しに、その認めてもらおうってふうなことは、そうはそのぅ熱心に、そういうことで──そのなんて言うかな──自分のネ得たものを確証してもらおうという気はそう起きないはずです、本当のものを得た得ればネ。ですから、（16節）「わたしは直ちに、血肉にも相談もせず、（17節）また先輩の使徒たちに会うためにエルサレムにも上らず、アラビヤに出て行った。それから再びダマスコに帰った」。でこういう記事になるようですネ。大変興味深いぁのパウロの回心というもの、そしてその背景にあったものについてまぁここまで分析して来たわけですが、その後はまったく、今日申し上げる、これから申し上げるのは歴史的なお話で、私は主として新約学者の説を受け売りするだけです。

（18節）で「その後三年たってから、わたしはケパをたずねてエルサレムに上り、彼のもとに十五日間、滞在した」。まぁこれが通常、第一回エルサレム訪問で、新約学者たちは約西暦35年と推測しています。でパウロのこのダマスコ体験が大体33年と言われますから、ぁっ2年経ってますネ。（19節）「しかし、主の兄弟ヤコブ以外には、ほかのどの使徒にも会わなかった」。まぁイエスの弟であるヤコブ以外には他のどの使徒にも

会わなかった。まぁケパはペテロですぇ。（20節）「ここに書いていること
は神のみまえで言うが、決して偽りではない。（21節）その後、わたしは
シリヤとキリキヤとの地方に行った。（22節）しかし、キリストにあるユ
ダヤの諸教会には、顔を知られていなかった。（23節）ただ彼らは、『か
つて自分たちを迫害した者が、以前には撲滅しようとしていたその信仰
を、今は宣べ伝えている』と聞き、（24節）わたしのことで、神をほめた
たえた」という記事が書いてあります。まぁここは当人が書いていること
ですから最も確実なことでしょう。

ガラテヤ書　第2章

1

［授業資料から］

2：1-10 エルサレム使徒会議（AD48）

¹ Ἔπειτα διὰ δεκατεσσάρων ἐτῶν πάλιν ἀνέβην εἰς Ἱερο
σόλυμα μετὰ Βαρναβᾶ συμπαραλαβὼν καὶ Τίτον·
2 ἀνέβην δὲ **κατὰ ἀποκάλυψιν**· καὶ ἀνεθέμην αὐτοῖς τὸ
εὐαγγέλιον ὃ κηρύσσω ἐν τοῖς ἔθνεσιν, κατ᾽ ἰδίαν δὲ τοῖς
δοκοῦσιν, μή πως εἰς κενὸν τρέχω ἢ ἔδραμον.
³ ἀλλ᾽ οὐδὲ Τίτος ὁ σὺν ἐμοί, Ἕλλην ὤν, ἠναγκάσθη περι
τμηθῆναι·
⁴ διὰ δὲ τοὺς παρεισάκτους ψευδαδέλφους, οἵτινες παρει
σῆλθον κατασκοπῆσαι τὴν ἐλευθερίαν ἡμῶν ἣν ἔχομεν ἐν
Χριστῷ Ἰησοῦ, ἵνα ἡμᾶς καταδουλώσουσιν,
⁵ οἷς οὐδὲ πρὸς ὥραν εἴξαμεν τῇ ὑποταγῇ, ἵνα ἡ ἀλήθεια τοῦ
εὐαγγελίου διαμείνῃ πρὸς ὑμᾶς.
⁶ Ἀπὸ δὲ τῶν δοκούντων εἶναί τι, – ὁποῖοί ποτε ἦσαν οὐδέν μοι
διαφέρει· πρόσωπον [ὁ] θεὸς ἀνθρώπου οὐ λαμβάνει – ἐμοὶ
γὰρ οἱ δοκοῦντες οὐδὲν προσανέθεντο,
⁷ ἀλλὰ τοὐναντίον ἰδόντες ὅτι πεπίστευμαι τὸ εὐαγγέλιον τῆς
ἀκροβυστίας καθὼς Πέτρος τῆς περιτομῆς,
⁸ ὁ γὰρ ἐνεργήσας Πέτρῳ εἰς ἀποστολὴν τῆς περιτομῆς
ἐνήργησεν καὶ ἐμοὶ εἰς τὰ ἔθνη,
⁹ καὶ γνόντες **τὴν χάριν τὴν δοθεῖσάν μοι**, Ἰάκωβος καὶ
Κηφᾶς καὶ Ἰωάννης, οἱ δοκοῦντες στῦλοι εἶναι, δεξιὰς ἔδωκαν

ἐμοὶ καὶ Βαρναβᾷ κοινωνίας, ἵνα ἡμεῖς εἰς τὰ ἔθνη, αὐτοὶ δὲ εἰς τὴν περιτομήν·

10 μόνον τῶν πτωχῶν ἵνα μνημονεύωμεν, ὃ καὶ ἐσπούδασα αὐτὸ τοῦτο ποιῆσαι.

［私訳］

2：1　その後十四年たってから、わたしはバルナバと一緒に、テトスをも連れて、再びエルサレムに上った。（第二回エルサレム訪問AD48 年　なお、A11:27~30, 12:25 に書かれている中間訪問はルカの創作—佐竹）

2：2　わたしは、啓示によって上ったのである。そして、わたしが異邦人の間に宣べ伝えている福音を、人々に示し、「重だった人たち」には個人的に示した。それは、わたしが現に走っており、またすでに走ってきたことが、むだにならないためである。

2：3　しかし、わたしが連れていたテトスでさえ、ギリシヤ人であったのに、割礼をしいられなかった。

2：4　{そして（テトスへの割礼の強制は、すでにアンチオキアで）「忍び込んできた偽兄弟ら」（cf. A15:1,24）のために（生じていたことである）—彼らが忍び込んできたのは、キリスト・イエスにあって持っているわたしたちの自由をねらって、わたしたちを奴隷にするためであった。（NKJ 2:4 And *this occurred* because of false brethren secretly brought in (who came in by stealth to spy out our liberty which we have in Christ Jesus, that they might bring us into bondage).)

2：5　しかし彼らに対しては、わたしたちは、福音の真理があなたがたのもとに常にとどまっているよう、瞬時もその強要に屈服することはなかった。}

2：6　そして、かの「重だった人たち」からは—彼らがどんな人で

あったにしても、それは、わたしには全く問題ではない。神は人を分け隔てなさらないのだから——事実、かの「重だった人たち」は、わたしに何も加えることをしなかった。

2：7　それどころか、彼らは、ペテロが割礼の者への福音をゆだねられているように、わたしには無割礼の者への福音がゆだねられていることを認め、

2：8　（というのは、ペテロに働きかけて割礼の者への使徒の務につかせたかたは、わたしにも働きかけて、異邦人につかわして下さったからである）、

2：9　かつ、**わたしに賜わった恵み**を知って、柱として重んじられているヤコブとケパとヨハネとは、わたしとバルナバとに、交わりの手を差し伸べた。そこで、わたしたちは異邦人に行き、彼らは割礼の者に行くことになったのである。

2：10　ただ一つ、わたしたちが貧しい人々をかえりみるようにとのことであったが、わたしはもとより、この事のためにも大いに努めてきたのである。

［授業］

それで次に2章に入りましょうネ。それでネ、——〔学生に資料を配る音〕はい、これです。どうぞ——それから第2章ですが、2章がポイントの章でもありますが、それは後半ですから、今日はそこまで行きません。ここも前半は歴史的な出来事ですが、大変重要な出来事があったんですネ。みなさんはあまりよく知…、キリスト教徒の間でもよく知られてない、重要な大きな出来事が実は書いてあるんですネ。ですから結構ネ重要なことですょ、教会史的にはネ。

2章の1節見てみましょう。（1節）「その後十四年たってから、——ですから足掛け14年ですからネ。35年から14年って48年ですネ、48年。

この年は知っておきましょう。なぉ——その後十四年たってから、わたしはバルナバと一緒に、テトスをも連れて、再びエルサレムに上った」。ですからその間、彼はアンチオキアですﻪ、アンチオキアが彼の活躍の舞台だったんだと思います。まぁヘレニズム・キリスト教と言われるものの中心がこのアンチオキアですﻪ。一方もうひとつエルサレム教会があって、まぁ他にも小さな教会あったらしいんですけど、どうもこのふたつが他を圧していたようで、初めの頃の教会は従ってエルサレム教会とまぁアンチオキア教会ですﻪ。でここにはバルナバがいたわけです。でアンチオキアの教会っていうのは、あれですﻪ、元もとステファノ、テファノの一派が向こうに移って造った教会。ですからヘレニスト、ギリシヤ語を話すユダヤ人の、が造った教会でしょぅﻪ。しかし今場所からいってエルサレム教会は、多分信徒はユダヤ人だけじゃないかと思いますが。アンチオキアはそういうことはなかったと思いますが、指導層はやはりユダヤ人キリスト者だったと思いますﻪ。このバルナバでさえもそうですし、もちろんパウロがいたわけですからﻪ。「その後十四年たってから、わたしはバルナバと一緒に、テトスをも連れて、再びエルサレムに上った」。なお、テトスはユダヤ人ではありません。ギリシヤ人を父にもつ人ですﻪ。

　（2節）「わたしたちは、あっ、わたしは、啓示によって上ったのである」。でまたここで「啓示」ってのが出て来ましたﻪ。啓示ってのはこれで三度になりますが、これはたいていはまぁそれほど重くは理解し（ないで）、軽くわりと解釈するんですょ。「啓示によって上った」、原語は $\kappa\alpha\tau\grave{\alpha}$ $\grave{\alpha}\pi o\kappa\acute{\alpha}\lambda\upsilon\psi\iota\nu$（カタ　アポカリュプシィン）と書いてありますが、先学期私たちが読んだブルトマンの教科書[註21]の129頁にはここが挙がってまして、これは単に「秘密の開示、今まで隠されていたものの教示だ」っていうふうに書いてありますけれど、まぁ彼も軽くちょっと採ってるようですﻪ。まぁしかしそれが一般的なので。僕はこのやっぱり啓示というのは、かなり重い意味だと思ってんですょ。というのは、「ここは軽い意味だ」と、

でもさっきのはダマスコ体験でしょ？　（それは）「あれだ」っていうの
は変ですょ。ですからこれはやはり、その彼はその「啓示」と言う場合に
はぁのブルトマンの理解と違って、パウロってのはどうも「自分がキリス
トとひとつである」というこういうこと（をしきりに言った人です）。まぁ
ぁ従ってこの ἀποκάλυψις（アポカリュプシス）というのは「キリスト」と
言ってもいいくらいなんで、「キリストと共に上った」というふうに僕は、
僕などはまぁ解釈したいんですけど。自信がないから君たちの前で言う
だけですが〔笑い〕、ぁのだから訳はそんな訳は書いておりません。「啓示
によって上ったのである」とですネ、おとなしく書いて、みなさんにネ（そ
の）訳を使いました。と言うのはネ、ここだけなんかインスピレーショ
ンってみんな採るわけですょ。自分たちは、自分自分がエルサレムに14年
後行ったのは、なんかインスピレーションがあったから行ったんだって。
そういう（ふうに）啓示って軽く採るでしょ。軽くって言うか、そう採り
ますょ。これはネ、ちゃんと理由が後で書いてあります、なぜ行ったかと
いうことは。ですからそれはそういう理由で行ったわけですが、その理由
（があって）行ったわけですけど。これは κατά（カタ）というこの前置
詞からみると、それに、それと、それによって（というような意味が普通で
す）。僕はもっとネ違う意味に採りたいと思うんですが、まぁこれ以上は言
いません〔笑い〕。「そして、そして、わたしが異邦人の間に宣べ伝えてい
る福音を、人々に示し、『重だった人たち』には個人的に示した。それは、
わたしが現に走っており、またすでに走ってきたことが、むだにならない
ためである」。

　（3節）「しかし、わたしが連れていたテトスでさえ、ギリシヤ人であっ
たのに、割礼をしいられなかった」というわけ、ことが書いてありますネ。
これがまぁいわゆる第一回、第二回のエルサレム訪問ですが、ぁのこれをエ
ルサレム会議とか使徒会議と言うやつですネ、言われるものですネ。テトス
を連れて行ったというのは、やはりこれはパウロがその割礼問題で——ひ

とつの、で異邦人キリスト者です_ネ——異邦人キリスト者を連れて行ったというのは、やっぱりパウロの意図があったと思いますぇ。でところがですぇ、そのその次４節からぇ、４節から５節というのは、ちょっと文章も乱れてるし、今度は「わたしたち」になってんですょ。ちょっとこれは挿入的に書いたんだろうとまぁ思ぅ、思われますぇ。そういうふうに書いてあります。書いてある本もありますぇ。そこでまぁちょっと括弧に、訳の方は括弧に入れてみました。そしてこれはぇ僕が、ここの訳は King James^{註22)} の——New King James^{註23)} ですか——の訳をがすっきりしてるのでそれを訳しましたが、ちょっと誤訳をしちゃったので訂正したのを書いてあって〔苦笑しながら〕、読みにくくなってますけど^{註24)}。

　で（４節）、「そして割礼の強制は、——つまりテトスに対する割礼、テトスではない…。まあ前の、前のことを受けてるんですぇ——そして割礼の強制は、『忍び込んできた偽兄弟ら』のために、アンチオキアで生じたことである」。ですからここがぁ彼らがエルサレムに行った動機、理由ですょネ。割礼の強制というもの、割礼をしろと、そういうことを要求して来たのは、——「忍び込んできた」というのは、ってのは——アンチオキアに忍び込んできた偽兄弟たちのためにそういう事態が起こった。だから行ったんだという（ことを言いたいわけです）。そしてまぁデモン、デモン、デモンストレーションとしてテトスを連れて行った。こういう書き方をしてますぇ。ちょっとまぁぁの文体も合わないし、ぁのまぁ文、文、文章が乱れていると言うのかな、そういうところですけど。で「彼らが忍び込んできたのは」、ですからぇこの話はアンチオキア教会の話ですょ。アンチオキア教会でパウロやバルナバが活躍していて、割礼も施さないで異邦人キリスト者を受け入れてたわけですぇ。それに対して、多分エルサレム教会からやって来た人たちが異議を唱えた。割礼を受けさせるってことは律法を守るっていうことですから、「律法を守れ」と、こういうふうに言って来た。でそんな問題があったので、そんな問題があったので、自分たちはそのまぁ総本山のよう

な地位にあるエルサレム教会に行ったんだと、こういうわけですネ。でところがテトス——まぁちょっと前後しちゃいますけど——3節では、そのようにしてテトスを連れてったんですけど、テトスはぁのこういう重だった人々に多分会ったでしょうネ。割礼を強いられることはなかったと、こう言ってるわけですネ。よろしいですネ。

　5節はまた4節に続いてるわけで、話（が）前後しちゃってますけども、（5節）「しかし彼らに対しては、わたしたちは、——『わたしたちは』って言うんですからまぁ、まぁ普通に採ればバルナバも含めて言ってるわけでしょうネ——しかし彼らに対しては、わたしたちは、福音の真理があなたがたのもの、もとに常にとどまっているよう、瞬時もその強要に屈服することはなかった」。ですからここはアンチオキアの話ですネ。そしてこういう事態があったからまぁ行ったと言うんでしょうネ、エルサレムにネ。

　で6節、また元に戻り、戻りまして、（6節）「そして、かの『重だった人たち』からは—彼らがどんな人であったかは、それは、わたしには全く問題ではない。神は人を分け隔てなさらないのだから—事実、かの『重だった人』は、——ここも文章が乱れてます、最初は『かの「重だった人たち」からは』と言っといて、後は『事実、かの「重だった人は」』と、主語として言ってるネ——わたしに、わたしに何、何も加えることをしなかった」と言うんです。ですから「わたしに何も加えることをしなかった」ってことは、なんらかの要求をわたしに加える、——例えば、律法遵守せよ、割礼を受けさせよ、というようなこういう要求ですネ——そういうことはしなかったと、はっきり書いてあるんです、これ、ここで。ですからパウロとしては、これは一応ですネ、自分たちの勝利ですょ。自分たちがやって来たことを認めさせたわけですネ。そしてデモンストレーションとして連れてったテトスには、ぁのなにも言われなかったわけですから。

　で、（7節）「それどころか、彼らは、ペテロが——まぁ今ペトロという

訳ですが──割礼の者への福音をゆだねられているように、わたしには無割礼の者──ですからこれは異邦人ですぇ──の福音がゆだねられていることを認め、──まぁ8節は同じようなもんです──というのは、ペテロに働きかけて割礼の者への使徒の務につかせたかたは、わたしにも働きかけて、異邦人につかわして下さったからである。──まぁちょっとこれは括弧に入れてまして──（9節）かつ、わたしに賜わった恵みを知って」、まぁ通常ぁの佐竹（明）さんなどは、パウロが「恵み」と言うときは、自分の使徒としての召命、召命を受けて言いますが、それをいうと佐竹さんは言いますが、まぁこの場合はそれが当たっていると言ってもいいと思いますが。「かつ、わたしに賜わった恵みを知って、柱として重んじられている──で名前も具体的に出て来ますぇ──ヤコブとケパとヨハネとは、わたしとバルナバとに、交わりの手を差し伸べた。そこで、わたしたちは異邦人に行き、彼らは割礼の者に行くことになったのである」。でこのようにして今まで行われて来た二極体制というのは、ここで公認されたということを言っているわけですぇ。で異邦人に行く場合には割礼を要求しない。なんにも要求されなかったんでしょうぇ。割礼だけじゃなくて、具体的にこの「この律法は守れ」というような指示もなかったと考えるのが自然ですぇ。「彼らは割礼の者に行くことになったのである」。

　（10節）「ただ一つ、わたしたちが貧しい人々をかえりみるように──まぁこれは具体的にはエルサレムの教会でしょう──ということであったが、わたしはもとより、この事のためにも大いに努めてきたのである」。まぁこれは実際彼の献金活動はそうですぇ。ですからここではまぁぁのエルサレム会議、AD48年の報告を、彼はここ10節に渡ってしているわけですが、これを読むかぎりは、パウロ側にはその、まぁパウロの福音にとって決定的に大事、大事なのは、その律法というもの、そういう律法というものですぇ、それを排除する（ことだった）。そこを、そこを──なんと言いますか──もとにした宗教ということはパウロには考えられないですから。

それを、そういうパウロの宗教の根幹を脅かすようなことはまぁ向こうは言ってこなかった。ですからパウロにとっては勝利だった、こういうことがここで語られているわけですﾈ。で、ぁの後は言ってみると、自分の使徒としての仕事、つまり宣教ですﾈ。この宣教の対象がまぁ異邦人伝道である。で元もとパウロは、どうもユダヤ教徒だった時代から異邦人伝道の宣教師だったと言われていますが、これはまぁパウロにとってはいわば本来のﾈ——元もとギリシヤ語をしゃべる人ですからﾈ——そっちの方向へ行くということで、まぁただ貧しい人をかえりみるということだけが——まぁ要求と言えば要求ですﾈ——（求められた）。ということで、これは彼も快諾したようです。でここまでがこういう報告がなされているわけです。

2

［授業資料から］
2：11-14　アンテオケの衝突（AD49）

11 Ὅτε δὲ ἦλθεν Κηφᾶς εἰς Ἀντιόχειαν, κατὰ πρόσωπον αὐτῷ ἀντέστην, ὅτι κατεγνωσμένος ἦν.

12 πρὸ τοῦ γὰρ ἐλθεῖν τινας ἀπὸ Ἰακώβου μετὰ τῶν ἐθνῶν συνήσθιεν· ὅτε δὲ ἦλθον, ὑπέστελλεν καὶ ἀφώριζεν ἑαυτὸν φοβούμενος τοὺς ἐκ περιτομῆς.

13 καὶ συνυπεκρίθησαν αὐτῷ [καὶ] οἱ λοιποὶ Ἰουδαῖοι, ὥστε καὶ Βαρναβᾶς συναπήχθη αὐτῶν τῇ ὑποκρίσει.

14 ἀλλ᾽ ὅτε εἶδον ὅτι οὐκ ὀρθοποδοῦσιν πρὸς τὴν ἀλήθειαν τοῦ εὐαγγελίου, εἶπον τῷ Κηφᾷ ἔμπροσθεν πάντων· εἰ σὺ

Ἰουδαῖος ὑπάρχων ἐθνικῶς καὶ οὐχὶ Ἰουδαϊκῶς ζῇς, πῶς τὰ
ἔθνη ἀναγκάζεις ἰουδαΐζειν;

［私訳］

2：11　ところが、ケパがアンテオケにきたとき、彼に非難すべきこ
とがあったので、わたしは面とむかって彼をなじった。

2：12　というのは、ヤコブのもとからある人々が来るまでは、彼は
異邦人と食を共にしていたのに、彼らがきてからは、割礼の者どもを
恐れ、しだいに身を引いて離れて行ったからである。

2：13　そして、ほかのユダヤ人たちも彼と共に偽善の行為をし、バ
ルナバまでがそのような偽善に引きずり込まれた。

2：14　彼らが福音の真理に従ってまっすぐに歩いていないのを見
て、わたしは衆人の面前でケパに言った、「あなたは、ユダヤ人であ
るのに、自分自身はユダヤ人のように生活しないで、異邦人のように
生活していながら、どうして異邦人にユダヤ人のようになることをし
いるのか」。

［授業］

　……でネ、これ今日はまだ時間がありますからなんとか読めると思いま
すけど、この報告と実は、この報告に対応するのは、使徒行伝に出て来るん
ですネ、使徒言行録 15 章に。だいぶ違うんですょ。しかしその前に、そ
の前にですネ、重要なアンテオケの衝突という——わずかネ 4 つの節ですが
——（出来事について確認したいと思います）。そして、このアンテオケの
衝突に関しては、使徒行伝にはなんにも書いてないんです。パウロの手紙
もここだけなんですネ。そこで、多くの色んな分析がなされるんですが、
私はぁのこれ非常に克明に丁寧に分析されている佐竹（明）さんから、昔
からそこん所を読んで色々教えられているので、それをここでネ受け売り
になりますけれど〔笑い〕、それを申し上げて、まぁ大体今日の時間来ちゃ

うんじゃないかと思うんですけど。ちょっと読んでみましょうね。

　アンテオケの衝突、これはねその翌年です。この、さっきみなさんに差し上げた表でも49年頃になってると思うんですが[註25]、ねこの表でも「春、ペトロ、アンテオケを訪問。パウロと衝突」と書いてある。「49年の春」と書いてありますね。翌年ですからすぐ後ですね。読んでみましょうね。

　（11節）「ところが、ケパがアンテオケに──まぁアンティオキアです、今はね。これは口語訳だからです──ケパがアンテオケにきたとき、彼に非難すべきことがあったので、わたしは彼と、面とむかって彼をなじった。（12節）というのは、ヤコブのもとから──主の兄弟──ヤコブのもとから、ある人々が来るまでは、彼は異邦人と食を共にしていたのに、彼らがきてからは、割礼の者どもを恐れ、しだいに身を引いて離れて行ったからである」。「しだいに身を引いて」、いきなりパッと止めたんじゃなくて、なんかね、こうためらいがちにということですょ。これはぁのギリシヤ語ではアオリストで書いてあるんです。アオリストじゃない、インパーフェクトで書いてあるんです。未完了。「しだいに身を引いて離れて行ったからである。（13節）そして、ほかのユダヤ人たちも──恐らくぁのアンテオケの教会のユダヤ人信徒ですが──彼も、彼と共に偽善の行為をし、──だから彼…、パウロから見ても偽善なんですね。英語のhypocrisyの元になったギリシヤ語が書かれていますね。英語で言いましたょね。それで──バルナバまでがそのような偽善に引きずり込まれた」。というと、どういうことになっちゃうのかと言うと、パウロひとりが（孤立したように）なっちゃっているんじゃないかと思うんですけど。

　で、14節、「彼らが福音の真理に従ってまっすぐに歩いていないのを見て、わたしは衆人の面前で──『衆人』って書いてありますけど、ギリシヤ語では全部の人って書いてある。まぁ衆人ってそういう意味なんでしょう──面前でケパに言った、『あなたは、ユダヤ人であるのに、自分自身

はユダヤ人のように生活しないで、異邦人のように生活していながら、ど
うして異邦人にユダヤ人のようになることをしいるのか』」。でここで切れ
ちゃって、その後の話は書いてないんですょネ。こういう事件があったん
ですネ。みなさんネ、この最後の科白、すごい科白ネ、これ。あなたはユ
ダヤ人、お前はユダヤ人であるのに、自分自身はユダヤ人のようにキチッ
とした生活をしないで、異邦人のように生活していながら、〔笑いながら〕
どうして異邦人にユダヤ人になることを強制するのかと、そういうこれ
すごい科白ですょ。これみんなの前で言ったわけでしょう。でパウロ、ペテ
ロっていうのはどうです？　名声があったんだと思いますょ。だって、イ
エスの直弟子ですから。筆頭主でしょ。それに対してこういうことを言っ
たんですょ。

　ぁのネ、みなさんも（よく知ってる）ぁの遠藤周作[註26]ってネ有名な作家
がいますょネ。あの人（は）パウロが大嫌いなんだって。彼が書いていた、
どっかで。こういうことを言うからって。これネ、言われた人間はあれで
すょ、ぐうの音も出ないょ、これ。これ、みんな分かるでしょ。ぁのネ、まぁ
ぁ例えば例、例を話すとネ、日本の、日本には侍というのがいたょネ、武士ネ。
これは一般の人間と違って、非常に厳しい教育を子どもの頃受ける訳です
ネ。でパウロもネ、だから一般の人間、町民や農民と歩き方まで違っちゃう
訳ですょ、こういうような教育を受けたらぁ。侍の歩くのと、一般町民や
農民がぁの道端歩くのと全然違うんですょ。あのネ、パウロはぁのユダヤ人
としてまぁパリサイ人です。律法を厳しく教育受けたでしょう。まぁ歩き
方は知らないけれどネ〔笑い〕。非常に生活の細々したとこまでキチッと
した教育を受けた人ですょ。これはユダヤ人ならみんなそうだったという
わけじゃないんですょ。一部のユダヤ人ですょ、そういう細かいこと。そ
ういう人間から見たらネ、ペテロ……。ペテロは漁師の息子ですょネ。漁
師と言ってもネ、相当のあれです。まぁなんと言いますか、金持ちの方な
んです。網元ですからネ。それでも、要するにただのユダヤ人ですょ。こ

れはもうぇ、生活ぶりを見りゃあぇ、ただの人ですょ、パウロから見れば
ぇ。だからすぐに分かっちゃうのさ。で、それなのにお前は、今度はその割
礼を、まぁユダヤ人のように生きることをしいるということは、結局割礼
を受けさせて律法を守らせるということでしょ。でそういうことをするの
か、こういう科白ですからぇ。これ言われたらもうぇ、ぐうの音も出ない
ょ〔笑い〕、これは。分かるでしょ、これ。こういうことを、こういうき
ついことを言うぇ人は──（遠藤周作は）彼を好きじゃないそうですけれ
ど──まぁ好き嫌いはともかくとしてですぇ、ぁのよくパウロとペテロの性
格が出てるじゃないですか。僕は人間的にはペテロみたいな人、いい人だ
と思うんですぇ〔笑い〕。だって、そんなにあんまりこだわらないで、そ
のだってエルサレムからアンテオケに来たら、みんな異邦人とユダヤ人の
クリスチャンでしょう。一緒に食事をしていたんでしょう。だから、あれ
これ言わずにサッと入ったんですょ、ぇ。そして一緒に食事してたんです
ょ。で食事を、一緒に食事するって楽しいじゃないですか。そして彼らは
それでやってたんだけど、ヤコブから──ヤコブってのはまぁ別の書物で
ぇ「義人ヤコブ」と言われているように、律法を守るということに対して
は随分一生懸命やった人ですけど、だったようですけれど──その下から
ある人々が来たときは、「あっ、異邦人と食事している」というふうに見
られて、段々これはまずいなっていうんで、こぅ身を引いて行ったわけで
しょ。この人はぇ、この人は考えてみたらぇ、パウロのように原則論に立っ
てぇ、神学的にどうのこうので動く人じゃないですょ、言ってみるとぇ。
もっと非常にこぅ、なんと言うか、まぁ、そんなうるさいこと言わないで
ぇ、みんな楽しく食べるときは食べる〔笑い〕。ただ、ユダヤ人が来ると
こぅ身を引いちゃうぇ、うるさい人が来るとぇ。こういう人はぃぃ、いいで
すょぇ、人間的にぇ。だけど、パウロはそういう人間じゃないですからぇ。
実際そういうことされたら異邦人は立つ瀬がないぇ。今まで一緒に食事を
してた。そうでしょ。食事を一緒にするというのは、ぁの気持ち的にはア

レじゃないですか。一心、一心になる。一心同体になるという感情を持つじゃないですか。ところがあるときから、もうユダヤ人たちは自分たち異邦人と一緒に食事をしてくれなくなると、異邦人はどうなりますか、異邦人クリスチャンは。教会から出るか、自分も洗礼、洗礼じゃない、割礼を受けてユダヤ人になるか、どっちかしか無いですょ。言ってみるとそのままだと、教会はぁのﾈ終わっちゃいます。崩れちゃいますﾈ。

　ところが、こういう事態が起きちゃったわけですﾈ。そうすると、まぁ言ってみるとこういうことで、原則論をもってパッと歩くのはパウロですから、結果的にどういうことになりますか、これ。バルナバまでがそっちに行っちゃったんでしょ。他のユダヤ人はみんなでしょ。ペテロも、ペテロも。バルナバまでがそっちに行っちゃったらどうなります？　恐らく異邦人クリスチャンと一緒に食事したのはパウロだけだったんじゃないかと思うんですょ〔笑い〕。そうすると、結果的に、今度はどういうことになるかというと、アンテオケの教会は、やっぱり指導層はユダヤ人ですﾈ。この中でパウロだけ浮き上がっちゃうってことです。そうするとパウロだけが浮き上がっちゃいますから、パウロはこっからは、つまり AD49 年以後は、AD49 年以後はパウロは、まぁアンテオケが母教会でしたけれど、ここから離れて一匹狼になって行くわけですﾈ。で、なぜこんだけヤコブのもとから来た人たちが、まぁぁのそういう律法とか割礼とかにこだわったかということは、佐竹さんの本によりますと、当時ユダヤは非常に民族意識が高揚していたんだそうです。そういうことで、律法に対してはっきりとした態度をとらないキリスト教（は）、——まぁキリスト教というはっきりとした意識があったかどうか分かりませんけれど、キリスト教会ですﾈ——まぁエルサレム教会は、常にまわりのユダヤ人からは疑いの眼をもって見られていたと言うんですﾈ。で従って、彼らはどうしても、そういう律法を守るということに対して外部の目が気になって、そういうことにわりとキチッとしているヤコブが指導者になっていたと言われます。ペテ

ロという人はこういう人ですから、そんなに律法を守ることに熱心でもなかったし、まぁパウロのようにはっきりとした見方があったわけじゃないですから、そういうまぁ言ってみれば外圧があったわけですネ。

　ちょうどですネ、戦前の日本のキリスト教が、常にその日本、日本人、その必要以上にその、ある種の人が必要以上に愛国的になったんですネ、戦前のキリスト教は。そうしないと常に睨まれるネ。敵性、敵の国の宗教だということで、敵性宗教だということでネ。ですからある種の日本人、ある種の神学者は随分、その、今から考え、今から見ると、まぁちょっと驚くようなことを言っているわけですけど。まぁぁのそういう状況に似ていたのかも知れない。でそんなことがあって、まぁエルサレム教会は一番ぁのそういう点では神経質にならざるを得なかったでしょうネ。

　でもうひとつの有力な教会のアンテオケは、全く自由だなんてことが入って来ると、ユダヤ人からは益々疑われますからネ。そういう状況にあった。まぁしかしですネ、しかし考えてみると、もしパウロがここではっきりとした態度をとらないで——もしですょ、もしですょ——パウロがここではっきりとした態度をとらないで、その、あるいはバルナバと一緒に、そういう、バルナバと同じような行動をとったらどうなっただろう？　そうなったらですネ、実は、キリスト教というのはぁのユダヤ教の中で消滅してしまっていただろうと、このようにぁの佐竹さんは言っていますが、そうだろうと思います。もしパウロがここで一匹狼として、まぁ以後はアンテオケをできるだけ離れて、いわゆる伝道旅行をネして、それから彼は（によって）——ぁの第二伝道旅行というのは、大体その後と考えられますからネ——第二伝道旅行で色んな教会が立っちゃったんですネ。そうでしょ。ですからそうなって来ると、まぁぁの多分、でこの第二伝道旅行はまぁぁのほとんどバルナバと袂を分かっちゃってますからネ。ぁの使徒行伝は別の理由でってことになってますが。使徒行伝はこの、このここでふたりが対立して、パウロが手ひどいことを言ったっていうようなことは書いて

68

ないんです。で、これは多分知っていた。絶対ルカは知っていたけど、意識的に書かなかったんだというふうに学者たちは推測していますが。まぁあの、そうなってしまっ……、もしパウロがここで妥協してしまったら、多分キリスト教というのは、まぁ萌、あの芽が生えたときの状態ですから、萌芽状態のまま、ネ、ユダヤ教の中に解消して、あの、そしてまぁ今日のような形には勿論ならなかったろう（と推測されますネ）。でそういう意味ではネ、ここで、あのこういう、まぁ言ってみると、パウロとペテロが衝突した。そしてそれに対して、まぁこういう、まぁそういう事件が起きたということによって、キリスト教というものはユダヤ教から出て行くわけでネ。脱皮して行く。そういう教会史、教会史上におけるネ最も重要な出来事なんでょ、これは。このことを知っておいてくださいネ。ただ、ここのたった4つの節にしか書いてないんでょ。でも確かにその通りで、これがなかったら（キリスト教は成立してなかったかも知れないわけですから）、キリスト教の存続に関わる出来事ですネ。

　で、以後エルサレム教会というのは結局消滅してしまいますから、残って行くのは、このパウロが建てた教会ですょネ。まぁローマ教会は確かにパウロが建てたものではありませんけどネ。まぁ少なくとも、でも異邦の教会ですネ。そういうところ、……〔学生の質問が入る〕

［小川］　はい。

［質問者］〔質問内容は聞き取れず〕

［小川］　なにがですか。

［質問者］〔質問内容は聞き取れず〕

［小川］　それもありますしネ、あの元もとそれほど強く別の宗教だという意識はなかったんじゃないかと思いますネ。まぁ我々はエルサレム・キリスト教会というのを考えるわけですけれど、元もと本人、あの、あのエルサレムの原始教会の人たちは、それほど強く新しい宗教だという自覚はなかったと思いますょ。パウロ的な、こぅア

レ持ってないですからﻪ。まぁブルトマンなんかが言っているん
ですけど、まぁイエスという人はユダヤ教徒として生まれ、そし
てユダヤ教――そりゃユダヤ教を批判しましたけど――その範囲
内で仕事をして行った人だと、こういうふうに言ってますし。そ
の後を継いだのはヤコブですから――でもまぁ（その力は）大し
て大きくなかったんだろうと思うﻪ――（ユダヤ教の影響は残っ
たんだろうと思います）。ぁの、多分、まぁ詳しいこと、僕はそう
いうこと弱いんでﻪ、あまりみなさんの前でしゃべって、間違っ
たことを教えるとまずいんですけど、まぁぁのはっきりとした理
論的にこぅユダヤ教とこれだけ違うというものは、そういう自覚
はなかったでしょう、パウロのような強烈な自覚はﻪ。そりゃ
やっぱり、そうなっちゃうと圧倒的な周りの力、あのユダヤ教の
力を考えてみればﻪ、理論的にも自分たちがどこが違うというこ
とがはっきり言えないとなったら、やがては雲散霧消しちゃう
でしょうﻪ。実際そうだったんですﻪ。ですから、エルサレム教
会、ﻪ、その後にローマが大きく発展して行くでしょう？　まぁ
ローマはパウロが立てた教会じゃありませんけれど、異邦人教会
が（次第に成長して）、そしてまぁユダヤ教から（離れて行くこ
とになる）。ユダヤ教の批判者ですからﻪ、これは。まぁそういう
のはﻪ、この、このﻪ、アンティオケの、アンテオケの衝突です。

　ですから、ここはまぁ、基本にあるのは律法に対する見方です
ﻪ。それからパウロという人、この人の個性が出て来るところで
すﻪ。そのことを申し上げておきまして、まぁあまり詳しいこと
はﻪ、僕分からないんですょ。こういうことは新約学の方は、ぁ
の歴史家の方向に力のある人はこういうことを良く知っています
ので、特に佐竹さんはﻪ優れた分析をしていますから。

3

挿入　使徒言行録　15：1-35

［授業］

　それで、少し時間がありますから、これから同じ時期の報告をしている使徒行伝をみなさんと一緒に読んでみましょう。資料、資料集は出してありません。聖書、聖書だけですから。

　それでぇ、聖書をお持ちの人は使徒行伝の15章をちょっと開けてみてください。使徒言行録、「エルサレムの使徒会議」という名前が書いてありますょね。ここですけどぇ。お持ちですか、はい。

　〔新共同訳の朗読が始まる〕（1節）「ある人々がユダヤから下って来て、──ぁのさっきぇ、ぁの（ガラテヤ書）2章の4節で偽兄弟がどうのこうのってのがありましたぇ。忍び込ん来てって、どうもこのことを言ってんじゃないかと思われますが──ある人々がユダヤから下って来て、『モーセの慣習に従って割礼を受けなければ、あなたがたは救われない』──救いの条件としてぇ、割礼を出して来てんですけど──と兄弟たちに教えていた。（2節）それで、パウロやバルナバとその人たちとの間に、激しい意見の対立と論争が生じた。この件について使徒や長老たちと協議するために、パウロとバルナバ、そのほか数名の者がエルサレムへ上ることに決まった。──ということですぇ。これは今、僕らが読んだぇガラテヤ書の記事と相当するって大体分かるでしょ──（3節）さて、一行は教会の人々から送り出されて、フェニキアとサマリア地方を通り、道すがら、兄弟たちに異邦人が改宗した次第を詳しく伝え、皆を大いに喜ばせた。（4節）エルサレムに到着すると、彼らは教会の人々、使徒たち、長老たちに歓迎され、神が自分たちと共にいて行われたことを、ことごとく報告

した。（5節）ところが、ファリサイ派から信者になった人が数名立って、『異邦人にも割礼を受けさせて、モーセの律法を守るように命じるべきだ』と言った。（6節）そこで、使徒たちと長老たちは、この問題について協議するために集まった。（7節）議論を重ねた後、ペトロが立って彼らに言った。『兄弟たち、ご存じのとおり、ずっと以前に、神はあなたがたの間でわたしをお選びになりました。それは、異邦人が、わたしの口から福音の言葉を聞いて信じるようになるためです。（8節）人の心をお見通しになる神は、わたしたちに与えてくださったように異邦人にも聖霊を与えて、彼らをも受け入れられたことを証明なさったのです。（9節）また、彼らの心を信仰によって強め、清め、わたしたちと彼らとの間に何の差別をもなさいませんでした。（10節）それなのに、なぜ今あなたがたは、先祖もわたしたちも負いきれなかった軛を、あの弟子たちの首に懸けて、神を試みようとされる（する）のですか。（11節）わたしたちは、主イエスの恵みによって救われると信じているのですが、これは、彼ら異邦人も同じことです。』（12節）すると全会衆は静かになり、バルナバとパウロが、自分たちを通して神が異邦人の間で行われた、あらゆるしるしと不思議な業について話すのを聞いた（ていた）。（13節）二人が話を終えると、ヤコブが答えた。——主の兄弟ヤコブですね——『兄弟たち、聞いてください。（14節）神が初めに心を配られ、異邦人の中から御自分の名を信じる民を選び出そうとなさった次第については、シメオンが話してくれました。（15節）預言者たちの言ったことも、これと一致しています。次のように書いてあるとおりです。（16節）『「その後、わたしは戻って来て、倒れたダビデの幕屋を建て直す。その破壊された所を建て直して、元どおりにする。（17-18節）それは、人々のうちの残った者や、わたしの名で呼ばれる異邦人が皆、主を求めるようになるためだ。」昔から知らされていたことを行う主は、こう言われる。』（19節）それで、わたしはこう判断します。神に立ち帰る異邦人を悩ませてはなりません。（20節）ただ、偶

像に供えて──ここ、注意してくださいぇ──ただ、偶像に供えて汚れた
肉と、みだらな行いと、絞め殺した動物の肉と、血とを避けるようにと、
手紙を書くべきです。（21節）モーセの律法は、昔からどの町にも告げ知
らせる人がいて、安息日ごとに会堂で読まれているからです。』──でそ
の次ですぇ──（22節）そこで、使徒たちと長老たちは、教会全体と共
に、自分たちの中から人を選んで、パウロやバルナバと一緒にアンティオ
キアに派遣することを決定した。選ばれたのは、バルサバと呼ばれるユダ
およびシラスで、兄弟たちの中で指導的な立場にいた人たちである。（23
節）使徒たちは、次の手紙を彼らに託した。『使徒と長老たちが兄弟とし
て、アンティオキアとシリア、シリア州とキリキア州に住む、異邦人の兄
弟たちに挨拶いたします。（24節）聞くところによると、わたしたちのう
ちのある者がそちらへ行き、わたしたちから何の指示もないのに、いろ
いろなことを言って、あなたがたを騒がせ動揺させたとのことです。（25
節）それで、人を選び、わたしたちの愛するバルナバとパウロとに同行
させて、そちらに派遣することを、わたしたちは満場一致で決定しまし
た。（26節）このバルナバとパウロは、わたしたちの主イエス・キリスト
の名のために身を献げている人たちです。（27節）それで、ユダとシラ
スを選んで派遣しますが、彼らは同じことを口頭でも説明するでしょう。
（28節）聖霊とわたしたちは、次の必要な事柄以外、一切あなたがたに重
荷を負わせないことに決めました。（29節）すなわち、偶像に献げられた
ものと、血と、絞め殺した動物の肉と、みだらな行いとを避けることで
す。以上を慎めばよいのです。健康を祈ります。』──29節ぇ、この29
節。また後でちょっと読みますが──（30節）さて、彼ら一同は見送り
を受けて出発し、アンティオキアに到着すると、信者全体を集めて手紙を
手渡した。（31節）彼らはそれを読み、励ましに満ちた決定を知って喜ん
だ。（32節）ユダとシラスは預言する者でもあったので、いろいろと話を
して兄弟たちを励まし力づけ、（33節）しばらくここに滞在した後、兄弟

たちから送別の挨拶を受けて見送られ、自分たちを派遣した人々のところ
へ帰って行った。(35節) しかし、パウロとバルナバはアンティオキアに
とどまって教え、他の多くの人と一緒に主の言葉の福音を告げ知らせた」
と、こういうことが書いてあるんですネ。

　それですネ、あの29節を見ていただきますと、さっきあの、さっきガラ
テヤ書2章6節で、あの、なんの、パウロに対してなんのですネ、要求もなさ
れなかったと書いてありましたょネ。なんの要求も、なんの、なにも課され
なかった、こう書いてありましたょネ。ところがここではなんて書いてあ
るかと言うと、「すなわち、偶像に献げられたもの——まぁ多分肉ですネ、
偶像に献げられ……、さっき『肉』と書いてあった——血と、絞め殺した動物
の肉と、みだらな行い——みだらな行いというのは、あの先学期やりまし
た πορνεία（ポルネイア）、つまりまぁ言ってみると買春です——それを避
ける（こと）」、この条件出してるんですょ。まぁ買春を避けるのは当たり
前にしてもですネ、「偶像に献げられたもの」、これ（は）あの肉（のこと
で）、パウロがローマ書やコリント前書で言っているんですが、あの偶像
に献げられた肉というのは、異邦人と一緒に食事をした場合、その特に異
邦人に招かれて食事をした場合ですネ、こういう肉を食べてしまう可能性
があるんですネ。でこれは、あのレビ記であの書いてあるその食物規定なん
ですけど。

　あの、みなさんネ、日本でもネ、日本でもネ、あのこれとはちょっと違うか
もしれないけど、マタギっての知ってる？　マタギってあの熊を撃つ狩
人。まぁ今はいないですけど。あまりいないですけど、あれはネ、あの熊撃
ちに出かける前にネ、あの神様にお祈りするんですょネ。あの、そういうこ
とがあって、まぁ殺すからネ。そうじゃない、そうでなくても、あの、昔もネ、
あの肉というのは動物を殺して食するわけですから、あのなんか、まぁ一種
の、殺す前にその、その地の、あるいはその動物の神様なんかにお祈りす
るというようなことがあったらしいんですネ。これは日本でもあります

ょ。やっぱり動物を殺すわけですから。ですから、そういう肉は、まぁユダヤ教にとっては食べてはいけないというところがあったんだと思うんですぇ。それが出て来ているのかなと思うんですけど。

「偶像に献げられたもの、血と、絞め殺した動物の肉」というのは、血抜きをしてないですから。血、血を飲む、血を食しちゃうということは、いけないこととされていたわけですからぇ。まぁ、これは食物規定ですぇ。こういう食物規定のまぁ律法ですょぇ。これを守るようにということが、ここで要求されていますぇ。これをぇなんと言うかというと、「使徒教令」と言う、日本語じゃあぇ〔板書する〕。この4つのアレ、使徒教令と言う。でもですぇ、でもこれはガラテヤ書には書いてないです。で、まぁ佐竹さんに言われるまでもなく、パウロが書いていることは、パウロが現実にエルサレムの使徒会議で当事者ですからぇ。こらぁ別に書いているルカは当事者じゃないですからぇ。後の、後の時代になって書いているわけですから、どっちが史実に、史実として正しいかと言えば、そらぁパウロが言っていることが一応直接証言ですからぇ。そうでしょう？　パウロは会議に出た人ですから。パウロだったら、こういうことを言ったら拒否したはずですょ。ですから、これは、これは、結局ガラテヤ書から見れば、この使徒言行録にあるこの記事は創作か、ルカの創作か、あるいは、あるいは……、ルカの創作かという、まぁそういうふうに言う学者もいるらしいんですが、ぁのこれを佐竹さんはぇ（支持していますぇ）。（彼は）非常に優れた人だと思うんですぇ。まぁこういう解釈、恐らく西洋の学者にもこういう解釈を採っている人もいると思うんですけど、これは多分、アンテオケの衝突があったでしょう。アンテオケの衝突があって、まぁこれは、この記事は一応は使徒会議の、使徒会議のはこうなったって書いてあるんですから、この記事を正しいとみると、この使徒教令はAD48年に出たことになりますぇ。ところが、AD48年の使徒会議には、実際はこんな使徒教令なんてのは出てなくて、49年にアンテオケで衝突があって、そして、パウロが浮き上

がって出ちゃって、そしてその問題を解決するために、まぁ妥協案と言う
か、エルサレム教会が提出した条件なんじゃないかというのが彼の解釈で
すネ。ですから、ぁの佐竹さんは、これは全くのルカの創作というふうに
は見ていないです。ただ、エルサレム会議でこういう話があったとは考え
られないと言うんですネ。エルサレム会議はなにも（決まらず）、48年の
会議ではまぁパウロの線がそのまま認められた。でもそれが結果的にはまぁ
ぁ49年の衝突を生みますから。49年でぁの、ぁのペテロが問題になったの
は、この異邦人と一緒に食事をしたってことでしょう？　異邦人と食事を
したってことは、食物規定を破っちゃう可能性があるわけです、ネ。そこ
で出て来たんじゃないか（と）。ですから、使徒教令は、使徒行伝、事実だっ
たとしたらそれは、アンテオケの衝突以後。従ってパウロとは、パウロは関
知しない教令だということになるネ。そういうことになる。そういう解釈
を彼はしているようですネ。まぁ、ぁのネ、私などは門外漢なので、彼のそ
ういう議論は極めて説得的に映りますけど、単に創作とは言えないだろう
と思いますネ。ただこうなって来るとやはり、まぁ πορνεία（ポルネイア）
を避けるということはともかくとして、まぁ偶像に供えた肉を食べないと
か、血とか、絞め殺したとか、まぁ、まぁごくゆるいとは思いますけど、ご
くごくゆるいと思いますけど、やはりぁの一種の律法が課されたというこ
とは言えるかなと思いますけどネ。

　それから使徒行伝は今の35節までですけど、36節以後はバルナバとまぁ
ぁここで決別をすることが書いてあるんですけど。その理由は、別にぁのペ
テロの一件だというようなことは書いてありません。誰を連れて行くかと
いうことで、どうもネ〔笑い〕、誰を連れて行くかということで意見が別
れたということで、これも本当の理由を書かなかった。ルカが書かなかっ
たんじゃなく……、まぁその、あまり重要でない理屈を持って来て、まぁバ
ルナバと決別したというふうな書き方ですネ。まぁこういうことで、パウロ
とネ、パウロというのはここでまぁ独立すると言うのか、一匹狼になると言

うのか、彼の独特の活動が始まるわけですぇ。

　まぁ、以上がぇ今日申し上げるところで、申し上げたところで、まぁあの、エル
サレム、エルサレムじゃない、このアンテオケの教会におけるこのようなまぁあの
律法の問題というこの経験を踏まえて、ガラテヤでも同じような問題が出
て来ているんで、それに対してまぁこれからのまぁ彼の議論が始まるわけ
ですぇ。その、そのためにアンテオケのこういうことを述べたんだろうと
思いますぇ。まぁこれは、コリントが別の問題が出て来たちょうど同じ時
期ですからぇ、なかなか大変だったと思うんですょぇ。彼自身が恐らくエ
フェソに行ったのでしょう。コリントはまた別の問題ですけどぇ、ガラテ
ヤの教会というのはまぁ色んなことがあったらしい。よろしいですか。

4

[授業資料から]

補足　2：11-14　アンテオケの衝突（AD49）〔再掲載〕

[11] Ὅτε δὲ ἦλθεν Κηφᾶς εἰς Ἀντιόχειαν, κατὰ πρόσωπον αὐτῷ ἀντέστην, ὅτι κατεγνωσμένος ἦν.

[12] πρὸ τοῦ γὰρ ἐλθεῖν τινας ἀπὸ Ἰακώβου μετὰ τῶν ἐθνῶν συνήσθιεν· ὅτε δὲ ἦλθον, ὑπέστελλεν καὶ ἀφώριζεν ἑαυτὸν φοβούμενος τοὺς ἐκ περιτομῆς.

[13] καὶ συνυπεκρίθησαν αὐτῷ [καὶ] οἱ λοιποὶ Ἰουδαῖοι, ὥστε καὶ Βαρναβᾶς συναπήχθη αὐτῶν τῇ ὑποκρίσει.

[14] ἀλλ᾽ ὅτε εἶδον ὅτι οὐκ ὀρθοποδοῦσιν πρὸς τὴν ἀλήθειαν τοῦ εὐαγγελίου, εἶπον τῷ Κηφᾷ ἔμπροσθεν πάντων· εἰ σὺ Ἰουδαῖος ὑπάρχων ἐθνικῶς καὶ οὐχὶ Ἰουδαϊκῶς ζῇς, πῶς τὰ

ἔθνη ἀναγκάζεις ἰουδαΐζειν;

　［私訳］

2：11　ところが、ケパがアンテオケにきたとき、彼に非難すべきことがあったので、わたしは面とむかって彼をなじった。

2：12　というのは、ヤコブのもとからある人々が来るまでは、彼は異邦人と食を共にしていたのに、彼らがきてからは、割礼の者どもを恐れ、しだいに身を引いて離れて行ったからである。

2：13　そして、ほかのユダヤ人たちも彼と共に偽善の行為をし、バルナバまでがそのような偽善に引きずり込まれた。

2：14　彼らが福音の真理に従ってまっすぐに歩いていないのを見て、わたしは衆人の面前でケパに言った、「あなたは、ユダヤ人であるのに、自分自身はユダヤ人のように生活しないで、異邦人のように生活していながら、どうして異邦人にユダヤ人のようになることをしいるのか」。

補論　「パウロ義認論」

| R1:16-17

『ローマ書』の主題（R1:16-17）：神の義（＝人基一体）の啓示と信仰 ἐκ πίστεως εἰς πίστιν

[16] Οὐ γὰρ ἐπαισχύνομαι τὸ εὐαγγέλιον, **δύναμις γὰρ θεοῦ ἐστιν εἰς σωτηρίαν** (offenbart) οφφενβαρτ. παντὶ τῷ πιστεύοντι, Ἰουδαίῳ τε πρῶτον καὶ Ἕλληνι.

[17] δικαιοσύνη γὰρ θεοῦ ἐν αὐτῷ **ἀποκαλύπτεται** (παντὶ) **ἐκ πίστεως εἰς πίστιν,** καθὼς γέγραπται· ὁ δὲ δίκαιος **ἐκ πίστεως** ζήσεται.

78

[私訳] 註27)

1：16　わたしは福音を恥としない。それは、ユダヤ人をはじめ、ギリシヤ人にも、すべての者に信じるよう（啓示される）神の救いの力であるから。

1：17　言い換えると、福音によって、神の義（＝神の救いの力）は、〈まこと〉から信仰へと（すべての者に）啓示される。「（ひと）義人（とされて）生くるは〈まこと〉によれり」（＝人基一体）と書いてあるとおりである。

> この〈こと〉の葉（真言）に、この神の義の福音に、イエス・キリストの御名に（ἐν αὐτῷἐν）、神の義が（δικαιοσύνη θεοῦ）、すなわち、われわれ自身が神の義であることが（2Co5:21b）、われわれの生命が復活の生命であることが、この「朽ち果て」「死ぬべき」〈からだ〉が甦りの〈からだ〉であることが（2Co4:10f.）、「ないないない」が「あるあるある」であることが、それを信受するようにと（εἰς πίστιν）、神の〈まこと〉から（ἐκ πίστεως）、啓示されている（＝われわれの身に成就し、われわれがそれを認識することを求めている）（ἀποκαλύπτεται）。

II　2C4:10-11 ἐκ πίστεως εἰς πίστιν

[10] πάντοτε τὴν νέκρωσιν τοῦ Ἰησοῦ ἐν τῷ σώματι περιφέροντες, ἵνα καὶ ἡ ζωὴ τοῦ Ἰησοῦ ἐν τῷ σώματι ἡμῶν φανερωθῇ.

[11] ἀεὶ γὰρ ἡμεῖς οἱ ζῶντες εἰς θάνατον παραδιδόμεθα διὰ Ἰησοῦν, ἵνα καὶ ἡ ζωὴ τοῦ Ἰησοῦ φανερωθῇ ἐν τῇ θνητῇ

σαρκὶ ἡμῶν.

［私訳］

4:10　わたしたちは、いつもイエスの死をこの身に負うている。そ
れは、イエスのいのちが、**この身に現れるためである。**

4:11　わたしたち生きている者は、イエスのために（＝イエスに
よって）絶えず死に渡されている。それはイエスのいのちが、**わたし
たちの死ぬべき肉体に現れるためである。**

III　R3:21−31

（唯一回性・普遍性の）神の義の啓示と認識 ἐκ πίστεως εἰς πίστιν

1）神の義（唯一回性・普遍性としての）の啓示

²¹ **Νυνὶ** δὲ χωρὶς νόμου **δικαιοσύνη θεοῦ πεφανέρωται**
μαρτυρουμένη ὑπὸ τοῦ νόμου καὶ τῶν προφητῶν,
^{22a} **δικαιοσύνη** δὲ **θεοῦ διὰ πίστεως Ἰησοῦ Χριστοῦ, εἰς
πάντας τοὺς πιστεύοντας.**

^{22b} οὐ γάρ ἐστιν διαστολή,
²³ πάντες γὰρ ἥμαρτον καὶ ὑστεροῦνται τῆς δόξης τοῦ θεοῦ
²⁴ δικαιούμενοι **δωρεὰν τῇ αὐτοῦ χάριτι διὰ τῆς ἀπολυ-
τρώσεως τῆς ἐν Χριστῷ Ἰησοῦ·**

²⁵ [ὃν προέθετο ὁ θεὸς **ἱλαστήριον (διὰ [τῆς] πίστεως)** ἐν τῷ
αὐτοῦ αἵματι **εἰς ἔνδειξιν** τῆς δικαιοσύνης αὐτοῦ διὰ τὴν
πάρεσιν τῶν προγεγονότων ἁμαρτημάτων ^{26a} ἐν τῇ ἀνοχῇ τοῦ
θεοῦ,]
^{26b} **πρὸς τὴν ἔνδειξιν** τῆς δικαιοσύνης αὐτοῦ ἐν τῷ νῦν

καιρῷ, εἰς τὸ εἶναι αὐτὸν δίκαιον καὶ δικαιοῦντα τὸν ἐκ πίστεως Ἰησοῦ.

　　［私訳］

　3：21　しかし、**神の義は、今**（＝現実・〈からだ〉）**において**（V.26）、律法とは無関係に、しかも律法と預言者とによってあかしされて、**与えられ示されている**。ἐκ πίστεως εἰς πίστιν ἐν τῷ νῦν καιρῷ

　3：22a　すなわち、**神の義は、イエス・キリストという**（神の）〈**まこと**〉**から、すべての人に**（この神の義を）**信受するよう**（与えられ示されている）。

　3：22b　そこにはなんらの差別もない。

　3：23　なぜなら、すべての人は、（3：24　**価なしに、神の恵みにより、キリスト・イエスにある贖罪によって、義とされていながら**）、罪を犯したため、神の栄光を受けられなくなっている（＝神の義が見えなくなっている）から。

　3：25　そこで**神は、その**〈**まこと**〉**により、キリストを、その血において**（ゴルゴタに）、**贖いの徴として立てた**（史的一回性）。それは、人間が以前に（＝時間の中で─Barth）犯した罪（＝歴史─Barth）を神が忍耐をもって赦すという**神の義**（唯一回性としての**神の義**）を指し示すためであり、

　3：26b　**神みずからが義となり**（第一義の神の義）、**イエスの**〈**まこと**〉**に拠る者**（＝信仰者　G3:7,9 参照）**を義とされる**（第二義の神の義　後述）という**神の義**を今の時の中において（普遍性としての**神の義**）指し示すため、であった。

2）神の義の認識

²⁷ Ποῦ οὖν ἡ **καύχησις**; ἐξεκλείσθη. διὰ ποίου νόμου; τῶν ἔργων; οὐχί, ἀλλὰ **διὰ νόμου πίστεως**.
²⁸ **λογιζόμεθα γὰρ δικαιοῦσθαι πίστει ἄνθρωπον** χωρὶς ἔργων νόμου.

［私訳］

3：27　すると、どこに誇りがあるのか。**誇りは排拒された。**いかなる律法（＝秩序・地平・立場・次元）によってか。行いの律法（トーラーを行うという立場・宗教的人間の地平・神に対する熱心）によってか。そうではなく、〈まこと〉の律法によってである。

3：28　わたしたちは、人が義とされる（宣せられる）のは、（ただ）〈まこと〉によるのであって、律法の行いによるのではない、と**認識する。**

3）〈まこと〉は唯一普遍のロゴスでありノモスである

²⁹ ἢ Ἰουδαίων ὁ θεὸς μόνον; οὐχὶ καὶ ἐθνῶν; ναὶ καὶ ἐθνῶν,
³⁰ εἴπερ εἷς ὁ θεὸς ὃς **δικαιώσει περιτομὴν ἐκ πίστεως** καὶ ἀκροβυστίαν **διὰ τῆς πίστεως**.
³¹ νόμον οὖν καταργοῦμεν **διὰ τῆς πίστεως**; μὴ γένοιτο· **ἀλλὰ νόμον ἱστάνομεν**.

［私訳］

3：29　それとも、神はユダヤ人だけの神であろうか。また、異邦人の神なのではないか。確かに、異邦人の神でもある。

3：30　なぜなら神は唯一であって、割礼ある者を〈まこと〉によって義とし、また、無割礼の者をも〈まこと〉のゆえに義とされるからである。

3：31　すると、〈まこと〉によって、わたしたちは律法を無効にするのか。断じてそうではない。**かえって、（〈まこと〉の）律法を確立**

するのである。

参考資料（πίστις Ἰησοῦ Χριστοῦ の解釈に関して）
太田修司　ガラテヤ書における「イエス・キリストの信実」『日本の
聖書学Ⅰ』1995
太田修司　「キリストの信実によって義とされる」『福音と世界』
1995 十月号、1996 四月号

［授業］
　今日は、先週やった授業資料お持ちですか？　それをちょっと見て
……、お仕舞いの方の、一番肝心なところをやってないんですぇ、2 章の
ぇ。そこのお話からします。ですから、今日はぇ、ぁのゆっくりとできるだ
け分かり易く（お話しします）。ぁのパウロ義認ですから、まぁ言ってみる
とパウロの中心ですぇ。キリスト教の中心と言ってもいいんですょ、プロ
テスタンティズムにとっては。そのお話をしますので、相当時間がかかり
ます。分からないところは、随時また終わった後でも御質問頂ければいい
と思います。
　それで、この間はぇ、お仕舞いの……後半なんですけど、この間はアン
テオケの衝突というのをお話ししましたぇ。歴史的なお話でぇ、11 節、2
章 11 節からなんですけど、この間、2 章の 11 節ぇ（以下をやりました）。
（もう一度）ちょっと読んでみましょう。
　（11 節）「ところが、ケパがアンテオケにきたとき、彼に非難すべきこ
とがあったので、わたしは面とむかって彼をなじった。——まぁこれは口
語訳で、まぁ今はケファとかアンティオキアになっていると思いますけど
——（12 節）というのは、ヤコブのもとからある人々が来るまでは、彼
は異邦人と食を共にしていたのに、——『異邦人と食を共に』ってこと
は、ユダヤ人にとっちゃすごい問題なんですぇ。これは我々には分からな

いけど〔笑い〕──彼らがきてからは、割礼の者どもを恐れ、しだいに身を引いて離れて行ったからである。（13節）そして、ほかのユダヤ人たちも彼と共に偽善の行為（をし）──まぁはっきり偽善という言葉を使ってネ──バルナバまでがそのような偽善に引きずり込まれた。──で、14節ですが──彼らが福音の真理に従ってまっすぐに歩いていないのを見て、わたしは衆人の面前でケパに言った、『あなたは、ユダヤ人であるのに、自分自身はユダヤ人のように生活しないで、異邦人のように生活していながら、どうして異邦人にユダヤ人のようになることをしいるのか』」。

　強烈なあれですネ、非難ですネ。しかもみんなの面前で言ったと言うんですから、パウロという人がぁの嫌われる面でもある訳ですけど〔笑い〕、ぁの、あれですネ、非常に男気のある人ですネ。これは、このために非常に不安におびえている異邦人信徒のことが念頭に──念頭にと言うか──心の底にあるからですネ。まぁ、男らしいなんていう言葉は古い時代の言葉かも知れませんが、カール・バルトもネパウロのことを männlich（メンリッヒ）と言ってんですネ。männlich というドイツ語はネ「男らしい」という意味ですけどネ。ぁのそういう、まぁちょっと、強きを挫き、弱気を助けるというところがありまして、まぁ男気のある人ですネ。珍しいですョ。

　そういうお話で、まぁこれでアンテオケで、まぁ結局彼は、最後はそのバルナバまでも友と訣別してしまって、アンテオケの教会の人間ではありますが、事実上今は一匹狼として活動するわけですネ。そしてその教会が、あるいはそのキリスト教が後世に伝わって来る。まぁユダヤ教から独立して伝わって来たわけですから、ここでもしパウロが妥協していたら、まぁキリスト教なるものはいつかユダヤ教の中に解消されて、キリスト教は成立しなかったでしょうネ、きっとネ。まぁそういうふうに新約学者たちは言っておりますが、正しいと思います。でそういうお話をしました。そういう意味では、教会史上すごい重要な事件ですネ。まぁただここにしか書いてない。たった4つの節しか書いてなくて、明らかに使徒行伝は、15

章は、こういう深刻な対立について言わば報告していないわけですﾈ。そのお話もしました。

　それから、今日は 15 節、20 節、21 節まで（読みます）。まぁぁのいわゆる義認論、まぁ一般に信仰義認論、信仰義認論と言われるんですが、その極めて重要な（ところです）。まぁパウロ書簡ではこれが最初ですﾈ。ローマ書が有名ですが、ローマ書というのは恐らく 50 代の後半──まぁこれは 50 歳ぐらいの、ガラテヤの方は 50 歳ぐらいだと思いますが──で、ほぼ最後の著作ですから。まぁその間わずか数年ですけど、最初の宣明ですﾈ、義認論の。そしてご存知のように、まぁプロテスタンティズムというのはここからスタートを切ったわけですﾈ。マルティン・ルター。まぁ少し傾向は違いますけど、カルヴァンはまぁぁの予定論という形でほぼ同じことを──まぁ名前は違いますけど──ルターの方は義認論。みなさんご存知だと思いますが。

　ところがﾈ、ぁの僕もキリスト教を君たちと同じような年齢からスタート切って、勉強をﾈ（したんですが）、ぁの義認論ってさっぱり分かんなかった。その、分かんなかったと言うより、色々疑問があってﾈ、なかなかそれが言えないんですよ。言えないのはこちらが、先生たちにもﾈ、先生たちにちゃんと質問すれば答えてくださったのかも知れないけれど、良く分からないんですが、なんかこぅ（できなかったんですﾈ）。で神学者の書物も読むんですけど、どうも良く分からないんだ。それで、まぁぁの、結局、まぁ自分でこれは、まぁ自分で納得いくまでやるほかないと思ってﾈ、それで……。それまではなんとか人に教われば、日本の学者に分かんなければ西洋の学者に聞けば分かるか、という気持ちだったんですよ。でもやっぱり駄目なんだﾈ。ぁのなんかこぅ答えてくれない。まぁそういう、でもう決まり切ったようにみんな「信仰によって義とされる」と言うわけですﾈ。聖書もみんなそう訳してあるんですよ。もぅいわゆる個人訳じゃありませんよ。ぁの普通に公刊されている、権威ある（聖書のことです）。そ

れでどうしても、どうして……。だって、律法の業に拠っちゃあ駄目な
んでしょう？「信仰によって義とされる」ったって、信仰だって人間の業
じゃないですか。普通はまぁ神様から頂いたんだって軽々しく言いますけ
どぇ、自分では、もう僕の信仰は神様から頂いたとは到底思えないような
信仰だったこともあって〔笑い〕、どうしてもそうは思えない。それで随
分、まぁ密かにぇ悩みました。

　で、そういうことが書いてある最初なんですけれどぇ、ぁの、結局聖書っ
てそういうものなんですぇ。ぁの最後は自分で答を捜せというやり方、ぁ
のやり方って言うのか、そういう書き方なんですぇ。ですから、結局自分
でやるほかないと思って、それからまぁギリシヤ語を、忘れちゃったギリ
シヤ語をまた〔笑い〕ぁの、その思い出しながら原典を読み、そして一番
大きな、まぁこれを自分なりに、まぁ自分ではこう思う、このように解釈
しているということを今日はお話しするんですけれど、ぁの正しいかどう
か、勿論分かりません。しかし個人的に言うとぇ、ひとつはまずカール・
バルトという人の書物を読んで、初めてヒントが分かった。それから、勿
論その前にはぁのぇギリシヤ語原典で読んでるというまぁこともありますけ
ど、それから、後はまぁ色々と――なんて言うかな――それから色んなヒ
ントを得てまぁぁの勉強して行くと、あぁどうも、どうも、普通に、普通
言っているのとは全然違うことをここでは言ってるんじゃないかなと思
うようになったわけですぇ。それはそのピスティス（πίστις）という（言
葉です）。まぁピスティスとは一般に「信仰」と訳すんですぇ。もうまさに
一本調子に訳するんですょ、みんな。英語も全部、belief かな、faith だ、faith
ぇ。ドイツ語は Glaube（グラウベ）ですぇ。日本語は全部「信仰」なんです
ょ。そうすると、「イエス・キリストの信仰」というのは変だから、みん
な「イエス・キリストに対する信仰」と、こうなるわけですぇ。ですから、
これは英語では faith in と言う。Jesus Christ。ドイツ語では Glaube an
と言うんですけど、まぁこういう言葉で訳すんですぇ。まぁ英語で言うと、

〔板書する〕faith in、まぁ後は Jesus Christ ですぇ。それからドイツ語では Glaube an と言うと、対象を示すわけですぇ。で Jesus Christus。全部こういう形で全部なってんですょ。いわゆる色々の国で翻訳されている聖書。新約学者も大体その通りです。

　そして、ぁの、ところが、そういう読み方とは違った読み方が新約学の方にもあった。これは、バルトもそういう実はその有名な『ローマ書講解』を書いた 19 世紀から 20 世紀にかけて、彼は少数派の新約学者から学んでるんですぇ。こういう読み方とは違う読み方なんですがぇ、イエス・キリストの信仰。信仰はまぁ「まこと」（でもいいんです）。日本語の信仰は「信じ仰ぐ」だから、どうしても人間的なものになっちゃうんですが、ぁの、イエス・キリストの持っているという、こういうまぁ読み方を彼は学んだんですぇ。で、『ローマ書』、有名な『ローマ書第一版』をそれでもって押したんですょ。ところが猛烈な非難があった、いわゆる当時の新約学会から。そして、二版で少し変えているんですけど〔笑い〕、元に戻してる。肝心なところはみんな残しているんですょ。で彼はその書を殆どそれを変えません、生涯。ぁの、それから 20 年近く経って書かれた有名な『福音と律法』という、井上良雄[註28]さんが大変（苦労して訳された本があります）、小さな書物ですけど。まぁ勿論（バルトの主著は）ぁの『教会教義学』という大きな書物なんですけど、基本的にはこの考え方を変えてないんですょ。つまり、そうでないという読み方。これからぁのとても教わりました。でぁのみなさんにメールでお知らせしたのは、日本でもそういう少数派の人がおりまして、まぁ太田修司[註29]という方ですけど、この人のを読むと、まぁ最近ではどうも英米を中心にこちらの方が大分有力になって来たというので、21 世紀に変わるかも知れない、訳が、聖書の。大きな転換になっちゃうと思うんですけど。まぁぁの、それがひとつ。

　それからもうひとつは、やっぱり自分で聖書を読んで、聖書を読んでぇ、ぁの特に第一、第二コリントのまぁ 4 章、まぁ今日みなさんに配った所の、今

真ん中にⅡ[註30]としている——第二コリント4章10節〜11節書いてあるんですけど——ここがやっぱり、ここがあんまりみなさん、(取り上げないんですね)、新約学の先生たち。ここはあんまりぁの信仰義認論(に)直接関わってないように見えますから(注視しないんですね)。ぁの、あまり信仰義認論と言うと、信仰義認論と言うとローマ書の1章とか3章とか、今やるガラテヤ書の2章とかね(取り上げられます)。そういう所に入ってないんですけれど、とんでもない。ここで言っていることがやっぱり、僕にとってはね非常に大きな支えになって、それでまぁ義認論というのは決して、どうも(そういうことじゃないということを確信しました)。ぁの、言っておきますけれど、今の教会が、あるいは聖書が訳している(ことを)——翻訳聖書ですね——それが間違いだと言っているのではありません。ぁの、それとは違った見方もあるということを——僕ら絶対少数派ですからね。特に日本では絶対少数派ですから——ぁの、違った読み方がある(ということを言いたいわけです)。この読み方、僕は新約学者とは言えないので、ぁの新約学的に反論するのは太田(修司)さんのように立派にはできません。しかし、もしこれをこういうふうに解釈すると、このように、まぁ少なくとも僕にとっては納得して読める。結局聖書なんて、自分がとことん納得するまでやるほかないですから。……ということを、まぁみなさんに——まぁぼつぼつ書いてはいるんですけど——みなさんに——まぁ一応授業の方が書くより読むのが早いですからね〔笑い〕。特に大学院の授業では——お伝えして御批判を仰いでみたい。まあそれで、それで今日、今日の授業が開始されるわけですね。まぁ序論として申し上げました。

　ですから、まぁぁの新約学の読み方としては昔からあるんですよ、19世紀から。ただ、なんかこの、そのずっと、ぁのそういう読み方というのはわりと無視されてた。ところが、絶対少数派だったですけど、バルトという巨人が出ますね。組織神学の人ですけど、その人がこういう読み方を採っ

ている。ただこの人は、それぇ、いたずらにそれを振り回すということは
しない。まぁ性格的にそういう人ですから、大袈裟に振り回すようなこと
はしませんから。しかし、基本がこれだということが分かって来ると、ど
うもピスティス（πίστις）というのは、単に「信仰」という訳だと（変
だということになる）。特に日本の場合は、「信仰」と言ったらまず人間の
信仰ですからぇ、そうでしょ。「イエス・キリストの信仰」という言い方
はちょっと不自然ですからぇ。そういうことで、まぁあの、ここぇ。

　これしかし、義認論に関わる大きな（問題ですぇ）。その、要するに、信
仰義認、信仰義認と言いますけど、確かに義認論なんですが、いわゆる
「信仰によって義とされる」というのではありません。みなさん、ちょっ
と考えても変でしょ？　「信仰」と訳すとぇ。信仰によって義とされると
いうと、どうなります？　「私は信仰によって義とされる」というと、私
は私を信じることによって救われるということになっちゃう。そうする
と、私が私を救うということになっちゃう、簡単に言えば。私は、私が信
じることによって、私が救われると言うんだったら、私が私を救うと。

　浄土教[註31]でもこういう問題があって、これ非常に、これ結局自力じゃ
ないかということでぇ、ぁの、昔の日本の浄土教の祖師方は、やはりこう
いうことを真剣に考えたわけですぇ。ぁの信仰主義というのは、強く行く
と、要するに、律法、律法の業の代わりに信仰が入っただけだという（こ
とになる）。そうするとまぁ信仰、「信じます」と言っても、結局はですぇ、
思い込み。思い込むことによって自分は救われると言うんだったら、単な
る主観的に救われたと（いうだけのことですぇ）、主観的に救われると自
分は思っている人にとってはぇ。ぁの、少し反省的なぁの力のある人が見た
ら、キリスト教は、結局は思い込みの宗教ということになりかねないです
ぇ。こういうことからもよく考える必要があるぇ。

　まぁ先学期ブルトマンをやったので、このお話が終わったら、ブルトマ
ンはこの、こういう箇所をどう理解していたか、もう一度振り返って見た

いと思うんですけれど、ﾏぁぁのそれはともかく、ちょっと本文に入って
みて行くことにしましょう。

5

［授業資料から］

2：15-21　救いの出来事（Heilsgeschehen）：イエス・キリストの〈まこと〉（πίστις Ἰησοῦ Χριστοῦ）・人基一体の〈こと〉

§1　2：15-16

¹⁵ Ἡμεῖς φύσει Ἰουδαῖοι καὶ οὐκ ἐξ ἐθνῶν ἁμαρτωλοί·
¹⁶ εἰδότες [δὲ] ὅτι οὐ **δικαιοῦται ἄνθρωπος** ἐξ ἔργων νόμου
ἐὰν μὴ **διὰ πίστεως Ἰησοῦ Χριστοῦ**, καὶ ἡμεῖς εἰς Χριστὸν
Ἰησοῦν ἐπιστεύσαμεν, ἵνα δικαιωθῶμεν **ἐκ πίστεως Χριστοῦ**
καὶ οὐκ ἐξ ἔργων νόμου, ὅτι ἐξ ἔργων νόμου οὐ δικαιωθήσε-
ται πᾶσα σάρξ.

［私訳］

2：15　わたしたちは生れながらのユダヤ人であって、異邦人なる罪
人ではないが、

2：16　人間が義とされるのは律法の業によるのではなく、ただイエ
ス・キリストの〈まこと〉によること（＝神の決定）を知って、わた
したちも、自分が（律法の業によるのではなく）キリストの〈まこ
と〉によって義とされているように（＝この決定に即して）、キリス
ト・イエスを信じた（＝この原決定を自己の決定とした）のである。
（繰り返すが、わたしたちが義とされるのはキリストの〈まこと〉に

90

よるのであって)、律法の業によるのではない。律法の業によっては
だれひとり義とされることがないからである。

［授業］
　まず2章の15節ですけど、「わたしたちは生れながらのユダヤ人であっ
て、異邦人なる罪人ではないが、——ここで『わたしたち』と言っている
のは、前からのₐのことから言えば、ペテロやバルナバをあげて来ました
から、そぅぃぅ、そういう意味で『わたしたち』ですₑ——生まれながらの
ユダヤ人であって、まぁ異邦人なる罪人……」、この場合はₑ、異邦人がₐ
の罪人（というのは）、まぁₐのギリシヤ語は ἐξ ἐθνῶν ἁμαρτωλοί（エ
クス　エトノーン　ハマルトーロイ）と書いてありますけど、異邦人出身の、これは
ₐの多分ₐの律法違反をしていると言うよりも、異邦人は律法は無いわけ
ですょₑ。だから無律法の異邦人という意味で罪人と言っているんだろう
と思います。そういう罪人ではない。ですから、これは一般的になにも、
パウロが異邦人は全部罪人だと思ってたんじゃなくて、当時のユダヤ人
の一般的な見方を彼は踏襲して言っているに過ぎないでしょう。「わたし
たちは生れながらのユダヤ人であって、異邦人なる罪人ではないが」、つ
まり律法を持たない、そういう意味での罪人ではないが、でそこから次の
16節というₑいわゆる信仰義認論、あるいは義認論と言われるものの最
初の命題が登場するわけですₑ。
　そして、ここで全部言っちゃっているという感じですが、ちょっと上
のギリシヤ語をₑ見ていただくと、εἰδότες（エイドテス）、これは「知っ
ている」という意味ですₑ。主語はもちろん前の「わたしたちは」とい
うことです。ὅτι（ホティ）、以下のことを知っている。οὐ δικαιοῦται
ἄνθρωπος（ウー　ディカイウータイ　アントローポス）、人間は義とされない。
ἐξ ἔργων νόμου（エクス　エルゴーン　ノムー）、律法の業によっては義と
される。この次の ἐὰν μὴ（エアン　メー）、何々を除けばという意味で

す。διὰ πίστεως Ἰησοῦ Χριστοῦ（ディア　ピステオース　イエスー　クリストゥー）、ここで出て来るわけですﾈ。イエス・キリスト、これ文字通りぁの Ἰησοῦ Χριστοῦ（イエスー　クリストゥー）というのは属格でしょ。だからこのまま自然に訳すと「イエス・キリストのピスティス」ということですよﾈ。まぁ西洋人の場合はどうしてもそれは glauben an（グラウベン　アン）とか faith in ということになっちゃうわけですけど、……によって、……による以外を、ことを除けば」という意味です、ἐὰν μὴ（は）。ですから、イエス・キリストのピスティスによるということを別にすれば、人間という者はですﾈ、律法の業によっては救われないということを知って、という意味ですﾈ。知ってということです。そして、その次（が）主文になるわけですよ。καὶ ἡμεῖς（カイ　ヘーメイス）、わたしたちもまた εἰς Χριστὸν Ἰησοῦν（エイス　クリストン　イエスーン）、イエス・キリストを、ἐπιστεύσαμεν（エピステウサメン）、信仰した。これはﾈ動詞ですから、信仰した（という意味です）。ἵνα δικαιωθῶμεν ἐκ πίστεως Χριστοῦ（ヒナ　ディカイオートーメン　エック　ピステオース　クリストゥー）、そこを私の訳では、まぁ、そのわたし、何々するように、するように信じた。δικαιωθῶμεν（ディカイオートーメン）、わたしたちがイエス・キリス……、あっ、キリストのピスティス、〈まこと〉、ピスティスによって義とされているように信じた。後でご説明申し上げますが、まぁざっと読んで見ますとﾈ（こういう意味になると思います）。それでまた、くどくどと書いてある訳ですﾈ。それは決してわたしたちが律法の業によるんじゃない。なぜならば、律法の業によっては全ての肉は――すべての人という意味ですが――決して義とされないだろうからである、ということを言っているんですがﾈ。

　通常これをﾈ、みなさんちょっと読んでみるとﾈ、普通の聖書ではどういうふうに書いてある？　これガラテヤ書でしょ。今、新共同訳を読んで見ますとﾈ、（16節）「けれども、人は律法の実行ではなく、ただイエス・キリストへの信仰によって義とされると知って、わたしたちもキリスト・

イエスを信じました。これは、律法の実行ではなく、キリストへの信仰によって義としていただくためでした。なぜなら、律法の実行によっては、だれ一人として義とされないからです」。ほとんどぁの同じ言葉の繰り返しになっています。まぁそういうふうに採るとぇ、繰り返しになっちゃうんですぇ。いわゆる、余計なことを繰り返しているというぇ、ぁのそういうあれなんですけど、なってしまうんですけどぇ。あの、これが、これが、しかし主流です。圧倒的な主流ですぇ、少なくとも日本では。まぁ太田（修司）先生によると、英米ではぁの逆の方が有力になって来たと（いうことのようで）、喜ばしいことだと思っておりますが〔笑い〕。あのまぁドイツの影響の強い日本ならそうかも知れませんが、まぁ聖書の訳はまだぇそうなってますからぇ。

　ぁのそれでぇ、これをぇちょっとこれから検討してみますけど、これはぁの、私や私たちの考えるような訳を採りますと、大体どういうことを言ってるかということをまず申し上げたい。そして恐らくそれで午前中は終わっちゃうと思うんです。午後はぁのぇ太田さんの書いた（ものを）——ぁのこれは新約学者ですから、キチッと議論してますから——それを読んでみたいと思っているわけですけどぇ。

　ぁのぇ、先ず、先ずぇ、これは私やまぁ特にカール・バルトから習った読み方ですけれど、バルトは別にガラテヤ書のここをぁの、ぁの取り上げているわけじゃありませんが、——ローマ書の方は取り上げてますぇ——これぇ、ぁのどういうことかと言うと、まぁぁのご存知のようにパウロというのは、僕は——ぁの、僕だけじゃありませんが——パウロを一番理解するのにいいのは、あまり色んな西欧の神学者をついばむことじゃなくて、パウロ自身の言っているところを、よく似たところをぇ取り上げて来て、良く考える、それが一番いいと思っているんですぇ。

　でまず、義とされるということですけれどぇ、これから見ていくことですよぇ。δικαιοῦται（ディカイウータイ）と書いてあるでしょう？　この

δικαιοῦται ですけれど、義とされるというのはぁの、まぁ罪から義とされるということですぇ。ローマ書の6章（18節）にそれがあるんですけど、justified from sin と訳される（言葉ですが）、罪から義とされる（という意味です）。義とされるということは、人間が義とされるということで、「人間イコール義だ」と、こういうことなんですょ。人間が義だと。義というのは、これはブルトマンで先学期やりましたぇ。無罪とか、それから最も良いのは〈いのち〉ですぇ。〈いのち〉ということですが、この義とするという δικαιοῦται というのは、δικαιόω（ディカイオー）というギリシヤ語の受け身ですぇ、義とする。でぇ、この義とするという δικαιόω というのを有名なバウアーの辞書[註32]で引いてみると、義とするというこの言葉はパウロでは「義と宣告する、神様が」、そういう意味だと書いてあります。ですから、神様が人間を義しい、無罪、お前は生きている、〈いのち〉を持っている、というふうに宣告する。宣告するということは、公に言うということですょぇ。そうですょぇ。ですから、これは神の決定、——神の決定という用語は、ご存知滝沢先生の言う言葉ですが——神の決定と言ってもよろしいわけです。人間を義と神様が決定し、そのように宣明する——「宣明」ってぁの宣伝の宣に、明かにする——ということですぇ。まぁ簡単に言えば人間、人間を救う。あるいは、人間は救われるということですけど、あるいは、我々がこの間（行った）第一回の授業では、神が呼びかける、καλέιν（カレイン）という言葉がありましたけど、まぁこの καλέιν と言っても良いわけですぇ。事実、ローマ書8章30節では並べて書いてある。神が呼び、義とすると。私、神が呼ばれ、召し出し、召して義とされるということが書いてありますょぇ。そういう意味ですぇ。で、で、この言い換えが——まぁ後でやりますけれど——実は、ぁの義とす……、義とするのはなにによって義とされるかと言うと、勿論「神様が」ということなんですが、——それで、その、それで、そのまぁ、受け身、義とされるということの行為、行為をする、まぁ行為者、文法では行為者と言いますけ

94

ど——行為者はなにかと言うと、それが διὰ πίστεως Ἰησοῦ Χριστοῦ（ディア ピステオース イエスー クリストゥー）と書いてありますネ。イエス・キリストの〈まこと〉。イエス・キリストの〈まこと〉によって人間は義とされている、義とされる、こう言っているわけですネ。イエス・キリスト、ですからまぁここは、属格をそのまま訳していますが、διὰ πίστεως Ἰησοῦ Χριστοῦ、イエス・キリストの（〈まこと〉によって）。まぁこれ、一般には「イエス・キリストに対する信仰によって」という、いわゆるプロテスタンティズムの信仰主義になっちゃうんですネ。信仰が全てだと、なっちゃうんですけど、まぁ文字通り訳せば、訳さなければネ、πίστις Ἰησοῦ Χριστοῦ（ピスティス イエスー クリストゥー）です。πίστις Ἰησοῦ Χριστοῦ によって人間は義と宣せられる、義と決定されている。で、そのことが分かるというのが εἰδότες（エイドテス）です、最初の。そうですネ。この εἰδότες はまた後でやりますけれど。

　で、まずそれで、よく似た言い方を引っ張って来ますとネ、今日ちょっとお配りしたのがありますネ。今日お配りしたのはぁの後でやりますけど、1頁[註33]のネ終わりの（方に）ぁのローマ書の3章以下の引用が書いてありますネ。これに非常によく似ているのは実は3章24節です。3章24節、ちょっと下の方ですけど、見て頂きますと、δικαιούμενοι（ディカイウーメノイ）、義とされると書いてあるわけですネ。これもまぁ受け身ですネ。意味はこれは分詞ですけれど、義とされる。意味は「すべての人」ですネ。23節のすぐ上にある πάντες（パンテス）が主語です。すべての人は、すべての人は義とされる。なにによってか。で、これがですネ、三つ書いてあるんですょ。三つ書いてあるのは、なにによってかと言うと、先ず δωρεὰν（ドーレアン）。δωρεὰν というのは「ただで」という意味です。その次、τῇ αὐτοῦ χάριτι（テー アウトゥー カリティ）と書いてある。人間、全ての人は義とされる。なんで？　ただで。ただでということは、ぁのこちらがなんか対価を払うことなしにということです。手土産持って行くこ

となしに。ですから、律法の業を行うとか、なんか信じるとか、極端に言えばゎ。そこまでも（必要なく）、ぁのただで。τῇ αὐτοῦ χάριτι、この αὐτοῦ（アウトゥー）は神様を受けていますが、「神の恵みにより」、これは言い換えているのに過ぎませんゎ。その後、διὰ τῆς ἀπολυτρώσεως（ディア　テース　アポリュトローセオース）、これは、ἀπολυτρώσεως というのは「贖罪」という意味です。まぁ、救いと訳すのが西洋語ですが、日本ははっきりと贖いと訳していますゎ。τῆς ἐν Χριστῷ Ἰησοῦ（テース　エン　クリストー　イエスー）、キリスト・イエスにある贖いによって。ですから、これは全部 δωρεὰν を言い換えたのが τῆς ἐν Χριστῷ Ἰησοῦ。これを更にはっきりと、まぁ極めてキリスト教的な言い方をしたのが διὰ τῆς ἀπολυτρώσεως τῆς ἐν Χριστῷ Ἰησοῦ ということです。

　ですから、これは同じことを三つの言葉で言い換えている訳ですが、実はこれが、これが、我々の今の、今のゎ16節を見ると、διὰ πίστεως Ἰησοῦ Χριστοῦ（ディア　ピステオース　イエスー　クリストゥー）と言っていることなんですょ。イエス・キリストのピスティス（πίστις）。まぁ僕はこれを〈まこと〉と訳すのが良い（と）、良い……、〈まこと〉って良い日本語だと思ってんですけど。〈まこと〉と訳すのは、これゎ、ただ、この、このピスティスを〈まこと〉と訳したのは、もっと前に学者がいるんだそうですゎ。日本の新約学の先生で(註34)、これを〈まこと〉と訳した人が他におられるそうですから、僕が初めてじゃありません〔笑い〕。まぁ誰だって感じる。太田さんだって「信」と言っている。「信」と言ってますでしょ。信は〈まこと〉と読みますからゎ。そうでしょ。ですから、ぁの信と言うより〈まこと〉と言った方が日本語としてきれいだと思うんですけど〔笑い〕。ぁの、ですからゎ、これ、イエス・キリストの〈まこと〉というのを言い換えてんですょ、このローマ書の3章24節は。それは我々から見ると、ただで、神の恵みである。そしてそれはもっと具体的に言うと、キリスト・イエスのうちにあるぁの贖、まぁ十字架ですゎ。そういうふう、

それによって義とされていると、こう書いてありますから、これ単純に並べてみますと、この διὰ πίστεως Ἰησοῦ Χριστοῦ というのは、まず第一に信仰というような意味にはまぁ採りにくいですぇ。人間が、人間がなんらかの行為をもって、人間の行為によって義とされるというふうには採れないですぇ。このローマ書3章、このローマ書3章は、ご存知のこの箇所は義認論の中心的な命題ですょぇ。これは後で扱いますけど。で同じ並べてみるとそういうふうに採れるんですょぇ。そうすると、みなさん、反論はいいんですょ、後でいくらでも。まず、そういうふうに、極めて——そうしますと——主観的な、人間のなんらかの主観的な行為ということじゃなくて、極めて客観的な、——そういう意味では、まぁ太田さんは「超個人的な」ということを言っていますけれど——まぁ、その語弊はあるかも知れませんが、客観的な（ものです）。それによって人間が義とされているということが分かって、というのが前半です。

　で、これが、これが、実はローマ書の3章28節がほぼ同じことを言っているんですが、これがなかなか分からないんですょ。自分が義とされている。もう自分の律法なんかする、律法なんかする以前にぇ、なにか根本的な神様の〈まこと〉によって自分は救われているんだということが分かって、というのが——まぁ私はそう理解しているんですぇ——分かって、わたしたちもイエス・キリストを信じた。ここで信仰ってのが出るわけです。よろしいですか。ですから、そぅぃぅ、そういうふうに訳さないと、なんのことだか、ただ同じ言葉を繰り返してるに過ぎない。こういうのを冗語と言いますけどぇ。冗談の冗、余計なことですぇ、冗語、言葉。ぁのそうしないと、まったくなんて言うかぇ、このごてごてと同じことを言っている文章が続いているというふうに……。まぁぁの人間がなんらかの律法の業、つまり宗教的な行為ですぇ。信じるというのもそうですょ。お念仏を唱えるというのも、座禅をするというのも、キリスト教（の場合の）キリストを信じるというのも、全部ある意味では宗教行為です。そんなこと

によって人間は救われるんじゃなくて、もう根本的に、神様の行為によっ
て δωρεὰν（ドーレアン）です、ネ。我々はなんら手土産を持つこと無しに
救われている。救われていると言った方が（いいと思います）。これは現
在形なんですけど、δικαιοῦσθαι（デカイウースタイ）。まぁこの現在形の解
釈は色々解釈があるようですが、こういうことが分かる。これが大変なん
ですょ。ちょっと考えてみれば分かりますけどネ、あの座古（愛子）さん
がこぅいつ気がついたかということを考えてみれば。それは、よくこれに
気がつくということは大変なんですネ。そういうことが気がつくと、気が
つくと初めて我々は、今度はキリストを信じる。

　で、後の場合は、ἵνα δικαιωθῶμεν ἐκ πίστεως Χριστοῦ（ヒナ　ディ
カイオートーメン　エック　ピステオース　クリストゥー）、これは、イエス・キリス
トによってわたしたちが（義とされているように、という意味ですから）、
イエス・キリストのピスティスですネ。ですからこのピスティスは〈まこ
と〉と訳しますと、まぁこれは本当のことという意味ですネ、〈まこと〉っ
て日本語で言うとネ。本当のことですから、本当のことというのは〈こと〉
ですネ。まぁイエス・キリストの贖罪という ἀπολυτρώσεως（アポリュト
ローセオース）も含んで来るわけですが、そういうことによって義とされて
（いる）。義とされているというのは、あくまで受け身です。義とされてい
る。神の決定ですから、我々はあくまで受け身の言葉ですネ。それに対し
て、我々はイエス・キリストを信じたという言い方は、これは信じるとい
うのは能動形です。アオリストですけど、能動形です。ですから、我々が
神の決……、神様に決定されているように自分を決定した。まぁこういうこ
とになるわけですネ。

　これはぁのここから出たかどうか、ちょっと私は分からないんですけ
ど、ぁのここで思い出すのは、ぁの滝沢（克己）先生がぁのよく言われた
──晩年になってから言われたと思うんですけど──〔板書しながら〕こ
ういう言葉があるんですょ。これネ、難しいけど、まぁ「神の」と言って

も良いと思うんですネ。(神の)絶対的被決定。ですからこれは神の決定、
——被決定は人間が決定されるということですからネ——神様の決定と
いうことですょ。「神様の決定が即自己決定」ということをよく言われ
たんですが、ここから来たかどうか僕は分かりませんけど、〔また板書す
る〕「即自己決定」というふうに言われていますが。そのように、神様の
決定のように、これは自己決定、——人間のネ、人間の自己決定ですから
——人間の自己決定ですネ。人間の自己決定ですから、神様が決定された
ように、今度はそれに気がつくと、自分がそれにその応じて自己を決定す
る。まぁそういうことをよく言われたわけですが、これが信仰だというふ
うに、あるいは信仰とかネ、信心とか色んな言葉があると思いますけど、
そういうふうに言われたんですけれど、先ず神様の決定がある。これは、
これは事実である。「原事実」ということを言われたわけですけど、良く
当てはまるように思うんですネ。

　まぁそこまで、あのここ、多分ここの釈義を先生がされていたら、恐らく
そういうふうに言われたと思うんですけれど。これ、あの、そうしますと、
そのように解釈するとですネ、あのパウロはただ同じことをくどくど繰り返
しているというようなことじゃなくて、ちゃんとしたことを言っている。
ここで信仰というのが初めて出て来るわけですネ。ここで信仰というのが
初めて出て来る。ですが、信仰よりも前に神の〈まことが〉ある。イエ
ス・キリストの〈まこと〉がある。その中に我々はいる。それによって
我々は生きている。で、こういう、これが本当の現実である。これが本当
の真実である。まぁこれは真実のことも〈まこと〉と言うんですけど、こ
れが本当の〈まこと〉である。で、それが分かって、今度は自分もそれに
自分を決定する。で、非常にこの不自然なところが無いんですネ。無理に、
こう——あれ、ブルトマンなんかネ、後で取り上げれば分かりますけど
——決断ということを言って、非常にまぁこれはやっぱり〔黒板の方を指
しながら〕こっちの方がちょっと抜けちゃってるんですょネ。別に悪いと

言うんじゃないんですょ。ここになってから決断ですけどぇ。ただいきなり決断というんじゃないですょ。もうひとつ手前に、神の決定がある。で、それを知って、自分もそのように決定する。そこで決断が出て来ると思うんですが、いきなり決断と言うと、なんか間違える。そういうふうに思うんですぇ。

　ぁのちょっとルター派の系統なんですょ、そういう点で彼はぇ。だから、ルター派はややそういうことを言うところがある。まぁルターは別にそういうことを言っているとは僕は思わないんですが、そういうところがあるんですぇ。パウロを読んでみると、決してそうではない。ειδότες（エイドテス）ということが分かって、それが分かって、そのように決めたというときは、先ず神の決定ですぇ。我々人間はキリストの〈まこと〉によってまぁ救われる、義とされている。そのことを知って、ちょうどそのように、神が決定されたように、自己を決定した。で、まぁそれには、いわゆる律法の行為というのは全部省かれて、くどくどとまぁパウロは書いているわけですが、これはまぁひとつはガラテヤの教会に律法主義と言うのか、そういう人たちが来たという、という現状があったことにもよるでしょう。で、そこで、まぁ問題は、そのイエス・キリストの〈まこと〉と言っている、これによって人間がその救われる、義とされる、あるいは義とされているという、こういうことですぇ。このことが、実は、実は、こぅειδότες、それが分かったと言うんですけどぇ、これがなかなか分かんないんですぇ。これがなかなか分からないんですぇ。で、これが、まぁ、事実だ、現実だ、まぁこういう言い方をして来るわけで（す）。まぁところが、なかなかそれが分かんないんですが、まぁしかしそれはともかくとして、それが我々に与えられた課題で（す）。

§2　2：17-19

［授業資料から］

¹⁷ εἰ δὲ ζητοῦντες (<u>εἰδέναι</u>) δικαιωθῆναι ἐν Χριστῷ (= ἐκ πίστεως Χριστοῦ) εὑρέθημεν καὶ αὐτοὶ ἁμαρτωλοί, ἆρα Χριστὸς ἁμαρτίας διάκονος; μὴ γένοιτο.

¹⁸ εἰ γὰρ ἃ κατέλυσα ταῦτα πάλιν οἰκοδομῶ, παραβάτην ἐμαυτὸν συνιστάνω.

¹⁹ ἐγὼ γὰρ **διὰ νόμου** νόμῳ ἀπέθανον, ἵνα θεῷ ζήσω. Χριστῷ συνεσταύρωμαι·

［私訳］

2：17　しかし、**キリストにあって義とされることを**（認識しようと）求めているわたしたち—そのわたしたち自身をも（**ユダヤ人たちが、律法を持たない異邦人と同じ cf.V.15**）罪人であるというなら、キリストは罪に仕える者（罪の家来）ということになるのか。**断じてそうではない。**（むしろわたしたちこそ、〈**まこと**〉、すなわち、真の律法を持っているというべきではないか）。

（2：18　もしわたしが、いったん打ちこわしたものを、再び建てるとすれば、それこそ、自分が違反者（「道理に反する者」「律法に対して矛盾した態度を取る者」）であることを表明することになる。）

2：19　が、わたしは、神に生きるために、（このキリストの〈**まこと**〉という真の）「**律法**」（=**キリストの律法 G6:2、**〈**まこと**〉**の律法 R3:27**）によって（あの旧い）律法に死んだのである。わたしはキリストと共に十字架につけられている。

［授業］

ですからその次 17 節の方をﾈ読んでみると、17 節はﾈ、ぁのなんて書

いてあるかと言うと、εἰ δὲ ζητοῦντες（エイ　デ　ゼトゥーンテス）、求める。「しかし、キリストにあって義とされることを求める人々」。キリストにあって義とされているわけですけれど、それをまぁ、あの、認識しようと努力する、そういう道に入った人という意味です。ですから、ここでは人間は元もと義とされている、キリストによって。しかし、そのことを求める。じゃあぇ、もうそう、じゃぁその義とされているんなら求める必要ないわけですけど〔笑い〕、まぁそのことを求めるという言い方は、明らかにそれは、そのことをしっかりと認識しろという、努めるという意味です	。ですからこれはまぁ言ってみると、第二の義認ですぇ。こちらが絶対的な被決定で、神の決定というのはこちらで、第一の、第一の義化〔以下類似の用語を板書〕とか――まぁ義化と言った方がいいのかも知れませんが――まぁ義認。義化という言い方もあるんですょ。あのルター派の人は、こういったたくさん色んなことを頑張って言いまして〔笑いながら〕、義化とか宣義とかぇ。義と宣する、これは一番いいんです。義と宣する。義認、義と認める、義と認められるとか。それから義と成るという、まぁ成義という、まぁ色んな訳を持っています。まぁ一番、あのポピュ、日本のキリスト教会でポピュラーなのは義認論とかですぇ。まぁこの第一の義認と言いますか、としますと、これは言わば、それを、それが人間（すべてに）、言わばこれはぁの、すべての人に与えられている。神はわたしが母の胎内にいた頃から、いたと、いたと、いたときにわたしを選び、その、召し、召したという言葉が前に1章（15節）にありましたけど、そういう意味では、これはすべて人に与えられているけど、それがなかなか気づく人が少ない。ほんとに一生気づかないまま死んで行く人が大部分ですからぇ、そういうことはぇ。あの、でそれが気づくと言うか、そういうその気づくと言うか、義と認められるということがこぅはっきりと分かるという（こと）、それがまぁ第二の義認〔板書〕。これは、あの第一、第二と言うのは、滝沢先生の用語です。義認という言葉以外の言葉使っていますが、その当てはめる

と第二の義認ということなんです。ですからこれは、17 節の初めに言っ
ているのは第二の義認ということです。第二の義認ってのはどういうこと
かっていうのは、次の回、11 月の 17 日に申し上げますが、第二の義認、
そういうものを、つまりそういう認識ですぇ。つまり信仰ですょ、第二の義
認ってのは。これがいわゆる信仰です〔板書〕。信仰を持つ。これで、これ上
に書いてあった、上に書いてあった、ぁの「わたしたちも信じた」の、あれで
す。

　この、通常は、もうこれ、（第二の義認のことが）こっからスタート切り
ますから、こっちはあれしちゃって〔板書を指しながら〕色々と変な混乱
をする訳ですけど。まぁ私たちの見方から言うとですょ、ネ。信仰によって
義とされると言うと、ここから始めちゃう〔板書を指し、トントンと板書
を叩く〕。そうでしょ！　第一が抜けちゃうんですょ。第二の信、義認っ
てのは、信仰によって義とされる。確かにそうなんですが、〔板書をトン
トンとして〕こっちから始まって来ちゃう、やっぱりぇ。

　ぁの、まぁ 17 節に戻りまして、「イエス・キリストにあって義とされ
ることを求める人々——まぁいわゆるキリスト者ですが——は、——
εὑρέθημεν（ヘウレテーメン）というのは、まぁこれはぇ『見出され』とい
う意味ですが、『言われる』というふうに訳しときました。それが下に訳
を書いてありますように——そういうわたしたち自身をも罪人であると言
われる」。まぁユダヤ人が言うんですぇ。つまり、キリストにあって義とさ
れることを求める人たちという、わたしたちということは、いわゆるこの
時代（に）できてきたキリスト者ですから、そのわたしたちをも、ユダヤ
人たちがですぇ、律法を持たない、無律法の異邦人と同じ罪人であると言
うなら、わたしたちの頭であるキリストは罪の従者、罪に仕える者という
ことになるのか？　断じてそうではない、と言うわけですぇ。

　17 節はぇ、ぁの理解がなかなか、ちょっと前後関係の付きにくい、
ちょっと理解がそういう点で難しいんですょ。それで僕はちょっと余計な

ことを書いときました。「むしろわたしたちは、キリストという〈まこと〉の律法を持っているというべきではないか」。ですから、ギリシヤ人たちが、あっギリシヤ人じゃない、ユダヤ人たちが、わたしたちを「あれは無律法の異邦人と同じだと、罪人だと」言うなら、ぁの、我々のネ主人であるキリストも、罪の従者ということになるのか。断じてそうではない。断じてそうではない。我々は無律法なんかじゃない。むしろ、本当の律法を持っているぞ。それはキリストという〈まこと〉の律法なんだと。それを言わんとしているんだと思うんですネ。と言うのは、そうする、そうすると19節との関わりが非常にでぁ、ぁの分かり易くなるんです。

　その、パウロが実は、ぁのローマ書2章などでは、律法によって義とされるということを言うんです。驚くべきことですけど、しかしその場合の律法ってのは明らかにモーセ律法ではありませんで、キリストの律法ですネ。このキリストの律法というのはガラテヤ書の後で出て来ます。それを言っているんで、その、それも伏線において考えてみるとそういうことになる。

　そしてちょっと飛びまして、19節。まぁ18節は、ぁのリーツマン[註35]と同じ（理解をしました）。リーツマンは、これは挿入句とみたようですが、私もそのようにみた方がぁの理解し易いと思うんですけど、ちょっと19節にいきますと、ネ、ἐγὼ γὰρ διὰ νόμου νόμῳ ἀπέθανον, ἵνα θεῷ ζήσω.（エゴー　ガル　ディア　ノムー　ノモー　アペタノン　ヒナ　テオー　ゼーソー）。で、というのは、「わたしは、律法によって律法に死んだ」、ここですネ。ぁの、こういうことも非常に分かりにくい話で、これは私は、最初の律法というのは17節ではっきりは言われてませんでしたけど、キリストの律法だと思います。キリストの律法によって、わたしはモーセ律法、あの古いモーセ律法に死んだのであると。でそう解釈しないと、律法によって律法に死んだというのは、みんなこの釈義家の、釈義の人たちを読んでみると、みんなぁの苦慮してるんですょ。でもはっきり書いてないで

すけど〔笑い〕、「わたしゃ、ここは分かりません」とはなかなか西洋の神学者言いませんからぇ。しかしそれは変ですぇ、律法によって律法に死んだって。まぁこれは西洋の学者にもいるそうですが、この律、ふたつの律法は意味が違うという説（を）唱える人が西洋にもいるそうですけど、私もそうだろうと思っています。なお言う（と）、佐竹（明）さんは「そういうふうに、同じ言葉が別の意味で使われているのは不自然で、こういう訳、こういう解釈はできない」と述べていますけど、パウロにはあるんですょ。

　ローマ書8章の2章（2節）には、同じ律法という言葉を別の意味でふたつ使っています。それから、ぁのある意味で言えば、この今やって来たピスティス（πίστις）だって信仰という意味にも使うし、キリストの〈まこと〉という意味にも使ってます。まぁ少なくとも僕たちの解釈からみるとぇ。ですからそういう点では、その学者先生が概念規定をぴしっとした上で、かっとやって行くというドイツの学者じゃないですから、別にパウロは。大天才ですけれど、ぁのその時その時で、ぱっぱっと言っているわけですから。その時その時で言葉の意味が違うってことは、そんなに不思議じゃあないです。ましてこういう重要概念はなおさらです。つまり、た、かぶ、多分に多義的なんですょぇ。ですから、ここはこう言ったから……。確かにぇ、ぁの同じ、律法によって律法に死んだと言うとき、律法は別の意味だっていうような〔笑い〕ぇ（意味で）使われたら、まぁ少なくとも今日の我々や、厳密な言葉を定義して行く西欧の神学者たちから言ったら、そういうことは許されないかも知れないけど、そういうことはそんなに（不思議ではない）。その、むしろ同じに理解しちゃったら変ですょ、同じ意味だったら。採れない。

　ですからこれは、わたしはキリストの律法、つまり「キリストは律法の終わり」という言葉がありますけれど、ローマ書（10:4）にぇ。あれと同じことです、これは、言ってるのは。またローマ書3章27節に、ぁの誇

りが、「誇りが排除された」という言葉もありますが、あれもそうなんです
けど、なんによってか。〈まこと〉の律法によって排除された。この排除
されたっていうのは、誇りってのは、宗教、宗教、宗教、宗教的な誇りです。
つまり宗教です。つまり律法です。「わたしは律法に死んだ」って言って
るわけですネ。それはモーセ律法に死んだという意味です。これは明らか
です。しかし、それはなんによってかって言うと、別の律法によってだ
（と）、そう理解しないとやはり変です。で、律法の入い、律法の世界に入っ
ちゃった人間は、律法の中に生き、律法の中で、というのはぁのパウロの
見方ですから、この場合、律法によって律法に死んだって場合は、これは
別の意味に理解する方がすっきりするように思う。それは「神に生きる」
（ということで）、「神に生きる」ってことは、つまりまぁ、まぁ義とされるっ
てことと同じ意味でしょう。わたしは、ゎたしは義とされるために、律法
によって律法に死んだって言った場合には、明らかに、キリストによって
モーセ律法に死んだという（意味です）。そのキリストを律法と言ってい
るんです。キリストを福音とも言います。キリストを律法とも言うんで
す。で、まぁそういうふうに申し上げておきましょう。
　そして今18節を覗きましたけど、18節は、まぁ私たちは挿入句的に解
するんですが、そうじゃなく理解することもできます。そのまま読んでみ
ると、その、「もしわたしが、いったん打ちこわしたものを、再び建てると
すれば、それこそ、自分が違反者であることを証明（表明）することにな
る」というのは事実上の意味ですネ。これはちょっと、ぁの17、19（節）
が緊密なのに対してややちょっと横道に逸れた観ですが、これは明らか
にペテロのことを暗に言っているわけですネ。もしわたしがペテロのよう
に、いったん止めた食物規程を守るというような――つまり律法ですネ
――それを打ちこわしたものをまた建てるということは〔笑い〕、また自
分が律法、食物規程を守るというようなことにすれば、それこそ自分が、
まぁ律法に対して矛盾した態度を取る（ことで、自分が違反者）であるこ

とを証明することになると、まぁそのように理解しときますゎ。別の理解
もあります。

　まぁ問題は、その 17、19（節）ですが、そのパウロから見たら、その律
法（というのは）、キリスト信仰、まぁキリスト信仰の道に入ったという
ことで（すゎ）、17節で、17 節の初めはゎ。「キリストにあって義とされる
ことを求めている人」ってのは、明らかにこの信仰の道に、第二の義認を
求める人っていう意味ですから。その人たちが、律法を持たないから異
邦人だ、異邦人と同じだ、罪人だと言われる、言われることは心外だって言
うんですゎ。なぜかと言うと、わたしたちにはちゃんと本当の律法がある
からだ（と）。でわたしは、この律法によって、いわゆるユダヤ教の律法
に対してまぁ死んだという言い方は、縁を切ったということですゎ。そう
いう世界、そういう世界、そういうまぁ宗教の道ですゎ、そういう道に縁を
切った。でそれが救われることだって言うわけですゎ。

　で、10、19 節の後半に、また繰り返しのような言葉がありますゎ。「わた
しは、Χριστῷ συνεσταύρωμαι（クリストー　スンエスタウローマイ）、わた
しはキリストと共に、キリス、共に死んだ」と。で、この言い方はもちろん
言い換えですから、その、その、この 19 節というのは——あれですゎ——
「わたしはキリストと共に十字架につけられている」というこの言い方は、
わたしはキリストと共に、キリストにあって、キリストによって十字架に
つけられているという、こういうことの意味になりますゎ。

　でこのことを、またしてもその意味を教えてくれるのは、ぁの、毎回授
業で申し上げてますけど、そのあれですゎ、第一、いや第二コリントの 4 章 10
節、11 節ですゎ。今日の、今日の資料集にも、再びぁの、今日お配りした資料集
註36) にも収録しておきましたけど、ここでぁの、「わたしたちは、いつも
イエスの死をこの身に負う、負うている」。これが、あるいは 11 節から言
うと、「わたしたち生きている者は、イエスのために、あるいはイエスに
よって、絶えず死に渡されている」という——この、ぁの、今日の、今日のネ、

今日お配りした資料集の真ん中に書いてありますょネ——これですネ。ぁ
の、自分の肉体的な（ことを）ぁの、「この身に」って言ってますからネ。
あるいは「生きてる間」って言ってますからネ、生きてるってことは、肉
体が生きてるってことでしょう？　〈からだ〉が生きてるってことですょ
ネ。ここに、ここにまぁ、まぁ、パウロ自身がすでにある種の深手を持ってた
ん、負ってたんでしょうネ、この〈からだ〉は。そこに十字架を負ってい
ると。

　ただネ、これはぁの、世の中、苦しんでいる人たくさんいますネ。世の
中、苦しんでいる人がたくさんいるんですけれど、そしてもうやけっぱち
になったり、絶望し死んで行く人が多いんです。あるいは諦めて死んで行
く人が多いんですけれど。ぁの、これがそのイエスの十字架だという、イ
エスと共に死んだんだということが（現れているんですけど）、これ、なか
なかそれ理解できないんですネ。そこが理解できたらしめたもんなん
ですょ。そしたらもう、その裏に復活が来ているわけですからネ。そうで
しょ。そこが分からないんですネ。ですから、わたしが苦しんでいる、わ
たしが十字架につけられているって人はたくさんいるんです、そぅ、そ
ういうことは分かってる人は。でも、それがキリストと共にと（は）なか
なかならない。そこになればしめたもんなんですけど。そのΧριστῷ
συνεσταύρωμαι（クリストー　スンエスタウローマイ）、「わたしはキリストと
共に十字架につけられている」、これは現在完了形ですからネ。「つけられ
た」と言っても「つけられている」と言ってもいいわけですから。これが
なかなか分からないネ、やっぱりネ。

　この言い、この今の第、あのガラテヤ書の19節の後半の文章の言い換えはネ、
第二コリントのこれですょネ。それでネ、「いつもわたしはキリストの十字
架をこの身に帯びている」、あるいは、「わたしたちは生きている間は、イ
エスのために絶えず死に渡されている」。で、で、両、両節とも後半が問題
になる。ἵν（ヒナ）、それは、その死の〈からだ〉、十字架の〈からだ〉、十

字架、その、その、そこに、そこに ἐν τῷ σώματι ἡμῶν（エン　トー　ソー
マティ　ヘーモーン）でしょ。あるいは ἐν τῇ θνητῇ σαρκὶ ἡμῶν（エン
テー　トゥネーティ　サルキ　ヘーモーン）、死ぬべき〈からだ〉の中にイエスの
生が、——ということは、復活ですぇ——復活の命が、ちゃんと啓示され
ている。これくらい明晰にぇ、イエスの十字架と復活が（示され）、その
中に我々は取り込まれることによって、我々の（救いがあることを示す箇
所はない）。これ（を）神の義ってんですょ。ぁのこのように十字架によっ
て、審、十字架と審判、十字架・審判、それが即復活であり、恩寵であ
る。こういう見方を神の義って言うんですけど。命、ぇ、それが現れてい
る。現れているというのは、来ていて、そこで認識しろと、来ていてぇ、
ドアをノックしている。だけど、それがなかなか聞かない。聞けないとい
うところですぇ。まぁあの、ですから、まぁそれが分かったというわけです
ぇ。

　人間が、16節、2章の16節に即して言うと、人間が義とされて行く。
もうそれはイエス・キリストのピスティス（πίστις）、〈まこと〉。ですか
らこれはぁのイエス・キリストの〈まこと〉、ピスティス。イエス・キリ
ストのピスティスってのは、そうすると結局十字架と復活ってことです
ょ。イエス・キリストのゃ、やったこと、〈まこと〉、本当の〈こと〉。僕は
これ、カギ括弧（〈　〉）〔板書〕付けてんですけど。〈まこと〉って、こう
いう字書くでしょ、真言〔板書〕ぇ。本当の〈こと〉、また〈まこと〉と
も言えますぇ。これは言葉遊びですからぇ。〔板書〕本当の言葉。ですか
らこれは神の言でもあるぇ。イエス・キリストの〈まこと〉によって。ま
ぁ自分が苦しんでいるという、まぁ苦しんで来た、苦しんでいる、そうい
うことがキリストと共に（あるんだと）。なかなかそうならないぇ、でも
ぇ。

　まぁ、ですから我々の〈からだ〉はキリストの〈からだ〉の一部なんで
すけれどぇ、キリストの〈からだ〉と、それがなかなかそうはならないん

だネ。分からない。まぁ、そこが分かれ、分かって来ると、まぁこれはキリスト教、まぁ少なくともぇパウロ的な意味のまぁ福音って言うか、パウロ的な義認というものの中核を掴んだということなんですけど、なかなか……。

§3　2：20-21

［授業資料から］

^{20a} ζῶ δὲ **οὐκέτι ἐγώ**, ζῇ δὲ ἐν ἐμοὶ **Χριστός**·

^{20b} ὃ δὲ νῦν ζῶ ἐν σαρκί, ἐν **πίστει** ζῶ τῇ **τοῦ υἱοῦ τοῦ θεοῦ τοῦ ἀγαπήσαντός με καὶ παραδόντος ἑαυτὸν ὑπὲρ ἐμοῦ**.

²¹ Οὐκ ἀθετῶ τὴν χάριν τοῦ θεοῦ· εἰ γὰρ διὰ νόμου δικαιοσύνη, ἄρα Χριστὸς δωρεὰν ἀπέθανεν.

［私訳］

2：20　生きているのは、**もはやわたしではない。キリスト**が、わたしのうちに生きておられるのである。なぜなら（denn—Luther 訳）、わたしが今肉体にあって（＝いま・ここに）生きているのは、**わたしを愛し、わたしのためにご自身を棄てた神の子の〈まこと〉の中に生**きているからである。

2：21　わたしは、神の恵みを無にしない。もし、義が律法によって得られるとすれば、キリストの死はむだであったことになる。

［授業］

　そして、20節ですネ。まぁ最も有名なところで、この20節が、結局まぁ16節のもっとも見事な解明をしてるんですネ。言い換えですォ。16節はなんかごたごた書いてありますけど、まぁこの20節、先ずaとbとふたつに分けました。前半と後半ですネ。ζῶ δὲ οὐκέτι ἐγώ（ゾー　デ　ウーケティ　エゴー）、「生きているのは、もはやわたしではない」。ζῇ δὲ ἐν ἐμοὶ Χριστός（ゼー　デ　エン　エモイ　クリストス）、「わたしのうちにはキリストが生きているんだ」。こういうことで、まぁ昔からね文語訳で、「もはやわれ生くるにあらず」という有名な文語訳がありますが。あの、ここでまぁあの、キリストというのが——今のキリスト教会が一番忘れちゃってるんじゃないかと思うわけですが——あのἐν ἐμοὶ（エン　エモイ）、わたしのうちに、わたしのうちに。こういう今のキリスト教会ってのは、まぁあの、まぁ日本のキリスト教会は西洋の神学者の影響が強くて、逆に言うと、日本の先生たちはどうもぁの自分で読まないで、西洋人によっかかっちゃってるからね、ぁの、自信がないんですね、自分に。ぁの、「自分のうちに」と言っているわけでしょ。「わたしのうちにキリストが」って言ってるわけですね。で「もはや——その前は、ζῶ δὲ οὐκέτι ἐγώ（ゾー　デ　ウーケティ　エゴー）——もはやわたしが生きているんじゃなくて、わたしのうちにキリストが」って言ってますね。こういう場合のキリストをどう考えたらいいか。

　であの、〔しばらく沈黙が続く〕これは、ぁの、主、主、主体がですね——主体ですょ、主体——主体がわたしじゃなくなってるんですね、もう。わたしが、やっぱり、わたしが生きているんですょ。〔笑いながら〕わたしが生きているんですけど、その「わたし」は、もはや、わたしじゃないわたしなんですね。だからね、οὐκέτι（ウーケティ）、前にοὐκέτι ἐγώ（ウーケティ　エゴー）って書いてあるでしょ、ね。οὐκέτι ἐγώ というのを「わたしはもはや生きていない」と、まぁ通常そういうふうに訳しますけど、οὐκέτι ἐγώ というのは、「もはや我ならざる我」という意味です。もはや我ならざる我が生きている。それがキリストだと。もはや我なら、もはやわたしでないわたし。「わたしでないわたし」なんてあるかって言うと、「わたしでないわたしが」なんてあるかと言うと、あるんですね。それ、それ、それをキリストと言ってるんです。「わたしでないわたし」、これもね、ぁのこれもなにも僕が勝手にそういうこと言ってるんじゃなくて、「わた

しでないわたし」というようなことは、実はカール・バルトが言ってるん
です。わたしでないわたし。だから通常、俺が、俺がで生きているわけ
で、人間は。ἐγώ（エゴー）でネ。ἐγώ、ἐγώ で生きてんですけど、この
ἐγώ と、ἐγώ と言ったときに、そうでない、そうでない、ἐγώ でない「わ
たし」ってのがやっぱりあるわけで、でそれが、それが、実は人間の本当
の主体なんだと。

　ですからそれは、いったんその ἐγώ を否、否定しないとそれは出て来な
いわけですけど、それがキリストなんだと、こういう言い方ですネ。です
から、それをまぁ、あの、ネ、Christus in me（クリストゥス　イン　メー）〔板書〕
ラテン語で、（英語では）Christ in me。in me とネ、ラテン語ではネ。〔板
書〕あるいは Χριστός ἐν ἐμοὶ（クリストス　エン　エモイ）、Christ in me と、
わたしにおけるキリスト。でこういうことがまぁ今は忘れられちゃってる
ネ。これは「わたしでないわたし」。それがないと（信じることはできな
い）。実はそれが信仰（の主体となって）、わたしは信ずる（ということに
なる）。credo（クレド）、credo というときは、I believe というときは、そ
の I はそれなんですネ。それなんです。

　その、信仰、信ずるネ、信ずるというときの、本当は信ずるというときは、
やっぱりこれ〔板書を指して〕なんですネ、わたしのうちにあるキリスト。
ですから、あのわたしの、わたしの中にあるキリストが信ずる。「キリストの
〈まこと〉が、わたしの〈まこ……〉、わたしのうちなる〈まこと〉へ」という
のがローマ書の1章の17節に出て来てますが、両方とも、あのまぁ「キリ
ストから人間の信仰へ」と、エック　ピステオース　エイス　ピスティ
ン（ἐκ πίστεως εἰς πίστιν）。次の時間にやりますけど、これはやっぱ
り、あの、実は「キリストの〈まこと〉から人間の信仰へ」と言い、訳す
わけですが、これは実際は、キリストから我が内なるキリストへ、キリ
ストからキリストへというそういう意味だろうと思うんですが、あの、そ
れがここで出てますネ。で、実はこれが出て来ることが信仰ですネ。で、こ

れが出ないと、こうでないとゃ、このキリストでないと、わたしでないわたしでないとですゃ、ゎたしの、わたしのこの死ぬべき〈からだ〉に、死ぬべき〈からだ〉に、その、この死ぬべき〈からだ〉に、イエスの、あるいは、キリストの〈いのち〉が現れてるなんてことは分かんないですょ。「自分は、自分はすでに救われてるなんてことは分かった」って言いますけど、この「分かった」っていうのは、これでないと分かんないですょ、それは〔板書をトントントンと叩き〕。これじゃないと。そんな、そんなぁの、自分が死んで行く〈からだ〉、自分が死んで行く（ときに）、色んな苦しみに遭いますゃ。これが神の恵みだとかゃ、十字架が即復活だとかゃ、こんなことは普通の人間には分からないですょ、ェ、ἐγώ（エゴー）では。〔板書〕ἐγώ を立てて、我々生きてるわけですゃ、いつも自分をあれして。でこれをこう、まぁぁの、こういうこの ἐγώ を先立てて生きてるってことは、損得で生きてるってことと同じことですから。損することは一切避ける。得することだけやるってえのが、今のゃ〔笑い〕、――今に、今に限らないけど――人間ですからゃ。ぁのこれがこの、十字架が復活だなんていうような、まぁ言ってみるとそういうような見方の逆転ということは、このような主体が転換しないとできないことですゃ。この主体の転換のことをここで言ってるわけです。

　で、このように主語というのはわたしで、これはずっと生きてるわけですが、生きていながら、主、主語は持続しているけど、主体が、主体がこぅいつの間にかわたしでないわたしに（替わっている）。つまりキリストに転換することを復活と言う。主語は持続している。つまりわたしは生きているわけでしょ？　生きてるときの問題ですょ。死んでからぁの天国に行くという考え方は、まぁ一般に宗教はそれやるんですけど、パウロはそうじゃあないですゃ。生きてるときの問題です。生きてると言っても、主語が持続している。けれど主体が転換する、ゃ。それを、すなわち「主語持続における主体、主体転換」〔板書〕ですゃ。主語は持続している、生き

ている。主語持続における主体、主体転換。主体が替わる。主体が ἐγώ か
らキリストに替わる。主体転換ですね。このように替わることをまぁ、復、
復活と言うんですね。でこれが、ですからやはり信仰ってのは非常に大切
ですね、これは。でもそれは、自分が信じたとかなんとかでできるこっ
ちゃないですょ、これは、決してね。これがここに書いてありますね。

　そして20節の後半ですが、20節の後半というのは、もうパウロの、
パウロのネ、言わんとしていることのもぅ中核、究極的な言葉だと僕は思っ
てますが、これね、ちょっとギリシヤ語の原文、読ん、ぁの見てみましょ
う。ὃ δὲ νῦν ζῶ ἐν σαρκί（ホ　デ　ニュン　ゾー　エン　サルキ）、「わたし
がね―― νῦν（ニュン）、今（という意味）でしょ―― 今、ἐν σαρκί（エ
ン　サルキ）、肉体」、この σαρκί、ἐν σαρκί は、ぁの私たちがぁの先学期ブ
ルトマンでやりましたね。ここではブルトマンでも正しく解釈されてまし
たが、これは霊に対する肉という意味じゃあありませんで、〈からだ〉と
いう意味です、この σαρκί ネ。〈からだ〉において生きているというこ
と。わたしたちが今ね、〈からだ〉において我々が生きているのはそうで
しょ。今、〈からだ〉において生きているわけですね。〈からだ〉が亡く
なっちゃったら終わりですから。それは ἐν πίστει（エン　ピステイ）、この
πίστει もそうです。この πίστει も――これはバルトだったかな。この
πίστει を信仰なんて訳したら、もう駄目だっていうようなことを書いて
ありましたけど――これも〈まこと〉です。τῇ τοῦ υἱοῦ τοῦ θεοῦ（テー
トゥー　フュイウー　トゥー　テウー）、「神の子の――この τοῦ υἱοῦ τοῦ θεου
の、これの属格は前の πίστις に掛かるんですね――神の子の〈まこと〉
の中に生きているんだ」。

　わたしたちが今ここで生きてますね。これは、これは、イエス・キリスト
の〈まこと〉、イエス・キリストの、そういう神の〈まこと〉の中にいる
んだと。これはいわゆる神秘主義とかなんとかじゃあないんです、これ
は。ぁの、我々が今ここに生きているってのは、我々の現実ですょ。今こ

こに、今〈からだ〉にあって、でパウロの場合は、ある意味でずたずたになっちゃってる〈からだ〉ですね。がたがたになっちゃってる〈からだ〉ですけれど〔笑い〕、これが、実は我々が生きているということ。今ここに肉体を、において生きている。肉体において〈からだ〉っていうのは——まぁブルトマンのときも σάρξ（サルクス）とか σῶμα（ソーマ）という概念を丹念にみて行ったわけですが——まぁ現実ということですね。我々の現実は、実は神の子の、つまりキリストの〈まこと〉の中にあると。でそのキリストの説明がさらに続いていますね。τοῦ ἀγαπήσαντός με（トゥーアガペーサントス　メ）、「わたしを愛し、καὶ παραδόντος ἑαυτὸν ὑπὲρ ἐμοῦ（カイ　パラドントス　ヘアウトン　ヒュペル　エムー）、わたしのためにご自身を棄てた」。ですからこれはキリストが、まぁ言ってみると、さっき出て来た贖罪ですね。ἀπολύτρωσις（アポリュトローシス）、ἀπολύτρωσις。こういうキリストの出来事ですね。わたしを愛していること、そのために、わたしのためにご自身を棄てたということ。こういう、こういうイエス・キリストの〈まこと〉。ですからイエス・キリストの〈まこと〉というのは、実はこの〈まこと〉の説明（を）後でやってくれてるわけです。わたしを愛してくれたこと、わたしのためにご自身を棄てたこと、これを〈まこと〉（と言っているわけです）。（それは）本当のこと〔板書をトントンと叩く〕、出来事、キリストのこと（の言い換えです）。そのことの中に、（我々の現実は）あるんだ。

　ですから、これはぁのなにも信仰者となったとか、やれ洗礼を受けて教会に入ったとかいうふうな注釈をまぁ学者先生たちが付けたがりますけど、ぁのそういうことを念頭に置いてたかどうか、パウロは分かりませんが、ぁの我々が率直に今ここに、今肉体を持って生きているということは、実は神の子の〈まこと〉の中にある。これはぁの、さっき言った我々人間、人間というものは、我々が信ずるだのなんだのというような、こういう律法の業と関係なしに、関係なしに、キリストの〈まこと〉によって義とさ

れているというのと同じことですぇ、言っていることはぇ。もっと、もっと
よく説明してるわけです。我々が生きてる、現実に我々が生きている。そ
れは実は、神様のそういう〈まこと〉の中――まぁそれをキリストと言う
わけですが――キリストの〈まこと〉の中にあるということなんだ。まぁ
ただそれがなかなか分からないんですけど。よろしいですぇ。

　でそのことをここに述べてるわけですから。で、そのことが、そのこと
が、基本なんですぇ、20節のｂが。そして20節のａ（がある）。ですか
らぇ、ルター訳の聖書、マルティン・ルターの訳した聖書では、20節ａ
と20節ｂの間にはdenn（デン）というぇ、ｄ・ｅ・ｎ・ｎ（と）いうそうい
う接続詞が入っ（て）挿入されてんです。これは、δὲ（デ）というギリシ
ヤ語にはそういう意味があるのかどうかちょっと分かりませんけど〔苦
笑〕、ぁの「というのは」、つまり理由文として挙げるんです。我々が生
きているということは、すでにキリストの〈まこと〉の中にある。つまり
キリスト、神の恵みの中にある。それ故に、わたしはそのことに、今――
言わばそのChristus in me（クリストゥス　イン　メー）ですぇ――我が内にもキ
リストが（ある）、ということに気づかないんですぇ。キリストの、我々がキ
リストの中にあるということは、我々の中にキリストがあるということ、
こういうことです。宜しいですか。我々がキリストの中にあるということ
が、我々の内にキリストがあるということ。ですから、その我々の内にキ
リストがあるということを信仰と言うんですぇ。それがぁの言葉の厳密な
意味の信仰という（こと）。それが第二の義認ということで（す）。第一の
義認というのは、先ず20節のｂの方ですぇ、後半の方。我々が生きてい
るということは、キリストの中にある。ただ、それがなかなか気がつかな
いまま、大部分の人間は死んで行っちゃうんですぇ。その、我々が生きて
るということは、キリストの〈まこと〉の中にある。宜しいですか。

　ですから、ぁの、まぁピスティス（πίστις）というのを信仰というふう
に採らないで、もっと、まぁ、私たちの見方からすると、深い意味でもっ

116

と広く深く採って行けば、そういうふうになると思うんですけど〔笑い〕。
ネ、そういうふう（に）、まぁ、ですからこれはもうパウロ神学の核心で
すネ。キリストの中にある。なかなかそぅ、そういうふうに分からないけ
ど、ネ、それが同時に、わたしの内にキリストがある。そう書いてあるで
しょ、20節の方にネ。ζῇ δὲ ἐν ἐμοὶ Χριστός（ゼー　デ　エン　エモイ　ク
リストス）、わたしの内にキリストが生きている。これがあるんですネ。

　で、宜しいですか？　もう21節は簡単ですネ。Οὐκ ἀθετῶ τὴν
χάριν τοῦ θεοῦ（ウーク　アテトー　テーン　カリン　トゥー　テウー）、「わたし
は、わたしは、もうぁの、神の恵みを無にしない」。神の恵みって言ってる
のは、ここで言っていることはもうあれですょネ、まぁ上に述べたこと。ま
ぁはっきり言えば、イエス・キリストの〈まこと〉ですネ。神様が与えて
くださった πίστις Ἰησοῦ Χριστοῦ（ピスティス　イエスー　クリストゥー）、そ
れは無にしない。我々はいつもいつもぁのそれを無にしちゃって、せっか
くのネ、チャンスを無視して来ちゃった〔笑い〕。無視して、ぁの無にして
しまったと、つくづく僕なんか思うわけだけどネ。なぜならば、「義は律
法によるならば、──まぁこれは、ぁの再びガラテヤ人の人たちの状況を考
えて言っているんですネ──義、まぁ救いというものは律法によるならば、
キリストは無駄に死んだことになる」と言っているわけで、まぁここで、
まぁパウロの義認論──ネ、なかなかしゃべってみると上手くしゃべられ
ないネ。ごたごたごたごたとしちゃったけど──の一番の基本線が出て来
たわけですネ。まぁ、これがですネ、私たちのまぁ πίστις Ἰησοῦ Χριστοῦ
（ピスティス　イエスー　クリストゥー）を「イエス・キリストに対する信仰」と
訳さないで、イエス・キリストの〈まこと〉（と訳す基本の箇所です）。ま
ぁ太田（修司）さんなんかの言葉で言うと、イエス・キリストの真実です
か？　真という字も実という字も、いずれも「まこと」と読める言葉です
ょネ。よく男性の名前にいますょネ。まぁ、そういうところから出て来る解
釈（を）まぁざっと申し上げたわけです。

でそして次の時間は、せっかくやったんですから、ローマ書、有名な
ローマ書を少し――あんまり詳しく見るわけにはいきませんけど。これ
だけ大きな問題ですから――見て、それから、まぁ太田さんの論文を――
みなさん、要点を読めば（分かると思います）。これは新約学者ですから
――検討してみたい。というわけで……。

§4　質疑応答

［授業資料から］
2：15-19

^{15} Ἡμεῖς φύσει Ἰουδαῖοι καὶ οὐκ ἐξ ἐθνῶν ἁμαρτωλοί·

^{16} εἰδότες [δὲ] ὅτι οὐ **δικαιοῦται ἄνθρωπος** ἐξ ἔργων νόμου
ἐὰν μὴ **διὰ πίστεως Ἰησοῦ Χριστοῦ**, καὶ ἡμεῖς εἰς **Χριστὸν
Ἰησοῦν** ἐπιστεύσαμεν, ἵνα δικαιωθῶμεν ἐκ **πίστεως
Χριστοῦ** καὶ οὐκ ἐξ ἔργων νόμου, ὅτι ἐξ ἔργων νόμου οὐ
δικαιωθήσεται πᾶσα σάρξ.

^{17} εἰ δὲ ζητοῦντες (<u>εἰδέναι</u>) δικαιωθῆναι ἐν **Χριστῷ** (= ἐκ
πίστεως Χριστοῦ) εὑρέθημεν καὶ αὐτοὶ ἁμαρτωλοί, ἆρα
Χριστὸς ἁμαρτίας διάκονος; **μὴ γένοιτο**.

^{18} εἰ γὰρ ἃ κατέλυσα ταῦτα πάλιν οἰκοδομῶ, παραβάτην
ἐμαυτὸν συνιστάνω.

^{19} ἐγὼ γὰρ **διὰ νόμου** νόμῳ ἀπέθανον, ἵνα θεῷ ζήσω. Χριστῷ
συνεσταύρωμαι·

　［私訳］

　2：15　わたしたちは生れながらのユダヤ人であって、異邦人なる罪
　　人ではないが、

2：16　人間が義とされるのは律法の業によるのではなく、ただイエス・キリストの〈まこと〉によること（＝神の決定）を**知って**、わたしたちも、自分が（律法の業によるのではなく）キリストの〈まこと〉によって義とされているように（＝この決定に即して）、**キリスト・イエスを信じた**（＝この原決定を自己の決定とした）のである。（繰り返すが、わたしたちが義とされるのはキリストの〈まこと〉によるのであって）、律法の業によるのではない。律法の業によってはだれひとり義とされることがないからである。

2：17　しかし、**キリストにあって義とされること**を（認識しようと）求めているわたしたち—そのわたしたち自身をも（**ユダヤ人たちが、律法を持たない異邦人と同じ cf.V.15**）罪人であるというなら、キリストは罪に仕える者（罪の家来）ということになるのか。**断じてそうではない。（むしろわたしたちこそ、〈まこと〉、すなわち、真の律法を持っているというべきではないか**）。

（2：18　もしわたしが、いったん打ちこわしたものを、再び建てるとすれば、それこそ、自分が違反者（「道理に反する者」「律法に対して矛盾した態度を取る者」）であることを表明することになる。）

2：19　が、わたしは、神に生きるために、（この**キリストの〈まこと〉という真の**）「**律法**」（＝**キリストの律法 G6:2、〈まこと〉の律法R3:27**）によって（あの旧い）律法に死んだのである。わたしはキリストと共に十字架につけられている。

［授業］

［小川］　だれか質問ある？　まだ続きますけど。

［質問者］〔声が聞き取れない〕

［小川］　えー、えー、はい〔笑い〕。そうですネ。これはネ、これはぁの僕の見方で……。

［質問者］……15 節のところですけども、これはちょっとその僕自身も
　　　　　まだ十分にはよく分からないんですけども、Ἡμεῖς φύσει
　　　　　Ἰουδαῖοι καὶ οὐκ ἐξ ἐθνῶν（ヘーメイス　フューセイ　ユーダイオイ
　　　　　カイ　ウーク）というところですけども、この οὐκ ἐξ ἐθνῶν（ウー
　　　　　ク　エクス　エトノーン）を、ぁの「異邦人出身の罪人ではない」では
　　　　　なくて、自由に訳すならば、「我々は生まれはユダヤ人であって、
　　　　　異邦人出身ではない罪人であるが」というふうに理解する説があ
　　　　　りまして、そうすると、我々は異邦人出身ではないけれども、罪
　　　　　人だと言っているように訳せますぇ。

［小川］　そうですぇ。

［質問者］でそのことが 17 節のところで、「わたしたちが罪人である」と
　　　　　言った場合に、「そのことがキリストは罪人だ」ということにな
　　　　　るのかというふうに、15 節で「われわれは罪人なんだ」と言っ
　　　　　たそのことに対して「われわれが罪人である」と言った場合に、
　　　　　こういう反応が出て来るのかと、そいうふうに言っているのかな
　　　　　と思って〔笑い〕。

［小川］　へぇー。なるほど。

［質問者］そうすると、18 節がそれに対する、そのいったん打ちこわした
　　　　　ものというのが、「われわれがその罪人じゃない、罪人じゃない」
　　　　　というふうに主張することを打ちこわして、「じゃ、わたしたち
　　　　　は罪人なんだ」というふうに言った人に対して、それがもしその
　　　　　「自分たちが罪人である」ということを言ったことで、キリスト
　　　　　が罪深い者ということになったらいけないということで、いや、
　　　　　そうじゃなくて、自分たちはやっぱり罪人じゃないんだという
　　　　　（ことだ）とすれば、それは「いったん打ちこわしたものを、再
　　　　　び建てることになる」。ということは「やっぱり罪人なんだ」と
　　　　　いうのも、それは、その、どういう意味で罪人なのかということ

120

で、その、律法によって律法に死んだ…、このなんて言う（かな）、
ここをまだうまく説明できないんですけれども〔苦笑〕、その論
理でいけば、その19節の律法というものを、無理に違うものを
指しているというふうに考えなくても読めるんじゃないかなと思
うんですけど。

［小川］　あのネ、今あなたが言ったことは、ぁの今聞いて、僕はすぐ全部分
かったわけじゃないから、もう少しよく考えてぁの発表してくだ
さい、ネ。

　　　あのここネ、色々読み方あるんです。で、僕も、僕のが、みんな
の前で言ったのが唯一だなんてことは決して思ってないわけで、
〔笑い〕ぁのなかなか苦しいところがあるんで、まぁ私はこう理解
したということでネ、読めばいいんですネ。ですから、いいです
ょ。あの、今、I君が言ったことを、（その）のような読み方をど
んどん出してください。で、今、僕、話（を）ちょっと聞いただ
けではちょっとなかなか分かんなかったんだけど〔笑い〕、取り
あえず。他の子、分かった？　他の人。それで彼にもよく考えて
もらって、ネ、より深くテキストを理解して行くといいネ。

　　　でその考え方は、でも、パウロが罪人だということを、どっ
ちかって言うと強調したい読み方かな？　「わたしたちは、わた
したちはぁのユダヤ人、生まれながらのユダヤ人であって、いや、
ぁって、異邦人ではない」といったん読んどいて、（そのユダヤ人）
が、罪人だってんでしょ？　そうすると恐らく、ἐθνῶν（エトノー
ン）とἁμαρτωλοι（ハマルトーロイ）の間にコンマを打ってるよ
うな読み方ですネ、ネ。

［質問者］そうです。

［小川］　ぁの、なるほどネ。まぁちょっとそれ苦しい読み、その読み方、ちょっ
と苦しいと僕は思うけど、〔笑い〕。

［質問者］　前の文脈とも繋がって来ると思うんですょ。

［小川］　繋がって来る？

［質問者］　前の文脈というのは、異邦人と食事をしないことに対して、食事をしなくなったことに対して非難していたわけですから、

［小川］　そうですネ。

［質問者］　だからそれは、異邦人が、お前たちは異邦人のことを「罪人、罪人」と言っているけれども、我々だって、異邦人の出身じゃあないという点ではそうだけれども、罪人であることには変わりないんだという、そういう主張と言うか、前読んだ本の中にもある……。

［小川］　ある？　なるほどネ、なるほどネ〔笑い〕。へー、へー、初めて知った、それ〔笑い〕。あれだけ色んなことをぁの、ぁの、あれしてる。それはあれ、あれにも書いてないネ、佐竹（明）さんの本にもネ。佐竹さんもそういう読み方知らないネ。

［質問者］　それを読んだのは、本田哲郎[註 37]というカトリックの神父の本に書いてある……。

［小川］　書いてある、書いてある？　ほーんと？　へー、へー、まぁ、そうするとネ、あぁ、なるほどネ。それはいい勉強になりましたネ〔笑い〕。だけどちょっと考えつかなかった読み方だネ、それは。ぁの、恐らくそれは、罪人だということを強調したい言い方なのかな。あんまりパウロは罪人ってことを強調しない人なんですょネ、どっちかと言うと。ぁの、ἁμαρτωλοι（ハマルトーロイ）という言葉自身は、あんまり使ってないんです、パウロは。数か所です。ローマ書に2回、ガラテヤ書に、ここで1回かな。数回、5・6回なんですネ。

　　　そうですか。分かりました。ぁの繋がりがなかなか難しい所で、僕もネちょっとぁの……。それからぁの、佐竹さんは色んな説

を紹介してて、まぁ随分前の、今から30年前に書いた書物だから、その後変わったかも知れないですぇ。そういう読み方があるんですか。分かりました。はい、それじゃあ。

〔別の学生からの質問あり〕

［質問者］よろしいですか。

［小川］　はい、どうぞ。

［質問者］ピスティス（πίστις）のことなんですけど、なかなか分かりにくいですょね。日本語であの、まぁ「信」というのは、……〔途中聞き取れない〕田川（建三）さんもおっしゃってたんですけど、

［小川］　へぇー。

［質問者］あの、えーと、「イエス・キリストの信である」というのはぁの半分ぐらいは理解できるんですけども、そういぅ、同時に人間の方が信ずるというπιστεύω（ピステウオー）という動詞と、あのこぅ……〔途中聞き取れない〕ふたつの論理的と言うか、ふたつの意味があの言葉にあるんだということは分かったんですけども、日本語的に我々が理解している信仰というのは、信ずるということと、なにか、あの、……〔途中聞き取れない〕信頼していくような、すがっていくような感じで語られていたんですぇ。それで、もうひとつの方は、ぁの神の方のピスティスというのは、ぁの決心という感じの、それはふたつの意味があるというふうに捉えていいわけですか。

［小川］　そうですぇ。やっぱりそっちも、どうしたって、ぁの、あなたが言われたように、前のように、「信じ、すがる」という意味では、そういうのは残りますょ。ありますょ。ぁの、まぁ、なにも信仰というのはぇ、パウロだけじゃありせんからぇ。ぁの、ただパウロがぇ、大々的に聖書の中では展開しているわけですけど。ただぇ、ぁの、今申し述べたのは非常に不十分なとこで、ここであんまり

色んなこと言えないんで、後の次の時間でぇ、ぁの色んな考え方がぁの出て来ますから、そこで、が終わったらぇ、またちょっと質問してください。じゃあ、そういうことで、はい、いったん休みましょうぇ。

　色々ぁのぇ、一般に言われていることと違うことですが、しかし、ぁの、僕が勝手に言ってるだけじゃありませんでぇ、〔笑い〕ぁのぇ、こういうふうに太田（修司）さんとかカール・バルトとか、いうような人も言ってることですから。

6

［授業資料から］
挿入　補論「パウロ義認論」（I）

ローマ1：16-17
『ローマ書』の主題（R1:16〜17）：神の義（＝人基一体）の啓示と信仰
ἐκ πίστεως εἰς πίστιν

^{16} Οὐ γὰρ ἐπαισχύνομαι τὸ εὐαγγέλιον, **δύναμις γὰρ θεοῦ ἐστιν εἰς σωτηρίαν** (offenbart) παντὶ τῷ πιστεύοντι, Ἰουδαίῳ τε πρῶτον καὶ Ἕλληνι.
^{17} δικαιοσύνη γὰρ θεοῦ ἐν αὐτῷ **ἀποκαλύπτεται** (παντὶ) **ἐκ πίστεως εἰς πίστιν**, καθὼς γέγραπται· ὁ δὲ δίκαιος ἐκ πίστεως ζήσεται.

［私訳］
　1：16　わたしは福音を恥としない。それは、ユダヤ人をはじめ、ギ

リシヤ人にも、すべての者に信じるよう（啓示される）神の救いの力
であるから。

1：17　言い換えると、福音によって、神の義（＝神の救いの力）は、
〈まこと〉から信仰へと（すべての者に）啓示される。「（ひと）義人
（とされて）生くるは〈まこと〉によれり」（＝人基一体）と書いてあ
るとおりである。

この〈こと〉の葉（真言）に、この神の義の福音に、イエス・
キリストの御名に（ἐν αὐτῷ）、神の義が（δικαιοσύνη
γὰϱ θεοῦ）、すなわち、われわれ自身が神の義であることが
（2Co5:21b）、われわれの生命が復活の生命であることが、こ
の「朽ち果て」「死ぬべき」〈からだ〉が甦りの〈からだ〉であ
ることが（2Co4:10f.）、「ないないない」が「あるあるある」で
あることが、それを信受するようにと（εἰς πίστιν）、神の
〈まこと〉から（ἐκ πίστεως）、啓示されている（＝われわれ
の身に成就し、われわれがそれを認識することを求めている）
（ἀποκαλύπτεται）。

［授業］

　それではぁの続けてですネ、パウロの義認論。今日の（先ほどの授業で
授業資料は）お配りしましたネ。少し色々と、サプルメント、補論をして
おきたいと思っております。ガラテヤ書は、その、2章の後半が（義認論
が）書いてあるんですけど、もっとまぁ大きく取り上げているのは、ロー
マ書、それからまぁピリピ書があるんですが、まぁ、主としてローマ書です
ネ。まぁここはガラテヤ書の（方を）みんなと一緒に読んで行くのが主た
る狙いなので、少しだけ取り上げて、まぁ補っておきたい。みなさんと一
緒にネ、考えたいと思うんですが。

　その、パウロの義認論を_{まぁ}正面切って取り上げてるのはローマ書です_ネ、晩年の書簡ですけれど。そして_{ぁの}、ごく一部だけしか取り上げていませんけど、先ず1章とそれから3章の_ネ所だけ。読み方が_ネおかしいかも知れないので、さっきのI君のような質問は大いに歓迎です_ネ。僕も色々考えるあれになるんで。_{まぁぁの}、主たる義認の意味は、_{まぁ}大体の意味はさっき申し上げましたけど、それを補強する意味で2ヶ所、それから、_{まぁぁの}、例によって第二コリントの4章も挙げてますから、3ヶ所取り上げてますけど。

　先ずローマ書の1章16節、17節ですけど。みなさん、これは_{まぁ}ローマ書の主題であるということは色んな書物に書いてあって、場合によっては聖書の_ネ——なんて言うんでしょうか——この頃小見出し入れます_{ょネ}。最近の_ぁ新共同訳もそうですけど、そういうのは各国語の聖書に、そういうローマ書の主題であるということが書いてあります_ネ。これなんですけど、これ読んでもさっぱり分からなかった。で今になって思いますと、_{ぁの}今になって考えますと_ネ、これ、色々なものを_ぁ省略して言っちゃってんです_ネ。それで、分からなくなっているんじゃないかと思うんですけれど。_{まぁ}このまま原文を、このままに日本語に訳しても、ほとんどなに言ってるか分からないというのは_正、正直な印象でしたし、_{まぁ}永いこと分からないんで、結局ここが主題だって言われても分からないから〔笑い〕、結局無視してたんですけど_ネ。_{まぁ}色々パウロ、読んで_み、みて、_{まぁ}、パウロってこういうこと言う人かということを考えてみると、_{まぁ}今になってみると、大体次のようなこと言っているんじゃないかというふうに思っているんです_ネ。それで、こういう聖書の解釈なんてのは、特にパウロなんてのは究極的な解釈なんてないです_ょ。_{ぁの}、だからあくまで（わたくしの理解ということです）。_{まぁ}、そりゃ、他の神学やってる方についても言えると思うんですけど_ネ。

　先ず、ちょっと原文を見てみましょう、_ネ。（16節）Οὐ γὰρ ἐπαισ-

126

χύνομαι（ウ　ガル　エパイスキュノマイ）、「わたしは恥としない」。τὸ εὐαγγέλιον（ト　エウアンゲリオン）、「福音を恥としない」。まぁこの福音という言葉も、ローマ書の初めの方から出て来てるんですが、まぁこれが前半ですね。その次は、δύναμις γὰρ θεοῦ（ドゥナミス　ガル　テウー）、「それは」、まぁ ἐστιν（エスティン）という動詞の主語はやっぱり福音を受けてるわけでしょうね、「それは神の力である」。εἰς σωτηρίαν（エイス　ソーテーリアン）、「福音のための」。

　初めこれ読んだとき、なぜ言葉が力なのかね、よく分かんなかったですけど〔笑い〕。それから、παντὶ τῷ πιστεύοντι（パンティ　トー　ピステウオンティ）、「信ずる人すべて」って書いてあるね。与格ですよね。「すべて」の説明でしょう。Ἰουδαίῳ τε πρῶτον καὶ Ἕλληνι（ユダイオー　テ　プロートン　カイ　ヘレニ）、ユダヤ人であろうと、ギリシヤ人であろうと——まぁあるいは異邦人と言っても同じ意味だと思いますが——信ずる者すべてにとって。まぁ offenbart（オフェンバルト：啓示される）というように、ちょっとぁの入れたのは、ぁの、——ぁっー、これ君たちにやったのぁの、訳の方にね——に入れたのはね、まぁぁの、それは 17 節から取ったんですね。また逆に 17 節の方は、παντὶ（パンティ）という言葉（を）括弧してこれ入れてますが、これ原文にはないんですよ。これはまぁ恐らく 16節、16 節の言葉を、まぁそれで理解し易くしたんですが、余計な操作かも知れません。

　まぁ、16 節と 17 節は、まぁ同じことの言い換えだと思っているんですが、17 節、δικαιοσύνη γὰρ θεοῦ（ディカイオスュネー　ガル　テウー）、「というのは——つまりということですね——神の義は ἐν αὐτῷ（エン　アウトー）、福音によって ἀποκαλύπτεται（アポカリュプテタイ）」。これね、ぁの、まぁ「啓示される」という訳ですね。受け身です。これ大抵、「神の義は福音において啓示される」って訳すんですよ。だけど、その訳は当たり前のことを言っていると言えば、当たり前のことでね。まぁ私はやっぱり、エック　ピステオース　エイス　ピスティン（ἐκ πίστεως εἰς

πίστιν)、そこへ掛かって行くような「啓示される」というふうに（読ん
でいます）。だって、神の義は福音に啓示される、神の義は啓、福音に啓
示されている、啓示されるって、ぁんま、あんまり意味ないでしょ。上に、
ぁの神の義は、神の、神の義じゃない、福音は神の救いの力だって言ったんです
ネ。神の救いの、救いの力、神の救いのことを神の義と言うわけですから、
救いのことをネ。まぁこれはぁの、後のローマ書の10章の方にそういう言
い換えがあるんですけど。まぁ神の義は福音が提示されているという（ふ
うに）、まぁ多くそうなってるんですが、どうも当たり前のことを言って
いるように（思われます）、まぁ否定はしませんけどネ。まぁですから、む
しろこれはすべての人に啓示されている。その、それを言い換えて、エッ
ク　ピステオース　エイス　ピスティン、もっと詳しく言った。で、まぁ
私はネ、エック　ピステオース　エイス　ピスティン、──まぁ通常は「信
仰から信仰へ」と訳されますけど、今の新共同訳はそういうふうな訳じゃ
なくて、よく分からない訳になってますが、口語訳は「信仰から信仰へ」
と──これがまぁ、まぁ私は信仰と訳しませんので、「〈まこと〉から〈まこ
と〉へ」（と訳すことにしています）。エック　ピステオース　エイス　ピ
スティン、まぁこれが、特にこの 2、4 語だけをよく取り出して、まぁ、あの、
色んなことを理解したり、説明したりしてるんですけど。まぁ、神、従っ
て、δικαιοσύνη γὰρ θεοῦ ἐν αὐτῷ（ディカイオスュネー　ガル　テウー　エ
ン　アウトー）というのはネ、ぁの、福音における神の義と形容詞、まぁ形容
詞句のようにネ、ἐν αὐτῷ（エン　アウトー）を採った方がいいんじゃあな
いかと思ってるんですネ。福音における神の義、──「福音の神」と言っ
てもいいし、は、──それはすべての人に、即ちエック　ピステオース
エイス　ピスティン、〈まこと〉から〈まこと〉へと啓示される。で、そ
ういうふうに読んでおります。ですから訳がちょっと分かり難くなってい
るかも知れませんが、ぁの、そういう理解の仕方です。
　後の καθὼς γέγραπται（カトース　ゲグラプタイ）、みんなご存知のハバ

128

クク書（2:4）の引用ですね。ὁ δὲ δίκαιος（ホ　デ　ディカイオス）、「義人は真、〈まこと〉により生きる」と、まぁあるいは生かされると。まぁ、一応の訳はそのように書いておきました。

　それで、あのネ、かっ、四角の中に書いたのは、これはまぁ結論的なあれで、私のその理解です。間違ってるかも知れませんが、やっぱりみなさんの前で授業してる、しかもまぁわざわざ東京から呼んでくださって授業をしてるわけですから〔笑い〕、拙いですけど、自分の理解を書いておきました。ここまで思い切って言ったのはちょっと勇気が必要ですけど、これは色々な所から補ってまぁ理解したので、——まぁもちろん、このたったふたつの言葉ではね。聖句ふたつでしょ、16、17 節。こんなことはこっから出て来ませんよ——ですから、このような解釈はもちろんパウロの他の書簡から、まぁ全体から解釈したんですね。それを書いておきました。

　そのことは、すでに前の授業でも色々なことで申し上げたので分かると思いますが、その、こう言った解釈（の神学者の例を挙げると）、まぁあの……、まぁあの、因みにネ、因みにあの、先、先学期やったブルトマンですが、これはあの、彼の『新約聖書神学』のまぁ中核部分の所の、は、大体これの解釈をやっていると言っ（て良いと思います）。全体的にこれの解釈をやっているとみてもいいんですけどね。17 節、特に 16 節と 17 節。17 節は一番ポイントを出している節ですけど、ブルトマンの解釈は簡単に言うとこういうことです。神の義は、ネ、δικαιοσύνη θεοῦ（ディカイオスュネーテウー）、まぁこれは生命（いのち）ということですね。復活の生命、それは ἐν αὐτῷ（エン　アウトー）。これは αὐτῷ をネ、αὐτῷ というのは、前に 16 節に出て来る εὐαγγέλιον（エウアンゲリオン）ということですよ。ネ、ですから福音において（ということ）ですが、彼はこれは説教と採るんですね。福、神の義は、説教において啓示される。で、エック　ピステオース　エイス　ピスティン（ἐκ πίστεως εἰς πίστιν）というのは、信仰から信仰へ。まぁ日本の、共同訳じゃない、口語訳と同じように考えていますけど、エック　ピ

ステオース（ἐκ πίστεως）の方は説教者と採る。まぁまぁ言ってみれば説
教者の信仰から──エイス　ピスティン（εἰς πίστιν）というのは聴い
ている人、聴衆ですぇ──説教の聴衆へ。簡単に言うとそういうことで、
神の義というのは、説教において、説教者から被説教者ということぇ、聴
衆へと啓示される。こういうまぁ大枠、まぁおおざっぱに言うとそういう
ことになると思います。

　ですから聴いた人間は、その説教における、ぉける、神の義に対して決
断する。それが信仰だと、こういうふうに見るわけですぇ。ですから、
エック　ピステオース　エイス　ピスティンというのは、説教者の信仰か
ら聴衆の信仰へ、信仰から信仰へ。それから神の義というのもまぁ、まぁ、
救いということなんでしょうが、説教において、──説教においてと言う
か──説、説教が響く今においてという、こういう言い方を彼はよくやる
んですが、それがどうもそういうことらしいんですぇ。なかなか彼の神学
は難しいので、正しい理解がなかなかできないんですけれど、大筋で言う
とそういうことですぇ。

　で、これに対して、私たちはどうもそういうふうにはぁの、理解できない
んですけれど、その、まぁあの、その理解に対し、特に、特にぇ、ブルトマン
の解釈をぇやったわけじゃないんですょ〔笑い〕。まぁあの、それよりもとに
かくパウロをぇ、パウロのぇ、あの、読んで行って、こうなんじゃないかと。
それはぇ、あの今、あの、四角の中に書いたでしょう。まぁ「この、この〈こ
と〉の葉に、──という、ま、まぁこれ結局 αὐτῷ（アウトー）の訳をやって
るんですが──この神の義の福音に、まぁイエス・キリストの御名にです
ぇ、神の義が、──この『神の義が』というのがぇ、啓示されていると言
うんですが、それ（を）が、ぁのもう少し詳しく言うと──われわれ自身
が神の義である」。まぁこういう言い方は第二コリントの5章21節で出て
来るんですぇ。「神は罪を知らない方を罪とした」、かな。「それは、われ
われがキリストにあって、神の義であるためである」という言葉が出て参

りますが、われわれ自身が、われわれが神の義である。こういうことをネはっきり言っているので、われわれ自身が神の義である。「でわれわれのこの生命<ruby>生命<rt>いのち</rt></ruby>ですネ、われわれの生命が復活の生命である。——まぁこれは、さっき言った読んで来た第二コリントの4章ですけど——この『朽ち果て』『死ぬべき』〈からだ〉が甦りの〈からだ〉である」、まぁ、キリストの生命である。

　まぁ、後のは私の説明ですけど、「それを信受するよう（に）——まぁそれを信じ、まぁ信じ認識するように、受容するようにってことですネ——よう（に）、エイス　ピスティン（εἰς πίστιν）、神の〈まこと〉から、エック　ピステオース（ἐκ πίστεως）、啓示されている」。まぁ、つまり、われわれの身に、神の義というのは、われわれの身ですネ、われわれの〈からだ〉に、そこにすでに成就している。「われわれの身に」というのは、われわれの〈からだ〉（のことです）。われわれの〈からだ〉は、キリストの〈からだ〉の一部である、ということはぁのコリント書に書いてあるんですが、ぁの、（キリストの〈からだ〉が）われわれの身に成就した。でそれが認識することを求めている。まぁこれは啓示するという言葉の説明として、まぁ、僕はしばしば使っているんですが、そういうふうにまぁ理解してみたんですネ。

　ぁの、実はですネ、このローマ書1章16節、17節で切っちゃってんですが、ローマ書は実際は、17節から、18節からまた色んな議論があるんですょ。で、18節も書いといた方が良かったかなーと思ってんですが、——19節もネ——ここでは、やはりぁの、天から、天から、その、「神の怒りはネ、天から啓、天からその、それを、その真理を、その、抑えてしまう人たちの不信心や不義に対して啓示される」という、こういうよく似た文章が、よく、17節によく似た文章が実は出てるんですネ。そのとき、「天から人間の不信仰へ」と、まぁこういう書き方をしている。まぁこれはご存じのように、すぐその上に分かるように、まぁ、エック　ピステオース　エイス　ピス

ティン（ἐκ πίστεως εἰς πίστιν）ですぇ。これになぞらった言い方です
ぇ。

　それから神の怒りというのは、──「神の怒りは」と書い（てありま
すが）、これが主語ですけれどぇ──神の怒りはというのは、神の義は怒
りとして現れる。こういうふうに意味を補って読んでおります。私は読
んでおりますぇ。神の義というのはあくまで17節の主題であり、これは
主語になってますからぇ。18節も19節も、実は20節も全部神の義の
言い換えをやっていると思われます。神の義というものが、受け入れな
い者にとっては、それは天、まぁ神の怒りとして、天からそういう人間に、
あるいはそういう不義や、不義や不信心ゕな、それに現れる。やっぱり、
ἀποκαλύπτεται（アポカリュプテタイ）という言葉が先頭に載ってたと思
うんですけど、そういうふうに書いてある。まぁそれを見てもぇ、エック
ピステオース　エイス　ピスティンというのはぇ、「信仰から信仰へ」と
は思えないですぇ、これは。ぁのやっぱりこれは神から人間へという方向
を書いた言葉だなあと、ではないかと思うんですけどぇ。まぁ、あんまり
ローマ書に踏み込んで行くと時間かかっちゃうので、そこで切りますけれ
ど、まぁぁのこういうふうな述べ方をしていると思われます。

7

［授業資料から］
挿入　補論「パウロ義認論」（Ⅱ）

第二コリント 4：10-11　ἐκ πίστεως εἰς πίστιν

[10] πάντοτε τὴν νέκρωσιν τοῦ Ἰησοῦ ἐν τῷ σώματι περιφέ-

132

ροντες, ἵνα καὶ ἡ ζωὴ τοῦ Ἰησοῦ ἐν τῷ σώματι ἡμῶν φανερωθῇ.

¹¹ ἀεὶ γὰρ ἡμεῖς οἱ ζῶντες εἰς θάνατον παραδιδόμεθα διὰ Ἰησοῦν, ἵνα καὶ ἡ ζωὴ τοῦ Ἰησοῦ φανερωθῇ ἐν τῇ θνητῇ σαρκὶ ἡμῶν.

［私訳］

4：10　わたしたちは、いつもイエスの死をこの身に負うている。それは、イエスのいのちが、この身に現れるためである。

4：11　わたしたち生きている者は、イエスのために（＝イエスによって）絶えず死に渡されている。それはイエスのいのちが、わたしたちの死ぬべき肉体に現れるためである。

［授業］

そして、まぁ、これらの私の理解の基礎になった、基礎になったネ、その……、のは、のは、何度も言っているように、その、第二、第二コリントの４章で、あの、つまり第二コリントの４章の10節、11節（です）。その次、その下に書いてあるでしょう？註38) その下に説明してあるでしょう？　ここでネ、あのやっぱりネ、φανερωθῇ（ファネロテー）という（ギリシヤ語がありますが）、——まぁ網掛けしたと思うんですけど——これやっぱり上の17節の ἀποκαλύπτεται（アポカリュプテタイ）とは字は違いますけど、意味は同じに使われる（言葉です）。訳も「啓示される」——まぁ日本訳では「現れる」（となっていますが）、まぁそれでもいいですけどネ——という言葉ですネ。それでネ、ここはもうぁの「啓示」という言葉が、実は非常にその明確に出ていると思うんですネ。それはネ、それはネ、その啓示というのはその、まぁ神の行為ですが、それはその場所がネちゃんと入っている、ちゃんと書いてあるんですょ。それは４章の10節では、ἐν τῷ σώματι ἡμῶν（エン トー ソーマティ ヘーモーン）、「わたしたちの体にお

いて」、ぇ、次、次の11節においては、ἐν τῇ θνητῇ σαρκὶ ἡμῶν（エン
テー　トネーテー　サルキ　ヘーモーン）。この σαρκὶ も σάρξ（サルクス）とい
う普通のぁの、まぁ霊に対する肉という意味じゃなくて、これは〈からだ〉
という意味ですぇ、さっきも出ましたけど。ἐν τῇ θνητῇ（エン　テー　ト
ネーテー）、ですから「死ぬべき〈からだ〉において、わたしたちを」。そ
こにイエスのいのち、復活のいのち、――言い換えては義ですぇ――義
というのが現れている。ですから、〈からだ〉、〈からだ〉というのはブルト
マンのとき勉強しましたぇ。極めて、まぁわれわれの――またわれわれの
〈からだ〉も言うんですけどぇ。それは、それだけじゃなくて――われわ
れのリアルな現実ですぇ、現実。だからそこの現実において、おいて、そ
ういうまぁ、いのちが、あるいは義が現れている。「そのために」というふう
に書いてありますけど、まぁ「現れている」。それはいつもわれわれが、
――πάντοτε（パントテ）、4章の10節の初めぇ――いつもわれわれがイ
エスの死をこの〈からだ〉に運んでいる。運んでいることによって、そこ
に、そこにイエスのいのちが現れている。イエスの死を運んでいることに
おいて、そこにおいて生が、いのちが現れている。

　で、11節も同じですょぇ。生きてる限り死に渡されている。われわれの
生というのは、死と、死に裏打ちされているわけですぇ、われわれの生、
いわゆる生はぇ。しかし、そこに、その死ぬべき私たちの体において、イ
エスのいのちが現れている。ですから、こういうまぁ、こういう所に（パウ
ロの義認論が逆説的に語られている）。まぁ啓示というのは、従ってわれ
われに、われわれの、われわれにとっては、ぁの死とかぇ、罪とか、十字架と
か、審判とか、そういうふうにしか見えない、われわれには。そこに実は
死ではなく生が、十字架、十字架が復活として、そしてまぁ審判は恩寵とし
て、そういうふうに現れている。ここ、ここで、まぁ私はぇ、まぁ、ま、実
はそのローマ書の1章を、今のところをぇ理解したということは、上のぁ
の、四角を見ればお分かりになるでしょう。このように（理解しておりま

す）。で、これがですネ、まぁあの、まぁパウロの、パウロの義認というぇ、そういうもの（です）。つまり、まぁ、そこに、パウロの義認論のネ中心を見たい。〔笑いながら〕こう思っているわけですネ。

8

［授業資料から］

挿入　補論　「パウロ義認論」（III）

ローマ 3：21-31 （唯一回性・普遍性の）神の義の啓示と認識 ἐκ πίστεως εἰς πίστιν

§1　ローマ 3：21-26　神の義（唯一回性・普遍性としての）の啓示

[21] **Νυνὶ** δὲ χωρὶς νόμου **δικαιοσύνη θεου πεφανέρωται** μαρτυρουμένη ὑπὸ τοῦ νόμου καὶ τῶν προφητῶν,
[22a] **δικαιοσύνη** δὲ **θεου διὰ πίστεως Ἰησου Χριστου, εἰς πάντας τοὺς πιστεύοντας.**
[22b] οὐ γάρ ἐστιν διαστολή,
[23] πάντες γὰρ ἥμαρτον καὶ ὑστερουνται τῆς δόξης του θεου
[24] δικαιούμενοι **δωρεὰν τῇ αὐτου χάριτι διὰ τῆς ἀπολυ-τρώσεως τῆς ἐν Χριστῷ Ἰησου·**
[25] [ὃν προέθετο ὁ θεὸς **ἱλαστήριον** (διὰ [τῆς] **πίστεως**) ἐν τῷ αὐτου αἵματι **εἰς ἔνδειξιν** τῆς **δικαιοσύνης αὐτου** διὰ τὴν πάρεσιν τῶν προγεγονότων ἁμαρτημάτων [26a] ἐν τῇ ἀνοχῇ του θεου,]

26b **πρὸς τὴν ἔνδειξιν** τῆς δικαιοσύνης αὐτοῦ ἐν τῷ νῦν καιρῷ, εἰς τὸ εἶναι αὐτὸν δίκαιον καὶ δικαιοῦντα τὸν ἐκ πίστεως Ἰησοῦ.

［私訳］

3：21　しかし、**神の義は、今（＝現実・〈からだ〉）において**（V.26）、律法とは無関係に、しかも律法と預言者とによってあかしされて、**与えられ示されている**。ἐκ πίστεως εἰς πίστιν ἐν τῷ νῦν καιρῷ

3：22a　すなわち、**神の義は、イエス・キリストという**（神の）〈**まこと**〉から、すべての人に（この神の義を）信受するよう（**与えられ示されている**）。

3：22b　そこにはなんらの差別もない。

3：23　なぜなら、すべての人は、（3：24　価なしに、神の恵みにより、**キリスト・イエスにある贖罪によって、義とされていながら**）、罪を犯したため、神の栄光を受けられなくなっている（＝神の義が見えなくなっている）から。

3：25　そこで神は、**その〈まこと〉により、キリストを、その血**において（ゴルゴタに）、**贖いの徴として立てた（史的一回性）**。それは、人間が以前に（＝時間の中で—Barth）犯した罪（＝歴史—Barth）を3：26a［神が忍耐をもって］赦すという**神の義（唯一回性としての神の義）を指し示す**ためであり、

3：26b　神みずからが義となり（第一義の神の義）、**イエスの〈まこと〉に拠る者**（＝信仰者　G3:7,9参照）を**義とされる**（第二義の神の義　後述）という神の義を今の時の中において（普遍性としての神の義）指し示すため、であった。

参考資料（πίστις Ἰησοῦ Χριστοῦ の解釈に関して）

　　太田修司　ガラテヤ書における「イエス・キリストの信実」『日本の
　聖書学 I』1995
　　太田修司　「キリストの信実によって義とされる」『福音と世界』
　1995 十月号、1996 四月号

［授業］
　それで、同じことを実は大々的に論じていると思うのが、まぁこのロー
マ書の 3 章のネ、後の 3 章のネ、（21 節からですネ）。まぁあの、我々のいの
ちというものが、まぁ生、生きて死んで行く、生まれて来て死んで行くわ
けですが、それが、それが、まぁあの、実は大いなるいのちに包まれていると
いう（ことですネ）。まぁそういうのが——まぁ今ぁの第二コリントの 4 章で
すけれど——まぁそれをやはり同じように展開してるんだろうと——ここ
（3 章 21 節以下）に——こう理解してるわけです。それで少し見て行く
ことにしましょうネ。
　ローマ書 3 章 21 節というのは、まずネ、色々ちょっと難しい、難しい
表題を書いて申し訳ありませんが、ぁの、ちょっとなんだか分からないと
思いますけれども〔笑い〕。ここもネ、基本的にはネ、ぁの、ピスティス
（πίστις）からピスティスへ、つまり神の〈まこと〉から人間の〈まこと〉
へ、神の〈まこと〉から人間の信仰へという方向にまぁ解釈して言ってい
るんですけれど。まず 31 節（21 節）ですけれどネ、Νυνὶ（ニューニ）っ
て書いてありますネ。で、まぁこれ多くは「しかるに今や」と軽くやっちゃ
うんですネ。まぁずっとその前に述べて来て、人間はすべて、すべてその罪
人、罪の支配の下にあるということを聖書を使って論じながら、長い前、
前、前置きって言うか、前書きがあるんですょ、3 章 20 節まで。3 章 21
節になると、律法の業によっては誰も義とされることはないと、そして律
法によっては罪の自覚が生ずるのみという言葉で終わって、段落が変わる
んですネ、21 節ネ。ここによって、まぁあの確かに律法というのは、罪の

自覚を深める、深めるだけ。「だけ」というのは多分これは、日本語の聖書が補ったんでしょうけど、これネ、実際そうですょ。律法によっては罪の自覚を深めるだけ。ルターがそれを強調したんですけれど、ぁの、律法とはそうだと。

　でネ、ただ言えることはネ、ぁの、よくルター派の諸君が言う、ぁの言い出すんですけど、ぁの、その罪が深い、深くなればなるほど、つまり罪、罪の意識が——まぁ罪の認識ですネ——罪の自覚が深くなればなるほど、なればなるほど救われると。だから、ぁの、だからネ、ぁの、罪の自覚が深いっていうことはいいことだというような、まぁつまり、それは次に反転して来る前提として理解するんですけどネ。ですけどネ、もしルター派の諸君がそぅ、そういうふうに言うんだったらネ、結局そりゃ律法がいいことだってことになりますょ。だって罪の自覚が深ければ深い（ほど）、深、深めれば深めるほど、それだけ人間（は）救い、救われてるんだって言うんなら、これははっきり言うと悪人正機ですネ。親鸞が浄土真宗のとき呼んだ（のはそれですネ）。もしそれが本当だとしたらネ、律法をなぜそんなにじゃあ嫌うかと。だって罪の自覚が深ければ深いほど、それだけ人間は救われてんだったら、悪人正機ですが、まさに。そうなっちゃうと、律法はいぃ、いい作用しているわけですネ。そうでしょう。人間、罪の自覚が深ければ深いほど救われるって言うんだったら、罪の自覚を深めるのはどうしたらいいかって言ったら、律法ですネ。律法（を）一所懸命やる。やればやるほど、自分が駄目だってことが分かって来ますから、かえっていいってことになる。だったら、パウロがこんなに律法を排撃する必要ないでしょう。ですから、その方向にはないですネ、パウロという人は。あくまで律法そのもので、罪が、要するに律法、律法の業によっては、あるいは律法によっては誰も救われることがないというのが20節です。3章20節です。そして3章の20節の最後は、「律法によっては罪の自覚が生じるだけだ」と言っている。そして21節になるんです。

　21節になると、これガラッと話変わるんです。律法の、「律法とは別に」と言っているんですからﾈ。そうでしょ。χωρὶς νόμου（コーリス　ノムー）でしょ。律法とは別に、律法とは別に、今において。まぁ多くこの「今」をﾈ、すぐﾈ紀元元年から30年、つまりナザレのイエスのあれに採っちゃうんですけど、ちょっとそこに行くまでに、そうすんなり早くは行きません。神の義が律法とは別に今現れているというのは、これは、これは現在完了形、「現れている」と言っている。ですから「律法とは別に」と言っているんですから、この義の理解の仕方は悪人正機とは違いますので。

　それから、浄土教の中でも悪人正機を採るのは一部の宗派です、浄土真宗を初めとして。全部の浄土教が採っているわけではありません。あれはおかしいという説も、学派も、宗派もあるわけですﾈ。

　まぁそれはともかくとして、神の義は律法とは別に、今において。で、私はﾈ――この、多くこのごくちっちゃい字でしょう、νυνὶ（ニューニ）ってﾈ。四文字ですょ。ニュンとも言うんですﾈ――これをしっかりと取りたいと思っているんです。と言うのは、26節に、26節bと書いてある――下の方に書いてあるﾈ――あの中に、この中にもﾈ、ἐν τῷ νῦν καιρῷ（エン　トー　ニュン　カイロー）、「今の時に」というこれをはっきりとνῦν（ニュン）を強く言った言い方があるんですょ。今の時に神の義がと。

　それからご存知のように、パウロという人はνῦνという、「今」という言葉を軽々しく使っていません。第二コリントの6章の初めの方（2節）には、今が救いの時、――今が恵みの時かな――救いの日とか、恵みの時とかﾈ、こういう言い方しているときに、「今」っていうのはそんな軽い意味じゃないです、これは。で、これは「今」でしょ。ですからﾈ、「今」という言い方は不思議ですﾈ。あの「今」と言っても、いつでも今ですから非常に普遍的なんですょ〔笑い〕。これ、現実ということです、「今」（というのは）。

　だってさっきもやったじゃないですか。今、私が〈からだ〉にあって
生きているという（言い方がガラテヤ書2:20に）あったでしょ、νῦνっ
ていうのがｎ。ありましたょｎ。それはキリストの神の子の〈まこと〉の
中にあるんだっていう（のが）ありましたｎ。それから、今、ｎあのすぐ
上に書いてある4章の10節、11節ｎ、第二コリントの。これだって、
πάντοτε（パントテ）、10節。11節、αεὶ（アエイ）、先頭に出ている言葉ｎ。
これはｎ「いつも」という意味です。いつもというのは「どの今も」とい
うことです。ですから、πάντοτε も αεὶ、このふたつの言葉は先頭に出
ていますけど、これやっぱり「どの今も」（という意味です）。今という
のは大体普遍的な言葉で、いつでも今ですけど、その今、つまり現実です
ｎ。この現実はいつもイエスの死をｎの帯びているというわけですが、そ
ういう今。で、そういう今に、神の義が、――今度はローマ書3章21節
ｎ――そういう今。そう、律法宗教、律法宗教ユダヤ教とは話を別に、そ
の、今、つまり我々の現実に神の義は現れているよ、というのがこの3章
21節の意味だと私は理解しているんです。ただ、律法とは別にと言った
けど、そこが分かってしまえば、実は旧約聖書に書いてある、つまり律法
と預言者、あるいは律法の書と預言の、預言者の書、預言書によってもそ
れは証しされているという、証しされているという、今度は肯定的な見方が出
るわけですけど。しかし、しかし、神の義が、神の義が、はっきりそこに
来て現れているのは今だ、つまり現実だ。こういうふうに理解しているん
ですｎ。「νυνὶ（ニューニ）っていうこんな小さな言葉にそんなに重い意味
を持たせるのは」ってｎあいうような新約学者たちの声が聞こえそうです
けど〔笑い〕。そりゃ、26節bを見れば、ἐν τῷ νῦν καιρῷ（エン　トー
ニュン　カイロー）と、今の時に神の義を、今の時における神の義を指摘す
るために、ｎあイエスがゴルゴタで死んだというような言葉が出て来るわ
けですから、ｎあ決して軽い言葉で言っているとは思えないんですｎ。で、
そこをまずそのように理解しました。よろしいですか。

140

　でこれによく似た解釈は、やっぱりぁのヒントは、カール・バルトが
やっておりまして、vuvi という（言葉について）大変長く注解をしてま
すから、まぁこれから教えられたことも事実です。しかし、読んだのはず
いぶん昔だったので、なんのことが書いてあったか忘れちゃったけど〔笑
い〕。今において、しかるに今や、神の義というものがそこ、そこに、と
いうことは現実に、パウロの用語で言えば〈からだ〉に、今わたしは〈か
らだ〉において、今わたしは〈からだ〉において生きている、あれですネ。
現実ですょ。あそこに。
　でネ、やっぱり神の義とかネ、救いとか、そのいのちとかいうのは、やっ
ぱり我々が生きている（現実の中で）——色々ネ問題にぶつかってまぁ苦
しんでいる。そしてまた病気になったり、死んだりするわけですネ——そ
ういう、そういう現実、まぁ〈からだ〉と言ってもよろしいかも知れませ
んが、そういうところに、そういうところにちゃんと救いを見なければ、
そういうところに、——それがイコール救いだと言っているようなわけで
はありませんけれど——そこに見なければ、やはり本当の宗教じゃないん
じゃないかと思うんですネ。「死んでから、あんた天国に行くよ」という
のはまぁ一般的なやり方ですけれど、多くの宗教（が）それやるわけです
けど、ぁの、そして人間の夢はネもう死んでから（と）、——それを無下に
否定することはできませんけれど——そういうふうに、いわゆる、いわゆる
なんて言うのかな、死後の生ということに、まぁ一種の幻想ならせるとい
うのは、そんなに正しい宗教だとは思えないネ。あの、やはり現実に苦し
んでいながらも、しかも喜べるというところがやっぱり宗教というもんで
あろうと僕は思うんだ、本当の宗教というのはネ。やっぱりパウロはそれ
がありますから、こうやって人を引きつけるんで、すべて「死んでからい
いことありますよ」って言うんだったら、ぁの、それはどうも、そんなに
はネ。ぁのまして現代の人は、そんなに来世なんてことを信用しない人が
大部分ですから。ぁの、まぁしかし確かにそういう希望を持つということは

悪いことであるとは思いませんし、滝沢（克己）先生なんかも、それは必ずしも──人間、これはまぁ人間の夢だけれど──まぁそりゃ全然間違いとも言えないという（ことを言ってますし）ネ、それは言えます。言えますけど、でも、もっぱらそこにもって行っちゃうっていうんだったら、やっぱりそれは本物じゃないと思うんですネ。やはり今、今において、神の義──まぁこれ救いってことでしょう。いのちってことでしょう──それが現れていると。それをやっぱり見る。これ、難しいですけれど、やっぱりそれがないと、なかなか本物にならないと思うんですネ。

　はい、それで22（節）のaはやっぱりこれは21節の補いですよネ。ですからピリオドがそこで打たれるわけですよネ、22節のaでネ、前半で。δικαιοσύνη δὲ θεοῦ（ディカイオスュネー　デ　テウー）、それは次のような神の義だって言うんです。これはまぁ動詞が抜けちゃっているわけです。それは前にあるからネ。やっぱり、それはイエス・キリストの〈まこと〉──これ、διὰ（ディア）というのは ἐξ（エックス）と同じことです。ἐκ（エック）と同じことです。前置詞ネ──から、εἰς πάντας（エイス　パンタス）、今度は信じる人すべて。πάντας τοὺς πιστεύοντας（パンタス　トゥース　ピステウオンタス）、ですからこれは、我々が1章の17節で見た、エック　ピステオース　エイス　ピスティン（ἐκ πίστεως εἰς πίστιν）の言い直しです。1章17節やまぁ18節にもよくそれをひっくり返した形で出て来るんですけど、イエス・キリストの……──まぁこれを「イエス・キリストに対する信仰」とやることをみなさんご存知ですネ、今の聖書はネ。まぁこれは太田（修司）さんなどに言って批判されているわけですけど──イエス・キリストの〈まこと〉から、〈まこと〉を通じてですネ、すべてそれを信ずる──ぁの信じ受けるという、信受という言葉を使っていましたけど──信じ受ける人へと。そういうふうに神の義というのは。ですからまぁ、これはやはりぁの21節と22節のこの部分ですネ。これは1章17節、あるいは1章16、17（節）、この言い方の言い直しですよネ。言

い直して（いるところですが）、それをこれから少し（やって行きます）。なかなか難しいんですけどぇ。後は、後は色々難しいのでまた、ぇ、I君から色々〔笑い〕批判を受けたいんですけどぇ、ぁの……。

その、22節のｂから三つはちょっとまとまっているという、と思われますので、別扱……、ちょっと段落を切っております。「そこにはなんらの区別もない」。この「区別もない」って言い方は通常は、後ろにぁのユダヤ人とギリシヤ人、あるいはユダヤ人と異邦人の区別がないと続くのが普通です。この場合はないぇ。区別がない。区別がない。「そこには」っていう言葉はぇ、ぁの日本語訳聖書に出てるんですょ。「そこには」っていうと前のものを受けるんだから、（22節 a）「神の義が、イエス・キリストの〈まこと〉からすべての人に」という（ことを受けているんだと思います）。僕は──まぁすべての人に、つまりすべての人、後で23節の主語（は）πάντες（パンテス）だからぇ、すべての人でしょ──だから、この間は区別がないっていうんだろうと思っているんですけど、つまりギリシヤ人もユダヤ人も区別がない。

「すべての人が──23節ぇ──すべての人が罪を犯した」。ἥμαρτον（ヘーマルトン）、これはあれですぇ、アオリストでしょ？　ύστεροῦνται τῆς δόξης τοῦ θεοῦ（ヒュステルーンタイ　テース　ドクセース　トゥー　テウー）、「神の栄光──神の栄光っていうのはぇ、まぁ簡単に言えば神の義ということなんですが──（を）欠いている」というふうに書いてあるんですがぇ、ぇ。そして通常のぇ訳を見ると、ちょっと23節、24節ぇ、ちょっと今の新共同訳をちょっと読んでみるぇ。23節、新共同訳はぇ、「人は皆、人は皆、罪を犯して神の栄光を受けられなくなっていますが、ただキリスト・イエスによる贖いの業を通して、神の恵みにより無償で義とされるのです」って書いてあるんですょ。ですからまぁ、通常の聖書の訳を見ますと、みんな罪を犯しちゃったと。だから、イエス・キリストが出て来て、贖いをしてくださって、そして、まぁその、罪を犯したのを帳消しに、帳消しにしてく

れたというふうな理解するんでしょうﾈ。罪を犯しちゃった。で我々は神の栄光を欠いている。だから今度、イエス様が現れて、その十字架によって義とされたというふうな理解するんだと思いますﾈ。だって23、24（節）、そういうふうに読めるでしょう。まぁそういうふうに書いてあるでしょう、訳はﾈ。

　でもﾈ、これよく見てください。δικαιούμενοι（ディカイウーメノイ）というのは現在分詞ですﾈ、24節の初め。でですからこれはπάντες（パンテス）にもかかっているわけですﾖﾈ。ですからこういうふうにも読めませんか。「ただで、——24節ﾈ——ただで、——さっき読んだﾈ。神の——神の恵みにより、イエス・キリストにおける——ἀπολυτρώσεως（アポリュトローセオース）——贖いによって義とされているすべての人間が、罪を犯した。そして神の栄光を欠いている」、そういうふうに読めるでしょ？　そういうふうにも読めるでしょ？　そうすると少しぁの、あれが変わって来るﾈ。つまり、δικαιούμενοιっていうのは現在分詞ですから、πάντεςにかかる関係代名詞なんですﾖ。まぁ現代語で訳せば、現在の西洋語で言えば。ですから、こぅ義とされている人間が罪を犯しちゃって、神の義が見えなくなっている。こういうふうにも読めるでしょ？　こういう読み方をしている人はいるのかも知れないけど、あんまり見かけたことない気がする〔笑い〕。で、その訳を書いてあるんですﾈ、僕はﾈ。変かもしれませんけど。

　でこれは実は、これはなぜそういうふうにやったかと言うと、もう初めっから10、1章の16節、17節で「人間は義とされている」というような、まぁ義とされているというようなﾈ、こういうその人間の第一義の義認ということを考えるからです。まず人間というものは神によって義と、つまり無罪と宣告されている。しかし、罪を犯しちゃったから見えないんだぞと、こういうことですﾈ。そういうふうな理解の仕方になってるんですけどﾈ〔笑い〕。ということで……。ちょっと色々弱い点はあるのは承

知しております。そういう、そういうふうな理解の方が、実はパウロの（教えを掴んでいることになる）。我々が、人間は〈まこと〉によって義とされているけれど、それは見えないということはネ、罪を犯す、罪があるからです。罪というのは、ぁの神の義が見えないこと（です）。実はそのことが、罪というものは、神の義が（見えない）。ぁの義とされていることが見えない、分からないということなんだということは、実はぁのここではやらなかったけど、1章18節以下の論旨なんです。1章18節、19節、20節っていうのはそれ（を）言っている。──そこの議論は時間がないからやらないで、いきなりこう持って来たから（分かりにくいかも知れませんが）──ですからネ、普通の神学者の見方とは違うんです。普通は、北森嘉蔵[註39]さんの神学はそうでしょう？　罪を犯しちゃいました。でもうしょうがないからイエス・キリスト様の出る幕になって、出て来ていただくと。これは、そしてそれを救ってくれたと、ぁのそういう理解（に）は立っておりません。で、これは恐らく、そういう読み方をしている背景には、もちろんぁのネ、逆の見方を（する神学者がいるわけです）。今申し上げたような見方は、大体カール・バルト、滝沢先生（がしています）、日本では。それが、大体（ふたりが）見ている見方の、が、が、パウロの理解した方向だろうと、私もですから（そう思っています）。ぁの、別に彼らに賛成したからってんじゃなくて、〔笑い〕ぁの、パウロ（を）読んでて、やっぱりそうなるだろうと思って言ってるんです。違う、違うかも知れません。パウロはとにかく……〔笑いながらの言葉が聞き取れない〕。それを最初に申し上げておくネ。

　ぁのですから、まぁぁの人間は義とされている。しかし罪を犯しちゃったからそれが見えないと。実際、自分の、自分の──ここに上の四角の中に書いてあるようなことですネ[註40]──自分のいのちが、我々のいのちが復活のいのちであるとか、我々自身が神の義であるとか、朽ち果て死ぬべき、死ぬべき〈からだ〉がよみがえりの〈からだ〉である。つまり時間が永遠

である、難しい言い方をすると。時間が永遠である。今生きてることが実は、神の恵みの中に生きているんだというようなことはですネ、罪があったら見えないんです。分からないです、それは。ですからそれが見えなくなっちゃっている。つまり神の栄光を欠いているという、そういうことがネ（罪によって起こる）。それは、人間の目が曇っちゃった。まぁ人間の目が曇っちゃったからそう見えないのか、見えないから曇っちゃったのか、まぁそれはふたつは同じことだと思いますが、そういう認識がここに語られているように思うんですが。これは間違っているかも知れないネ〔笑い〕。みんなにネ、ですから、ぁの、今どっちか決めろって言ってんじゃないよ。君たちはこれからの人ですからネ。これからの人でしょ。僕は終わりに生きているわけですから〔笑い〕。君たちはこれから、ぁの、一般のキリスト教会と違う見方をする、ネ。普通はこういう見方じゃないんですょ。ご存知のように。

　罪を犯しちゃいました。それでイエス様（が）来てくださいました。ですからこの場合のキリストというのは極めてあれですネ。ぁのナザレのイエスというのは──ちょっと後で出て来ます、ナザレのイエスの意味はネ──永遠とはもっと違ったもので、永遠のキリストというネ理解の仕方になりますが、そのように理解します。で、ですからネこういうのネ、まぁ聖書解釈の──ある意味でネ──ぁの厳しさと言うか、面白さでもあるわけですょ。それ（を）やらないで色んな欧米の学者の神学書を読んでいると、いつまでたってもぁの、日本は駄目。日本の教会も神学も、ちゃんとやっぱり──僕の読み方（は）間違っているかも知れないけど、でも、ぁの、間違っているってきっと言うょ、最後まで〔笑い〕。でもネ、でもネ──やっぱり聖書の文言を読みながらネ、やっぱりこういうのをネ何十年って考えて来たんだょ。分かんなくても、ずっと〔高笑いする〕。昔から言っていることではないんだょ。最近こう、どうもこうじゃないという見方を、そんとき申し上げとくネ。

〔学生からの質問が出る〕

［小川］　はい、どうぞ。

［質問者］罪を犯してしまったので、罪を犯してしまったので見えないと
　　　　　いうことですけど、罪を犯してしまったということで、行為とし
　　　　　てなにかこう……？

［小川］　ぁのそれは聖書の物語で言えばﾈ、ぁのアダムの堕罪とかあるで
　　　　　しょう？　あぁいうとこなんですけど、人間、まぁ個人史的に考
　　　　　えた場合は、明らかにそんな自覚的な行為をもって堕落しちゃっ
　　　　　たっていうようなことはないと思うんですﾈ。いつの間にかそ
　　　　　うなっちゃってる。やっぱりこれは一種のぁの我が正面に出て来
　　　　　ちゃうと、これは見えなくなっちゃうんですﾈ。今我々の、生き
　　　　　てるということは、不満で不満でしょうがなくなっちゃいますか
　　　　　ら、これが恵みだととても思えないですから、それがいつなっ
　　　　　ちゃったのかっていうのは、本当に分からないﾈ。だから人間っ
　　　　　てのは、こう……。それをその非常に物語ふうですけど、旧約聖
　　　　　書（は）うまく書いてるじゃないですか。アダムとエバのﾈ、知
　　　　　恵の木の実を食ったっていうのは。あれくらい深い物語はないで
　　　　　すﾈ。だけどあぁいうふうに、あるとき、ぁのなんかの出来事
　　　　　でなった、〔笑い〕というようなことはちょっとそれは分からな
　　　　　い。だけど、やっぱりそうなんだﾈ。罪にどうして、まぁﾈ、罪の
　　　　　世界に落っこっちゃったかっていう（理由はちょっと分からない
　　　　　けど）、ただ事実としてそうなんだﾈ。

　　　　　　まぁぁのこれﾈ、実はローマ書の1章20節にﾈ、τὰ γὰϱ
　　　　　ἀόϱατα αὐτοῦ（タ　ガル　アオラタ　アウトゥー）という言葉があり
　　　　　まして、「神の見えない性質は」って訳すんですけど、まぁこれも
　　　　　神の義なんですﾈ、実際は。神の義は天、この天地の 開 闢 以来、
　　　　　天地の創造以来、被造物においてはっきりとある。しかし、しか

し、それはその、その、εἰς τὸ εἶναι αὐτοὺς ἀναπολογήτους（エイス　ト　エイナイ　アウトゥース　アンアポロゲートゥース）──「彼ら」、「彼ら」っていうのは、これ、ぁのそれを受け入れない人ですけど。受け入れない人、全員ネ。全員がそうなんだと──それが、その、ἀναπολογήτους（アンアポロゲートゥース）で、ぁの申し訳が立たないって言ってんですネ。ぁの、神の義というのは、天地開闢以来、被造物においてちゃんと認識できるというのは、被造物にちゃんとあるという（ことです）。これパウロの言い方です、20節ネ。しかし、それが認識できないのは各人の責任だぞと、こういう言い方ですから、罪に落っこっちゃったのは各人の責任だと、こういう言い方です、ぁの、パウロは。だから、言い訳、ぁの申し訳はできないよと。非常に厳しい言い方ですが、これは僕は正しいと思うんですネ。

　ぁの、まぁこういうときに例を挙げて悪いけれど、親鸞聖人などはどっちかと言うと、人間は業世界に落っこちちゃってて、ぁの、これは人間がどうにもならないことだということで、罪に対して極めて寛容的な態度をとるんですけど、そうじゃないですネ。罪はあんたの責任だぞって言って来るわけです。本当は見えている。神の義は、人間被造物に天地開闢以来ですょ、天地の創造以来与えられて、そこにちゃんと認識できるっていうのは、ちゃんと啓示されているってことです、それは、逆に言うと。啓示されている。だけど、それが見えないのはあんたたちの責任だと。つまりそれは罪を犯しちゃったんですから、罪を犯したのはあんたの責任だぞと。私は罪人だ、私は罪人だ。私は罪人なのだから、これはもう人間は仕方がないんだという見方が浄土真宗の見方です。でこの見方が、日本人の思考を一般に浸透しちゃっているものだから、日本のキリスト教会はヒュイッと乗っちゃうんです

ょ。しかし、全然そういうことじゃないです、パウロは。それは
あんたの責任だ。でこれはぁの、罪を犯したのは人間、確かにと
んでもない罪を犯しちゃうんですが、それはもう人間の業<rt>ごう</rt>であっ
て、親から子へ、子へ、子からさらにその子へと伝わって来た一
種の業が、もうどうにもならなくなって罪を犯すんで、まぁ罪人
に対して非常に柔らかい見方を持っているわけですが、パウロは
そういうときにきついですぇ。これはお前の責任だぞ、と言って
来るわけです。それは、ἀναπολογήτους（アンアポロゲートゥー
ス）、彼らは申し訳が、申し訳が──ἀναπολογήτους、申し訳で
きないって意味ですぇ──申し訳できないっていうのはお前の責
任だって。

　ですから元来は見える。ちゃんと見える、人間が、人間が、義
が与えられていることは。でもそれが見えないのはお前の責任だ
と、こういう見方で一貫しているわけです。ですから、彼は罪を
強調したりということはしませんし、律法（を）ゃっては、やった
ら罪の自覚が生ずるのみ。その罪の自覚から救いが出るんだっ
ていうような議論は持って来ないわけですぇ。全然別なの。そう
じゃない。そうじゃない。現実を見れば、神の義はちゃんとそこ
にある。来ている。ちゃんと啓示されている。こういう見方です
ぇ。これはどちらかと言うと、禅宗の見方ですぇ。彼らは、そん
なに人間の業とかなんとか全部妄想、人間の、てめえ勝手な妄想
と言いますから、その点の厳しさではまぁ禅宗の見方に近いと思
うんですけれど、ぁのそれが、ぁのネ、ここでもぇ。神の義、神の
義はちゃんと──ここでは、ですから Νυνί（ニューニ）に見たん
ですけど、それがぇ26節にも出て来ますけど──神の義という
のはそういう意味では、すべてイエス・キリストの〈まこと〉か
ら、それを受け取るようにすべての人に与えられている。で、そ

の間にその区別はないって言うんですネ。ですから、キリスト者には与えられているけど、非キリスト者には与えられていないとかネ、そういうことは言えない。すべての人間が義とされているけれど——24節ネ——すべての人間は義とされ（ているが）、ぁっ、義とされているすべての人間が罪を犯しちゃったんで、神の栄光を欠いている。神の義が見えなくなっている。こういう言い方をしているように思うんだけどネ。

　みなさん、ネ、すぐには受け入れられないかもしれないけど〔笑い〕、よく考えてみて。まぁせめて、ぁの君たち、これからキリスト教界を背負って立つ人にまぁ宿題を与えているわけですょ〔笑い〕。

〔ここで質問に対する答えが一応終わる〕

　はい、それでもう少し先に行きますと、25節、ここは難しいところです。大きな括弧に入れましたネ。これは、今日の新約学会がほぼ一致して認めるとこだと思います。これは、パウロが当時のキリスト教の教会の科白を引用したんだ、という（ふうに）言われている所です。ブルトマンはもう少し先まで、もう少し前までぁ取り入れていますが、今の新約学会は、この25節は大体パウロが当時のキリスト教会の言葉を（引用したと考えています）。

　というのはネ、その理由は他では使われていないんです、これらの単語は、パウロの書簡で（は）、ネ。そういうこと。ただし、ぁの25節の中で、小さな括弧にした三語ありますネ。διὰ τῆς πίστεως（ディア　テース　ピステオース）、これはパウロが入れたんだと言われています。色々なこと分かるんだネ、新約学は〔笑い〕。後はネ、大体ぁのパウロの用語じゃないんですょ。それでこれはどういうかと言うと、ὃν προέθετο ὁ θεὸς（ホン　プロエテト　ホ　テオス）、「神はキリストを……」、ἱλαστήριον（ヒラステーリ

オン）、これは普通は「贖いの供え物」と訳しますぇ。贖いの供え物と日本の聖書はそうなっていますが、これはある英訳聖書にならって「贖いの徴」として訳しました。διὰ τῆς πίστεως、これも〈まこと〉と訳した方がいいように思うので、「神が（その〈まこと〉により」となります）。無理ですょ、日本の、信仰によって受くべきどうのこうのっていうような（訳をしている）日本の聖書は。RSV[註41]なんかの真似で訳すんですけど、これは「〈まこと〉により」がいいですぇ、神が主語ですから。信仰によって受くべき贖いの供え物がどうのこうのってのは無理だと思うぇ。〈まこと〉により、つまり神の〈まこと〉です。神の誠実さ、真実さによって。

　その次ぇ、ἐν τῷ αὐτοῦ αἵματι（エン　トー　アウトゥー　ハイマティ）、これもパゥ、非パウロ的の用語と言われているんですぇ。彼の血。まぁ αἵματι というこの、「この血」という言葉は他にも登場しますけれど、まぁあんまりパウロでは多用（されません）。むしろパウロは十字架と言うんですぇ。「血における」ですから、これは明らかに私はゴルゴタを言っていると思います。つまりナザレのイエスの死ですぇ。それを、それとしてまぁ立てたと。

　でその次ですぇ。εἰς ἔνδειξιν（エイス　エンデイクシン）と書いてあるでしょ？　これはぁの、まぁ、それは指し示すためだと、次の言葉を。ですからナザレのイエスのゴルゴタ、いわゆる歴史的な事実。これはあったことですぇ。ぁの他の歴史書に書いてあるんですから。これは次のことを「指し示すためである」。εἰς ἔνδειξιν、指だ。なんの指かと言うと、τῆς δικαιοσύνης αὐτοῦ（テース　ディカイオスュネース　アウトゥー）、「神の義を指し示すためだ」と。ぇ、神の義を指し示すためだと。で、この場合の神の義の意味は、その神の義の意味が後に書いてある言葉だと思いますぇ。διὰ τὴν πάρεσιν τῶν προγεγονότων ἁμαρτημάτων（ディア　テーン　パレスィン　トーン　プロゲゴノトーン　ハマルテーマトーン）、すでに犯された様々な罪の、赦す、この赦しという——「罪の赦し」という言い方もパウロ

ではやらない言い方なんです。これは引用だから。パウロの場合は「神の義」という言い方をするんで——まぁ罪の赦しという言い方は、まぁ共観福音書のような言い方はしないわけですぇ。ἐν τῇ ἀνοχῇ τοῦ θεοῦ（エン　テー　アノケー　トゥー　テウー）、26節の初めまではそうですぇ。ἐν τῇ ἀνοχῇ τοῦ θεοῦ、神の忍耐によって赦す。神の忍耐によって、すでに犯された様々な罪——この複数形もそうですぇ。パウロは大体単数形で使うと言いますが——の赦しの、赦しという、そういう神の義を示すためであると。ですからまぁぁの、現代の新約学者から言うと、これは本来のパウロのものではないから（こういう解釈になるわけです）。まぁ今まで人間（が）色んな罪を犯しましたぇ。それをイエス様があそこで、十字架にかかってお赦しになってくださったんだという、それ、そういう意味の神の義だというふうに理解するんでしょうが、でそれを示すためであると。で、この理解は従って、まぁ本来のパウロ的なものではないと。つまり、つまり当時のキリスト教、まぁもうひとこと言っちゃえば、当時の通俗キリスト教の言い方、神の義という言い方を記したものだと、まぁそういうのが一般の受け止め方ではないかなと思います。そうかも知れません。多くの新約学者がそう採っておられるのですから、そうなのかも知れません。

　であの、この訳ぇ、みんな（の資料）に書いてある、出した訳はずいぶん難しい訳ですけど、これはぁの、この、「人間が以前に」と言って、その次、括弧して「時間の中に」というふうに採ったのは、これはバルトの解釈をちょっと紹介したんです。バルトはぁのこういう新約学者たちの解釈を、まぁ別の見方で解釈してるんですぇ。人間が以前に犯した罪というのは、人間が時間の中で犯した罪（のことです）。この罪も「歴史」というふうに採っていますから、人間の歴史ってのは様々な罪なんだぇ。じゃないとおかしなことにはならない。罪全体があれだぇ〔笑い〕。これは、あの、まぁぇ、組織神学者ですから、そういう理解でしたけど。これもぇ、なにも新約学者だけの理解じゃないですから、聖書というのは。それを紹介する

ためにちょっと書いておきました。

　そうするとﾈ、これはそうすると、バルト的な見方から言うと、これは、新約学者は「時間の中にあって」（をどう解釈するかとなると）、今まで犯した——時間の中であってﾈ——今まで犯した（罪と理解します）。だからちょうど今日は 1900…、2007 年の 11 月の 10 日ですが、今までと言うと、時間、時間軸の中の今までですﾈ。彼の見方はそうじゃなくなっちゃってて、ｱの見方が変わっちゃってて、まぁ永遠から時間を見ている。時間、だから明日もあさっても含めちゃってんですｮ。それを「以前に犯した」って（言うんです）。つまり時間軸全体は、過去から無限の未来に向かって、こぅ、線、線のように伸びているわけですけど、そして我々はその中にいるわけですけど、そして「昨日だ、今日だ、明日だ」っつっているわけですから。そうじゃなくて、時間軸そのものを永遠から見ると、それは以前だと。つまり時間のことを永遠から見ると、過去形で表現している、こういう見方なんですﾈ。そうすると、そぅすると、人間の歴史も——人間の歴史と言っても、今までの歴史ではなくて、これからも人間は生きて行く限り歴史を作って行くんですﾈ。これも全体に言っている——全体の人間の歴史が神の義、つまりまぁ赦しの中にあるんだという、そういう見方をしている。そうしますとそれは、ｱの時間軸の中でしか考えていない一般の聖書解釈者たちと違った見方をしているわけですﾈ。

　で、これ、こういうような見方のことを、まぁ「唯一回性」と言うわけです。これだけではありません。これはガラテヤ書の 4 章に来るときに、みなさんに言わなければならないので、一応これ、説（明しておきます）〔板書する〕。こういう考え方は、まぁあまり、どちらかと言うと新約学者ｶﾞ、は得意としない見方なんですﾈ。〔再び板書しながら〕しかしこれはﾈ、なにも西、カール・バルトがどうのこうのじゃなくて、西洋の神学は一般的に長いカトリックの神学の歴史がありまして、この唯一回性っていうのは、——神の義の唯一回性と言うか——イエス・キリストの出来事の唯一

回性というのは、重要なキリスト教の解明する、特にパウロ書簡なんかも解明する重要な鍵なんです。これはぁの、新約学をやる人も知っておいてください。

　で、これは後で出て来ますので、その時詳しく説明しますけれど、ぁの、実際パウロのネローマ書の6章の10節かな、ἐφάπαξ（エファパックス）というギリシヤ語があるんです。ただ一度キリストが死んだのは、ただ一度罪に対して死んだんだという言葉がありますが、あそこから来てんですネ。ἐφάπαξというギリシヤ語なんですが。これはパウロは数回しか使ってないんですが、実はこれを大々的に使ったのはヘブル書なんですネ。ですからこのヘブル書の影響が後世に与えまして、まぁトマス・アクィナス註42)という人が――カトリック神学の大御所ですょネ――この人なんかがぁの、神学の――神学だか哲学だかよく分からないですが――中心概念のひとつにもなっているわけです。で、ですからカトリックなんかもこういう理解はネ、プロテスタントよりもちゃんとしてんのかなと思うんですけど、パウロ理解、キリスト教理解にとって重要な概念なんですネ。ですからこれは後に――まぁただ我々はプロテスタントですから、聖書に即してやる――思弁的にどうのこうのとやりたくないんですけど、申し上げておきます。ただ一回の出来事、イエス・キリストの出来事というのはただ一度。

　ただネ、これを粗野に解明しようとすると、あの紀元元年から紀元30年、これだけが絶対で、これだけがただひとつっていうふうに理解しちゃうと、まぁ普通のキリスト教会で言っているようなことになっちゃうんですけど、そうじゃなくて、紀元元年から紀元30年、――まぁイエスが生まれたのはもうちょっと前ですけど――ぁの、このイエス、ナザレのイエスの一生というものは、ぁの、これはまず歴史から見れば歴史的な一回性ですネ。ですから歴史家はこれ、絶対化しませんから。イエスが十字架につけて、かけられてぁの死んだってことは書いてあります。復活したってこ

154

とは、歴史の書物には書いてないぇ〔笑い〕。どれも認めないですから。あの、そのイエス・キリスト、いや、まぁ歴史的な出来事っていうのはすべて一回、一回的なわけですけど、この歴史的な一回性というものが、実は、実はある根本的な出来事、——根源的な出来事っていうのがイエス・キリストの出来事ですが——その出来事は唯一回、ただ唯一回性ということを指し示しているという重要なことは忘れてはならないわけで、まぁそれを、まぁ私が 25 節（で）——これはぇ、ここにこれを見るのはちょっと無理かなとも自分でも思っているけどぇ、〔笑い〕実は—— 一応、まぁ今日お話しした程度じゃまだ分からないかと思いますけど、申し上げておきます。唯一回性は次回ぐらいのときに授業でできると思いますけど——まぁもっと後かな——12 月にはできると思いますけど。どうしてもそれがないと、パウロってのは分からないところがあるので、その見方（について少し説明しました）。

　それから、もうひとつが 26 節の b ですぇ。まぁこれが主眼だろうと僕は思うんですが、これは大体パウロなんです、26 節は、26 節はぇ。26 節はパウロの（主眼が書いてあるところです）。それはギリシヤ語で言うと、26 節の少し入った προς την ενδειξιν（プロス　テーン　エンデイクシン）、これ同じようにやっぱり指である。δικαιοσυνης αυτου（ディカイオスュネース　アウトゥー）、神の義の εν τω νυν καιρω（エン　トー　ニュン　カイロー）、さっきも言いましたように「今の時における」、ぇ。ですからこれ現実ですょ。今、今の、今の中に、つまり我々の現実の中に神の義があるということを指摘するためである、あのゴルゴタは。そして、εις το ειναι αυτον（エイス　ト　エイナイ　アウトン）、これも、これはもう明らかに神の義の説明ですぇ。パウロ的な神の義ですぇ。神が義であり、神が義であるということは、神が我々を裁くと共に赦すという、あの審判即恩寵と言われる（あれです）。そしてイエスの、イエスの〈まこと〉、イエス・キリストの、まぁキリストの〈まこと〉ですぇ。それに拠る者を義とする。

これはローマ書の4章で問題になるんですが、そういう神が、神御自身が義であり、イエスの信仰、——イエスの信仰と言うか——イエスの〈まこと〉に依拠する人間を義とするという神の義が ἐν τῷ νῦν（エン　トーニュン）、今の時にあるんだと。その指摘である。まぁこういうふうに読めるわけですぇ。

　そうしますと、まぁぁの「今の時における」、まぁぁのこれ（は）普遍性（です）。今の時っていうのはいつでもそうですぇ。今の時、今の時における神の義、まぁ今が神の義だっていう（ことです）。今が救いだ。これが、これを示すためであると。ですから、まぁこちらの方が——新約学者たちの言うように——こっちの方がパウロで、25節は伝統的なキリスト教の理解というふうにしますと、パウロの方の、パウロの本来のまぁ意図はこっちだったのかな、とも採れますょぇ。それは神の義というのが現実の中にあるんだと。それを示す、示すのが、示したのがナザレのイエスの十字架だ。であの、ここではぁのゴルゴタの血、まぁパウロは大体十字架を挙げることが多いわけですが、パウロにとってはぁの、イエスが甦ったというのも歴史的な事実なんですょ。現代人は、現代人にとっては、それはもう歴史的な事実とは信じられなくなっていますけれど。ですからパウロにとっては、十字架にかけられた者は復活したというのは、歴史的な事実だったわけでしょう。ですから、その、それは、そういうナザレ人イエスの十字架と復活は、いずれもそういう神の義が——今の時間ならぇ——神の義の普遍性（がある）。どの今も、ってことですから。それを示す指だというふうに理解したのではないかなと思うんだけどぇ。でいずれにしても、まぁこの指し示すというのはまぁ証しすると言ってもいいわけで、これはそうなって来ると、いわゆる直接の啓示、神の義の啓示っていうのはあくまでも今なんですぇ。あくまでも今なんですょ。今の時なんですぇ。そこに現れている。で、イエスの十字架と復活というのは、それを指し示す指だというわけですから、で、そうすると今において、今において、今

の現実のネ、我々のこの厳しい現実というまぁそういうところに神の義が現れているんだと。

　で、翻って、そうするとそれは、それはあくまで啓示ですから、啓示というのは必ずノックしているわけですから、認識することを求めているのですネ。従って26節まで言っておいて、27節、28節になって来ると、まぁ神の義の認識と、それが出て来るわけですネ。まぁ従って我々はさっきぁのガラテヤ書の2章の16節のところでεἰδότες（エイドテス）とかネ（確認しましたけど）、見る、見るっていうのは認識ってことでしょう？　信ずるというのも、まぁそういう意味ではネ、認識という意味を持っているわけですから、それがここで登場するわけですネ。だから全体として神の義の啓示と認識というのが、このローマ書3章のこの問題の段落の主題なわけですネ。そういう意味では、まぁ神の義の啓示と認識というそういう表題をつけたわけです。

§2　ローマ3：27-28

［授業資料から］
ローマ3：27-28　神の義の認識

^{27} Ποῦ οὖν ἡ καύχησις; ἐξεκλείσθη. διὰ ποίου νόμου; τῶν ἔργων; οὐχί, ἀλλὰ διὰ νόμου πίστεως.
^{28} λογιζόμεθα γὰρ δικαιοῦσθαι πίστει ἄνθρωπον χωρὶς ἔργων νόμου.

　［私訳］
　3：27　すると、どこに誇りがあるのか。**誇りは排拒された**。いかなる律法（＝秩序・地平・立場・次元）によってか。行いの律法（トーラーを行うという立場・宗教的人間の地平・神に対する熱心）によっ

てか。そうではなく、〈まこと〉の律法によってである。

　3：28　わたしたちは、人が義とされる（宣せられる）のは、（ただ）〈まこと〉によるのであって、律法の行いによるのではない、と**認識する**。

［授業］

　そして神の義の認識の方ですが、27節、Ποῦ οὖν ἡ καύχησις（プーウーン　ヘー　カウケーシス）、「誇りはどこにあるか」。これ、いきなり「誇り」って出るんで、非常に、この、あの、まぁ戸惑っちゃうんですけドぇ。これはまぁぁの第二コリントのぇお仕舞いの方、10章、11章、12章、13章という「涙の書簡」なんて言われて、パウロというのは実に誇りということを問題にする人で、まぁこれは明らかに宗教的な誇りですぇ。フィリピ書にあるでしょ。あの、自分は……その、あれですぇ。〔しばらく沈黙〕まぁ非常に誇り高い人で、ユダヤ教（を）やっていたとき、まぁだれにも負けなかったし、そういう意味ではこういう宗教はやっぱりやればやるほど誇る宗教ですぇ、あの、ユダヤ教のようなタイプは。あの、業によるあれですから。それで、あの、フィリピ書にぁる、ありますぇ。3章かな……、〔しばらく聖書をめくる音がし、『新共同訳』からの朗読〕「とはいえ──3章4節に──とはいえ、肉にも頼ろう──これは肉というのはユダヤ教（は）律法の業も肉と言ってんですぇ──とはいえ、肉にも頼ろうと思えば、わたしは頼れなくはない。だれかほかに、肉に頼れると思う人がいるなら、わたしはなおさらのことです。──こういうのは誇りですぇ──わたしは生まれて八日目に割礼を受け、イスラエルの民に属し、ベニヤミン族の出身で、──こういうのはなんか誇りなんかぇ──ヘブライ人の中のヘブライ人──「江戸っ子だって。神田の生まれよって」〔笑い〕、というようなことでぇ。京都ならどこなの？　どこの生まれがいいの？〔高笑い〕知りませんけど。四条河原町ですか？　まぁ分かりませんけど。「俺

158

はぁの江戸っ子よ。神田の生まれよ」って言うんですぇ――ベニヤミン族
の出身で、ヘブライ人の中のヘブライ人です。律法に関してはファリサイ
派の一員、――パリサイ人ですぇ――熱心さの点では教会の迫害者、律法
の義については非のうちどころのない者だった」って言うんだから、これ
はぁの、律法ができなくて、罪の意識に駆られてイエス様を信じたという
ような、通俗的なパウロ、パウロ像とは全然違いますょ、これ。「しかし、
わたしにとって有利であった」っていうのは、これはぁの、ユダヤ教では
こういうことはあれでしょ、功績ですからぇ。「有利であったこれらのこ
とを、キリストのゆえに損と思うようになった。そればかりか、わたしの
主キリスト・イエスを知ることのあまりのすばらしさに、今では他の一切
を損失とみている」。「損失とみている」というきれいな訳（が）書いて
ありますけど、これ、ぁの、「くそくらえ」っていうような言葉ですぇ〔笑
い〕。それだって、ですから、ぁの元もとこういう非常にユダヤ教（を）やっ
ていた誇り、宗教的な誇りですぇ。こういう業をやる宗教はみなそうです
ょ。ぁの、そりゃ、修行タイプの宗教はみなそうなっちゃいますょ。そう
すっと、かえってとんでもない人間（を）作っちゃうんですぇ。

　（27節）「すると、どこに誇りがあるのか。誇りは排除された。――
ἐξεκλείσθη（エクセクレイステー）、ぇ――いかなる律法によってか。行いの、
行いの律法によってか。そうじゃなくて、〈まこと〉の律法によってであ
る」。まぁこれ、信仰の法則っていうのは元もと無理がある訳で、〈まこ
と〉の法則、律法によってである。だから〈まこと〉の律法によってユダ
ヤ教を排、排拒した。排除した、ぇ。ぁの、僕はさっき、「律法によって律
法を」っていうのはこう意味を取って、意味を変えてぇ、ちょっと無理が
あると言いましたけどぇ〔苦笑〕、ぁの、こういうところをあれしてるわけ
（で）、（こういう理解）からやっているわけ（です）。その、〈まこと〉の律
法によってである。でこれはぁの、その次が問題ぇ。でもこれは前提です
ょ、やっぱり28節の。

　(28節)「わたしたちは、人が義とされるのは、ただ〈まこと〉による
のであって、律法の行いによるのではない、ということを認識する」と、
こうしましたぇ。今の聖書もなんて書いてあるかって言うと、こう書いて
あるんだょ。3章、ローマ書のぇ。ローマ書3章28節、〔聖書をめくる〕。
27節から読みます。「では、人の誇りはどこにあるか。——あぁ、人の
誇り。『人』を入れてるぇ。前の訳は『誇り』と（ある）だけだった——
それは取り除かれました。——これはいいですぇ。前はとんでもない訳
でちょっと〔笑う〕ぁの変でしたけど——どんな法則によってか。行いの
法則によるのか。そうではない。信仰の法則（によってです）。——まぁ
これは νόμος（ノモス）という言葉をこういうふうに訳したんですけどぇ
——（28節）なぜなら、わたしたちは、人が義とされるのは律法の行い
によるのではなく、信仰によると考えるからです」。「考えるからです」っ
て書いたら個人的な意見みたいですぇ。ぁの、前の訳は「わたしたちは、
こう思う」ってんで余計いけない。わたしたちはこういう意見だと、そ
ういう意味じゃないでしょ、これ。ぁの、これは元もと λογιζόμεθα（ロ
ギゾメタ）、λογίζομαι（ロギゾマイ）という言葉で、これはローマ書6章で
は、ゎたしたち、「わたしは認める」という訳になっているんですぇ。これが
正しいんです。だからこれも「わたしたちは認める」（が正しい訳です）。
人間は〈まこと〉によって——まぁ場合によっては「信仰によって義とさ
れる」ですか、今の訳はぇ——ということを、ことを、分かったと言うんで
す。ですからこれはぁの、あれですょ。さっきやったガラテヤ書の2章16
節から言ったら最初の εἰδότες（エイドテス）、ぇ。ということを認識（した
と）、神の義の認識を言っているわけですぇ。人間が義とされている。そ
れはもう律法、律法の業なんかより先立って、律法の業なしにということ
です。だから律法の業に先立って、人間はすでに義とされているというこ
とが分かる。これが大変なんですぇ。
　ですから、まぁこれはぁのルーテル教会の看板の科白ですぇ。ただこれ

を例によって、「人間の信仰によって」っていうふうに、それにさらに
前に only をつけて「ただ信仰によってのみ」という（ふうに）訳したわ
けですネ。まぁこれはルター訳を見たらぁのallein（アライン）というドイツ
語が書いてあるんですけど、英語で言うと only。only by faith。まぁこの
only は入れたらいいと思うんですネ。ただこの faith を人間の意味に採っ
ちゃうと（おかしなことになる）。ルターが必ずしもそう採っているとは
思えないんですけど、まぁ「ルター」って言ってますから、ルーテル教会
の……。なんか、なんか、さっきなんか、I 君が持って来てくれた（本の）
これには、やっぱり太田（修司）さんが書いてるネ。「ルターが」って
書いてるのを読んだけど、そうすると、信仰によってのみ義とされる、信
仰は決断であるってなことになると、なんてことない。自分の決断によっ
て救われると（いうことになる）。個人的に思っているのは勝手ですけど
ネ〔笑い〕。これはぁの、λογιζόμεθα（ロギゾメタ）、そういう私たちはこ
う思うとか、と（いう）考えですとかいうんじゃないと思いますょ。そう
いうような訳をやっているのは、日本の聖書だけじゃないかな。分からな
いけど。独訳もちょっと見ていないから分からないけど、そういうこと
じゃなくて、これは神の義の認識ですネ。だから僕は「と認識する」と、
わざわざ漢語を使いましたけど、まぁ「ということが分かる」ということ
ですネ。「わたしたちは、わたしたちは、人が義とされる、義と宣せられるの
は、ただ〈まこと〉によるのであって、律法の行いによるのではない、と
認識する」。

　さあこれでまぁ、統一的には神の義の現実における、あるいは今におけ
る啓示。そして神の義の（現実を）そこに、そこに、我々はそのやっぱり
神の義を見つける、ネ。まぁパウロ的な言い方で言えば、〈からだ〉におい
て、わたしの死ぬべき〈からだ〉において、まぁ、それに気づくということ
で、まぁ、パウロの義認論の、まぁ、まぁ私なりの理解をネ、みなさんに今
日お伝えしたかなと思うんですけど。

§3　ローマ 3：29-31

[授業資料から]
ローマ 3：29-31　〈まこと〉は唯一普遍のロゴスでありノモスである

^{29} ἢ Ἰουδαίων ὁ θεὸς μόνον; οὐχὶ καὶ ἐθνῶν; ναὶ καὶ ἐθνῶν,
^{30} εἴπερ εἷς ὁ θεός ὃς **δικαιώσει** περιτομὴν **ἐκ πίστεως** καὶ ἀκροβυστίαν **διὰ τῆς πίστεως.**
^{31} νόμον οὖν καταργοῦμεν **διὰ τῆς πίστεως;** μὴ γένοιτο· **ἀλλὰ νόμον ἱστάνομεν.**

[私訳]

3：29　それとも、神はユダヤ人だけの神であろうか。また、異邦人の神なのではないか。確かに、異邦人の神でもある。

3：30　なぜなら神は唯一であって、割礼ある者を〈まこと〉によって義とし、また、無割礼の者をも〈まこと〉のゆえに義とされるからである。

3：31　すると、〈まこと〉によって、わたしたちは律法を無効にするのか。断じてそうではない。かえって、（〈まこと〉の）律法を確立するのである。

[授業]

まぁ3、3章29節です。30節、31節、ちょっと残ってますネ。これもちょっと読んでおきます。こちらの方が重要だという一説もあるんですから。「それとも、神はユダヤ人だけの神であろうか。また、異邦人の神なのではないか。確かに、異邦人の神でもある」。いいですネ、この、ほんとに、これ。

162

　(30 節)「なぜなら神は唯一であって、割礼ある者を〈まこと〉によって義とし、また、無割礼の者をも〈まこと〉のゆえに義とされるからである」。これは、ぁのまぁ δικαιώσει（ディカイオーセイ）は、「この 30 節の δικαιώσει は未来形であって」っていう議論が色々あります。そういう議論には今入りませんが、ぁのネ、これぁの、多く（の）、例えばブルトマンによって代表されるような西洋のキリスト教の理解は、「割礼ある者を〈まこと〉によって義とし」って言っているのは、ユダヤ人クリスチャンのことを言っており、「無割礼の者を〈まこと〉によって義とされる」っていうのを、これは異邦人キリスト者のことを言っているんだと、こういうふうに採っちゃうんですけれど、そうですかネ。これは神は、そうすっと、神はキリスト者だけの神ですか？　ユダヤ人だけの神って（いうことと）同じことですょ。僕はこれはやはり第一義のピスティス（πίστις）で、「すべての人を」という意味だと思ぅ。割礼ある者か、割礼ない、無割礼の者か、ですけれども、人間というものは。（でも）両方とも義としている。ただもちろん、それに気づいた人をクリスチャンと呼ぶわけですけど。ぁの、気づくのはなかなか大変ですょ。ネ、さっき言った λογιζόμεθα（ロギゾメタ）。しかし、「ネ神は、神は唯一であって」っていうのはここに書いてあるでしょ？　εἰς ὁ θεός（ヘイス　ホ　テオス）、神は唯一の、30 節。これは、ブルトマンが言うように、これは異邦人キリスト者、そしてこっちはユダヤ人キリスト者っていうと、キリスト者だけの神、神は唯一でもなんでもないということになりませんか。どうも西洋のキリスト教ってのは、そういう匂いが強いように思うんだょネ。3 章 31 節、「すると、〈まこと〉によって、わたしたちは律法を無効にするのか。断じてそうではない。——ここも——かえって、〈まこと〉の律法を確立するのである」。ここもこの律法を、……〔聞き取れない〕ですネ。律法はイエス・キリストの〈まこと〉、それを律法。そして片っ方は……〔少し考えながら間を置く〕モーセ律法、……。ちょっと待ってょ。ちょっと

待ってょ、そうじゃないか。両方ともそうか。_{律法}「そもそも律法というのを廃止するのか。断じてそうではない。かえって、〈まこと〉の律法を、キリストの律法を確立するのである」と思い切って訳してみました。これは、〔苦笑〕これもネ……、そういうふうに訳すとネ、ぁの実はローマ書2章で「律法によって義とされる」という言葉が、_{言葉が}出て来るんですが、パウロは、「信仰によって義とされる」（ということ）だけ言っているんじゃないょ、パウロって人は。2章（13節）で「律法やった人間が救われる」って書いてあるんですから〔笑い〕。_{その、ぁの、}そのときも、これに来きますネ。その場合は福音という律法です。そのようにかなり言葉が輻湊してますから、なかなか一筋縄ではいかないんですネ。

　と言って、まぁ下手くそな義認論を今日はみなさんに披瀝して、みなさま方を混乱させたかも知れないですけど〔大笑い〕、時間が来たんでネ。ぁの、太田（修司）さんの論文はこの次やろうネ。どうもありがとう、わざわざネ。太田さん、色々書いてますから——僕も全部は見ていないんですけど——いくつか集めたんですけど。うちの学校はキリスト教主義の学校ではないので、資料がないんですょ。でネ、三鷹のルーテル学院大に行けばあるんですけどネ、遠いので……。こっちの大学の方がいいですネ、揃っててネ。じゃ今日はここまで。

§4　太田修司氏の論文

　それでですネ、こないだの太田修司さんの話ができなかったので、そしてぁの実は、I君から（が）送ってくだ（さった）——これ、『日本の神学』じゃない。『日本の聖書学』^{註43)}、ネ——（その雑誌に）載ってる彼の論文を読ませていただいた（んです）。非常に分かり易く良く書いてあるので、こっちをテキストにしたいと思って、まぁ、ぁのこないだ彼が送ってくれたのを、ちょっとコピーをさせていただきましたので。これは、じゃあひと

つは I 君〔上記の I 君とは別〕にネ、ひとつはぁの K さんに。——〔「もう
もらっています」という学生の声を受けて〕あっ、あっ、渡してんの？
あっそう——なかなか良くできてて、ぁのこれだとギリシヤ語も使わない、
使ってないので。まぁ君たちには別にギリシヤ語使ってもいいんですけれ
ど、一般的にネ。これを中心に見ていこうかなと思ってます。まぁ大体、
見たところぁの、僕が君たちに伝えた『福音と世界』かな、の（内容と）
ほぼ同じですけど、同じ時期に書かれてますけどネ。

　それでですネ……、——これ後で見とこうネ——ですネ、それを見てみ
ようかなと思ってますけど。太田修司さんって知ってる？　知らないで
しょ？　前ネ、色々書いてる。〔学生の言ったことに応えて〕あっ、ほん
と？　僕は個人的に（は）知らないんですけど、新約学者の話では、まぁ、
ここはオフレコじゃないけど、孤高の人らしいネ。なかなかみんなが近づ
けないような〔笑い〕、人らしいネ。だから今でも大学じゃなくて、翻訳
家っていうネ、そういう人だそうですが。これはほぼ、大体まぁ、同じよう
な論文を書いていて、いるんですけどネ、この書物は特に『ガラテヤ書』っ
ていうふうに限定がついてますので——あぁ、この書物っていうか、この
論文ネ——ぁの我々の主題に合っているわけで、まぁその他の（こと）につ
いても先生（は）お書きのようですけど、一応これでネ、見て行くといい
んじゃないかなと思って（います）。日本ではやっぱり少数派ですょ。こ
れの反対論文も出てるんですけどネ。まぁそら要するに通説ですょ。しか
し、なかなか力量があるなと僕は思っているんですけどネ。元はどっか、
立教（大学）かなんかの雑誌に書いたのかな。それを基に、書き直しです
ネ、これは。〔独りごとのように〕それで、あれ……こっちか。

　まぁみなさん（が）お持ちなのは 123 頁[註 44]ですネ。ぁの、ピスティス
（πίστις）という言葉が、日本では、日本に限らず世界中の聖書のほとん
どが一本調子で、まぁfaith とか Glaube（グラウベ）、信仰という訳を付けて
いるわけですけど、それじゃあ、そりゃおかしいんじゃないかってこと

は、もう新約学で₍もぅ₎19世紀から言われてたわけです₍ネ₎。しかし、₍ぁの₎、
パウロが意外に——₍ぁの₎ピスティスと言うと₍まぁ₎パウロですけど₍ネ₎、₍ぁの₎、
——ピスティスという言葉を使ってるのは、ローマ書とガラテヤ書が圧倒
的に多いんです₍ネ₎。しかもガラテヤ書も3章、ローマ書では3章、4章で
集中して、₍来て₎、出て来るんですょ。その他のは₍ネ₎、あまり出てないの₍ネ₎。
ですから、なんか不思議な感じがするんですけど。それでこのピスティス
という言葉なんですけど₍ネ₎、₍まぁ₎我々が今₍ぁの₎課題にして来た₍ガラテヤ書₎、ガ
ラテヤ書を見ると₍ネ₎、₍まぁ₎2章がこないだ₍ぁのぅ₎、説明が終わって、今度3
章に入って行くわけですけれど、3章がすごいんです₍ネ₎。そして、₍まぁ₎こ
こに書いてある、123頁ぐらいに書いてありますように、₍この₎、特徴的な
言葉として πίστις Ἰησοῦ Χριστοῦ（ピスティス イエスー クリストゥー）とい
う、こういう言葉が出て来るわけです₍ネ₎。₍まぁ₎これはギリシヤ語でちょっ
と書いてみましょう₍ネ₎。〔板書しながら〕πίστις Ἰησοῦ Χριστοῦ という
——Χριστοῦ かな——この形ですょ₍ネ₎。で通常は、これは₍英語₎、英訳聖書
を見れば分かりますが、faith in ₍まぁ₎ Jesus Christ。₍まぁ₎ faith っていうのは、
₍ぁの₎目的語、₍信仰₎、₍まぁ₎、信仰という目的語である場合英語では faith in と
言うようなんですけど、ドイツ語ですと Glaube an ₍ネ₎、an Jesus Christus
と、こういう₍ネ₎、こういう訳が一般的です。₍まぁ₎₍ぁの₎例のバイブルワーク
スの（を）見てみると₍ネ₎、ざーっと訳が書いてありますけど、₍まぁ₎どれも
これも似たり寄ったりの訳で₍ネ₎〔苦笑〕。₍まぁ₎、大体あれは色んな宗派の人
たちが集まって、₍まぁ₎日本の聖書の場合、色んな₍宗₎、₍ぁの₎プロテスタントの
宗派の人が集まって、₍まぁ₎そういうところの代表的な新約学者が₍ネ₎、例え
ば同志社なら何々先生っていう形で出て行って、それでやるようですか
ら、₍まぁ₎大体その時代の通説のあれなんですけど、₍ぁの₎、こういう訳が多い
と思います。でこれは当然日本語訳ですと、「イエス・キリストに対する
信仰」。これは口語訳では₍ネ₎そうですし、新共同訳では「イエス・キリス
トへの信仰」かな。₍まぁ₎同じですょ₍ネ₎。そういう訳がつけられているわけ

です。で、この形は、従って言ってみるとこの、これは属格形ですょネ。こ
の属格形の、属格の意味を、まぁいわば目的格として採ってるわけですネ。
「に対する」、〔板書が以下続く〕目的語的と言うか、目的格的。まぁ属格っ
てのは通常「の」と訳しますけど、これは色んな意味があるわけでネ。ま
ぁ、これが多いから、ぁの、まぁこういう採り方をしているわけですネ。で、
まぁ太田さんなんかの考えから言うと、これ、ちょっと変じゃないかとい
う（ことです）。と言うのは、例えばローマ書は、3章の3節にこのピス
ティスという言葉が出て来る。まぁその前にも出て来ますけどまぁ、ロー
マ書3章は大量に使われますけど。3章、4章で使われるんですが、その
3章の最初に出て来るのは、神の、τοῦ θεου（トゥー　テゥー）ってのがつ
いてんですネ。πίστις τοῦ θεου（ピスティス　トゥー　テゥー）、対格だった
かな。τὴν πίστιν（テーン　ピスティン）だったかな。τοῦ θεου（トゥー　テ
ゥー）です。これは一般に「神への信仰」という意味じゃない意味で使っ
てるわけですょ。神の信仰として使ってるネ。つまりこの場合は、主格
的（意味で）、神様が持っている（もののことです）。信仰ってのまずいか
ら、この場合日本語で真実だったかな。そうですょネ。真実とかいう訳、
あるいは（そういう意味と同様の言葉に）訳してると思いますけど、そぅ
これが4章になるとネ、4章、ローマ書4章になると、今度はアブラハム
の信仰が言われるわけです。その場合の「アブラハムと、の」というのは、
もちろん主格ですょネ。「アブラハムが持っている」という意味でしょ？
ですからこれは主格的。で、その間に出て来る「キリストの」、〔笑い〕こ
れは、この言葉はローマ書で言うと、3章の24節に出て来るかな……？
〔独り言のように〕22節に出て来るんだ。そこではイエス・キリストに対
（する信仰と）、まぁ目的語的属格に……（訳している）。（そうすると）お
かしいじゃないか（と）、ちょっと、まぁそういう素朴な疑問が出ますょネ。
それで、ぁの、なんて言うかな、ぁの、まぁ素朴な疑問があるんですネ。まぁ
そのことをちょっと知っときましょう。

　それで、まぁ彼の説ですと、この124頁にネ、124頁にネ、これはマルティ
ン・ルターの翻訳がそぅ、その影響を与えたんだろうと、こういうふうに書
いてありますネ。まぁつまり彼が──ルター訳、いわゆるルター訳ですが
──それをまぁド、ドイツ語にしたわけですネ。そのときに Glaube an と。
確かにネ、あの彼の──現代のルター、ルター訳じゃなくて──彼の、彼の
訳したあの、ルター訳、本当のルター訳が、いやその Glaube an となってん
です。でもネ、それすべてじゃないんですょ。Glaube、Glaube des Christus
というような、まぁあの二格になってる場合がですネ、「イエス・キリスト
の」（ガラテヤ 2:20）という場合もあるんですけど、まぁ通常は Glaube
an Jesus Christus という、こういう訳がまぁ出て来るんですネ。でこの影
響は──124頁にもあるように──大きいですょネ。で、あの信仰義認論と
いうのは、まぁルーテル教会の看板ですょネ。信仰義認〔タンタンと板書〕。
通常、信仰義認と言うと、従って、あの、信仰によって義とされるという
意味に言われるわけで、通常は〔板書しなががら〕義とされる、信仰に
よって義とされると、こういうふうに──これはローマ書の3章の28節
ですネ──ここに出て来るあの δικαιοῦσθαι πίστει ἄνθρωπον（ディカ
イウースタイ　ピステイ　アントローポン）という言葉なんですが、これは──
πίστει（ピステイ）という、ここに出て来る（言葉ですが）──与格ですネ、
πίστει。これを「信仰」と訳すから、つまりこの意味で、イエス・キリ
ストに対する信仰によって義とされると（訳すんですネ）。この与格を、
そういうふうによって、そういう意味で採るんですネ。その信仰というの
を、本当は原文は単に πίστει なんですけど、まぁ通常は、イエス・キリ
ストに対する信仰と考えますから、イエス・キリストに対する信仰、ィェ
ス、イエスへの信仰、──まぁキリスト信仰ですネ──キリスト信仰によっ
て義とされると、まぁこういうふうに訳すわけですょ。
　ところが、これを目的格ではなくて、〔板書する〕主格的、主格的属格
に採るとガラッと変わって来るんですネ。パウロの、パウロの義認論、パ

ウロの義認論というものが、ここで実際は非常に大きな意味の違いが——意味、大きな、なんと言うか——違いがネ、神学上の違いが出て来るわけで(す)。まぁ、あの彼もそれをネ、あの、言おうとしているように思うんですが、まぁ新約学者ですから、この点は、言葉というものを非常に厳密に捉えて行くので、まぁ僕なんかには大変ありがたいんですけど。それで、まぁあのこういう意味で、まぁルターの翻訳が、ある意味で不幸な結果を招いたと言わざるを得ないというようなことをネ、124頁で言っているんですが、これはネ、僕はよく分かるんです。ルター派の人間だってこともありますけど——あの、この彼がここで、まぁただルターについてはぁの、ポジティブな面も強調してますけど——ルターのこのこういう解釈っていうのが、ルーテル教会に行ってみると、もうほとんど「信仰によって義とされる」ということが、もう当たり前のこととしてまぁあの、採られちゃってるんですネ。

　ルーテルきょ、ルーテルのとこで神学生相手に授業やったときに、今年は忙しいんであの、あの休講、休講にしちゃいましたけど、あの、まぁ僕の授業に出てた学生たちは、あの、言ってることはぁの、分かってる学生は、「先生、先生、どうしていちいち信仰によって義とされるっていうことになっちゃったんですか」って聞きに来るんですけど〔笑い〕、その考えてみると僕は、そのおかしな話で(すょネ)。それで、まぁ、これは、あの子どもの頃からネ、あのドイツのルター派関係の人は「信仰によって義とされる」って、こうもう耳にタコができちゃうようになっちゃう、教わっちゃってるから、それがこうごく自然になっちゃうんでしょうネ。でも考えてみるとこう、簡単に「信仰」って言ったら、まぁ信じ仰ぐですから、いわゆる人間の信仰ですょネ。主格はあくまで人間ですネ。人間が、神、キリストを信仰する。まぁこれでやっちゃうわけですけど、考えてみると、そんな簡単に言えないんですょ。第一、パウロがこの言葉を使ってるときは、ピスティスっていうのは大体無冠詞で、なんにもつけないで使うことが多いん

です。エック　ピステオース（ἐκ πίστεως）、ピステオース、「ピスティス
から」という意味ですネ。from faith というと、こういう言葉が多いんで
す。それに、「人間の」って、「の」をつけたり、「神の」ってのもついて
るわけですからネ。「神の」ってついた日本語もあるわけですから、ギリ
シヤ語のピスティスというのは、いつも持ち主は──持ち主と言うか、主
格と言うか──（それ）は人間とは限らないんですョ。はっきり言えば、
人間がピスティスを持つ、神がピスティスを持つ、キリストがピスティス
を持つ、この三つの場合がある。ほんと（に）どういうふうに考えれば
（いいのか判断が難しいんですけど）、キリストだけ目的格に持って来るの
は、考えてみればおかしな話なんですけど。

　聖書っていうのは、いわゆる現代語、──現代語って言うのか──西
洋語に訳されたのがまぁ、恐らく一番大きな影響与えたのルターでしょう
ネ。それからぁの、まぁキング・ジェイムズなんか出て来ますけど、それま
でラテン語でしょ。ラテン語って大体そのギリシヤ語とよく構造も似てま
すしネ、ぁの、これは属格のまんまですョ。そのまま訳せば、現代風に訳せ
ば faith of Jesus Christ のままですょネ。ですからネ、現代語になって来る
とどうしても、そういう信仰ってのは名詞が、あっ、動詞がありますからネ、
何々を信仰する、believe とか glauben と、そうすると目的（語を必要と
しますから）、これ他動詞ですょネ、一般的にネ。まぁ何々を目的とする、
ということになっちゃうから、どうしたってそれが連想で出ちゃうんじゃ
ないかと。そういうことで、まぁ彼（太田修司）の疑問はその辺から出て
いるようですネ。そして彼は、ぁの 125 頁あたりでは、その、このピスティ
スというのを──125 頁あたりからだったかな──その動詞から考えるのはま
ず、動詞から考えるとどうしてもネ目的語が必要になっちゃうからなんで
しょうネ。これは単に動詞から考えちゃまずいんじゃないか、ということ
を言ってますネ。

　そして 126 頁の方に来ると、今度は──名詞なんですからネ、元もと

ピスティスはぇ──それ、独自に考えるというと、もっと広い意味がある
ということが分かるんですぇ。で、この、126頁の四行目かな。「この解釈
が……」、この解釈というのは主格的解釈ですょ。主格的属格論というの
はまぁ昔からあって、バルトが有名な『ローマ書注解』を書いたとき、ぁ
の、『ローマ書講解』というぇ、二十世紀の神学の転換を成したときのきっ
かけはやはりこの、ぁのスイスだかドイツだかのこういう新約学者の少数派
のあれにヒントを得たんですぇ。そして大きなあれをしたんですから。ぁ
の太田さんはまぁ、ぁのバルトについては御存じないようですけど、実は新
約学の世界じゃなくて、ぁの、組織神学の世界では、この解釈ってのはそ
んなに珍しいんじゃないんですょ。ただ、今、今の組織神学者は、ぁの聖書
ぁの注解ってのはあまり書か、書けなくなっちゃったぇ。ぁの、新約学者の、
まぁいわば、言ってみると、まさに新約専用学者なんかになっちゃう。で、
もう、組織神学者ってのは、要するに聖書解釈じゃ素人に過ぎないです
から今は。そういうことで書けなくなっちゃったんだょ。バルト以後、組
織神学者がローマ書（の）を注解を書いてるってのは、まぁ、まぁ、説教集
のようなものはともかくとしてですぇ、ほとんどなくなっちゃってんです
ょ。でもこれはぁの、そういう連中が書いたものは、中にはそういうのが
あるんですぇ。こういうふうに採らないといけないと。

　で、「（さらに重要なのは、）この解釈が──四行目ぇ──この解釈が単に
可能なばかりでなく、そこからパゥ、パウロの使信を新たに読み直（す手
掛かりが得られる、という点である）、さなければいけない」。これいいですぇ。
そうなんです。僕なんかがみなさんを前にして、まぁ、みなさんと一緒に
聖書を読んで行くとき、そういうふうにゕぃ、解釈すると、これだけ大き
な豊かな──まぁ、まぁ自分では豊かだと思ってんですけどぇ〔笑い〕──
まぁ内容をもって、いわゆる義認論──「信仰義認論」とよく言われます
けど──義認論と言われるものが、こんなに豊かな内容を持ってるかって
いうことがよーく分かる。

　「先述したように、これら7つの用例は」、この7つの用例ってのはぁの、最初のﾈ頁に書いてある、123頁に書いてある、イエス・キリストのピスティスということです。ローマ書3章に、22節、26節、ガラテヤ書は、ガラテヤ書は4回出て来るんですﾈ。ローマ書が2回、ガラテヤ書が4回、ピリピ書が1回で、合計7回。ただガラ、ガラテヤ書はぁの、単になんにも付けないでエック　ピステオース（ἐκ πίστεως）って、これは凄くたくさん多いんですょ、3章は。これから入って行く3章はものすごく。だから、後ろに「イエス・キリストの」ってくっついてると、ぁの数は減るんですけどﾈ。まぁ彼はその、単独で使われている場合と「イエス・キリストの」っていうまぁ属格が付いている場合と、ちょっと区別しているようですけど、まぁ通常ぁの、なにも付けないで使われている場合も、ぁの、ぞっ、ぁの「イエス・キリストの」っていうのはまぁ言わない、言わないで言ってる場合が多いわけで、そんなに区別する理由はない、ないんじゃないかと僕は思うんですけど、実際は非常に多いんですﾈ。この、で、これ、このですﾈ、でこの論文は、まぁ「これら7つの用例は──126頁ですけどﾈ──パウロが『信仰による義』について述べた重要な箇所に登場する。──まぁ7つはそうですﾈ。いずれも信仰義認論とよく言われるところです──問題の句を主格的にとることで、これらのペリコペー、さらには手紙全体を新たに解釈することが可能になるわけである。──そうですﾈ。こういう点ではもぅ分野は違うけど、僕なんかﾈ、ぁの、本当に同志って感じがするﾈ〔笑い〕──ぁの、こうした観点から本、本論稿では、特にガラテヤ人への手紙における問題の句（を取り上げ）、──つまりイエス・キリストのピスティスというやつﾈ──とりわけこれを主格的に『イエス・キリストの信実』──信実という言葉は、神学者はみんな知ってますが、一般にはこの言葉は使わないﾈ。日本語としてはこの信実という言葉は基本は使わないﾈ。まぁ通常、信実って日本人が聞けば、これは真理の真という字を思っちゃいますﾈ。ぁの、口語訳はそう使ってるんじゃないですか、ﾈ。3章3

節がそうでしょ——（と）とった場合にはどのような解釈が可能となるか ということを示すことにしたい。——いいですぇ——本論稿の目的は、ガラ テヤ書に4回登場する問題の句を主格的に解しうることを『証明』する ことではなく、先の考察で既にその蓋然性の高さが確認された主格的解釈 に立つならばパウロの主張の論点を明瞭にする、（が）明瞭になること、逆に 目的格的解釈に固執するならばその論点がぼけてしまうことを示すことに よって、主格的解釈の長所を際立たせることにある」。これもぇ、よく分 かりますぇ、こういうの。まぁ目的格的に理解するとぇ、ほとんど意味の ないようなぁののができちゃうんですょ。

　これ、こないだもちょっと僕言ったけどぇ。ぁの、この、今取り上げてい るぇ、ぁの、Ｉ君が送ってくれたこの論文ですと、130頁から140頁に書いてある んですけど、130頁から131頁にかけて書いてあるんですけどぇ。ぁの、そ うするとぇ、例えばガラテヤ書の2章16節ってぇ、まぁこれ信仰義認論の 一番の基本、基本的なあれですけど、ほんとに単なる繰り返しだけになっ ちゃうの。畳語って書いてあるでしょ、これ。本当にこの通りですぇ。そ れがどんなふうに書いてあるかって言うと、ちょっと読んでみようか？ ぁの、これは、まぁこれ新共同訳でもぇ、新共同訳でも、前の口語訳でもお んなじですけど。ちょっと読んでみますと、15節からぇ、（新共同訳） 「わたしたちは生まれながらのユダヤ人であって、異邦人のような罪人で はありません。けれども、人は律法の実行ではなく、ただイエス・キリス トへの信仰によって義とされると知って、わたしたちもキリスト・イエス を信じました。これは、律法の実行ではなく、キリストへの信仰によっ て義としていただくためでした。——これぇ——なぜなら、律法の実行に よっては、だれ一人として義とされないからです」。後も、後の方も前の 方も、ただごたごたと繰り返してるっていう感じになっちゃうんですぇ。 ぁの、信仰によって義とされるということを知って、わたしたちはキリス トへの信仰によって義とされることを信じましたと言ったら、それに、ぁ

の律法の実行によるんじゃない、というようなことがくっついてるわけで
すけど、ただただ繰り返してるだけで、不思議ですゎネ。これが、〔高笑
い〕その、その、その、キリスト教の中心命題だって。

　でみなさん、みなさんの教会はどうかな。ルーテル教会ってのはここを非
常に重視するとこなんですよ。ぁの、これ最初の授業でも、今、今学期始
まったときの授業でちょっとお話ししたんですが、ルターがぁの、ルターっ
て人は「塔の体験」という重要な体験をしてるんですゎネ。修道士になった
ときに、彼はなかなかぁのまじめな修道士だったんですけど、まぁ、こぅ罪
の意識に悩むんですゎネ、非常に。まぁそういう人いますゎネ、数は少ないで
すけど。そういうときに、まぁぁの、苦しんで、苦しみ抜くわけですが、ま
ぁそれがちょっとこぅ、やや常軌を逸したところがあったんですゎネ。だから
修道院の彼の指導者なんかもちょっと心を痛めてたんですよ、ネ。もうぁ
の、ちょっとしたことでも、こぅなんと言うか、罪の意識に苦しんでゎネ。ま
ぁ良心の呵責と言うかな、普通には。ぁの、人間ですからそんな色々思い
が、色んな思いが出ますからゎネ。行動には移さなくても、そりゃあもうぁ
の、そういうこといちいち罪として取り上げてったらもう、ぁの、生きて
いけなくなっちゃいますゎネ。ですからもうほんとに、そういうとこで追
い詰められて行くわけですゎネ。そういう修道士になって、まぁ二十歳くら
いでなったと思いますが、大学生の頃になったんですよゎネ。法学部の学生
だったんですが、まぁ親が非常に怒りましてゎネ。みなさん、どうだった？
〔大笑い〕たとえば親（は）怒んなかった？　ぁの、まぁ勘当同然のような
形でだろうと思うんですけど、まぁ修道院に入っちゃいますからゎネ。まぁ修
道士になってもまじめな人だったらしいから、悩むんですゎネ。でそこのと
きに、まぁ塔の体験という（修道院にあった塔のある小部屋での体験です
が）、まぁ主として彼の場合ﾃｸｽﾄに、頭にあったテクスト――まぁ大変な
人でしたから――聖書は頭に入っちゃってたんですゎネ。で、ローマ書1章
の16節、17節、こないだちょっとやりましたけど、まぁあそこ。まぁ実

際同じことを言ってる、（いや）もっと難しく言ってるとこなんですけど
ネ〔笑い〕、ここよりもネ。ここのテクストで、彼はハットひらめくんで
すネ。それで、まぁ、あそこは、神の義は、ピスティスからピスティスへ
啓示される（というところです）。まぁ彼の場合は、神の義は福音におい
て啓示され、ピスティスからピスティスへと、こういう（ことに）なるん
ですが、まぁ前の口語訳の方が近いですネ、彼の理解に。そうするとその、
ピスティスからピスティスへと言うか、神の義とかピスティスとか出て
来るわけですネ。ちょうど実はこれは、ローマ書3章28節と同じことを
言ってるんですけど。

　で、そのとき、まぁ、まぁですからそのときの経験というのが、実はプロテ
スタンティズムという、後に大きな宗教改革の運動を起こしますネ。その
起点です。もちろんカルヴァンはカルヴァンにあるんですが、カルヴァン
の方が少し若いですからネ。ぁの、それがまぁプロテスタンティズムという
ものの起点ですから、ただそれが段々段々こぅ、大きく神学的に展開して
来て、まぁカトリック教会とぶつかる。よく言われるように、別にネ、ぁ
の、ぁの、贖宥（状）、ぁの（俗に言う）免罪符ネ、あれに反対（したわけ
ではないんですょ）。確かにあれには反対だったんですょ。あぁいうもの
（は）信用しなかったですネ。これはまぁ大体でも、まともな修道士なら誰
だってあんなのはおかしいと思ってたわけですネ。あれはカトリック教会
の金もうけでやってたわけですから。後ろにはフッガー家っていうのが
いてネ。で、ぁ、あれ、あれは確かに彼も反対したんですょ。実際は中核はぁ
の、その、この神の義の（こと）、あるいは信仰と。こういう信仰と神の義。
まぁピスティス（πίστις）と δικαιοσύνη（ディカイオスュネー）、こういう
（問題に）一番ポイントがあったんですネ。そりゃ誰だって、あんなもの
売って、民衆ごまかして金等を吸い上げてネ、——そして、まぁ、その、カト
リックの教会の、なんと言うか、あぁいうまぁお金ですネ。まぁ京都の町
も大きなお寺がたくさんあって、あれは大変でしょぅネ、維持すんのは。

色々直してるけど——まぁ、そういうことがおかしいってことは、これは民衆だって頭のいい人は分かってたわけだし、ましてや、修道士なんて知的なレベルはみな分かってたわけですからネ。まぁだからそれじゃなくて、実際は、根本的にはあぁいう中核があったんですネ。この神の義。ですから義認論というのは、よくプロテスタンティズムの中心とされて、特にルター派はそうでした。彼の発見がそうだったからネ。そこから発展してやがてカトリック教会とぶつかり、カトリックから出ちゃうわけですょネ。そして新しい教会。で彼とほぼ同じような志を持った人が次々に立つでしょ？　これで宗教改革ができて行くわけですから。義認論という点では、どの、どのプロテスタントの人たちも一致してたんですょ。ただカルヴァンの場合は、もちろん予定説というようなことで言われて来るし、ちょっと形は変わる、変わりますけどネ。ですからそれは、ぁの、組合系も同じだと思いますょ。どこもネ。そういうことでやって来た。

　ところがネ、これがぁのよく考えるとちょっとおかしい。でもルターはネ、僕が読んだ限りは（そうではないと思うのですが）、太田さんはここで、ルターが Glaube an（グラウベ　アン）とやったのが、こういうふうに——な、ぁのなんと言うか、今のプロテスタントのいわゆる信仰主義ですネ——（これに影響を与えることになったと言っています）。「信仰によって義とされる」と言うと、信仰がすべてになる。こういう方向に行っちゃった。確かに太田さんが言う通り、僕もぁのルター派の人間としてそれは認めますが、ルターそのものはですネ、彼のものを読んでみると、ぁのもっとパウロに即してんですょ。ですからパウロは、ピスティスというのを単にGlaube と言ってるんですょ。そういう訳語をくっつけてる。で、その意味で言ってるから、ぁの、彼の翻訳聖書を読んでみると、——今のルター訳翻訳じゃなくて——例えばガラテヤ書の 2 章 20 節——これは太田氏も挙げてるとこですが——ここのガラテヤ書 2 章 20 節などは、「キリストに対する信仰」という独訳（を）使ってません。キリストの Glaube と言っ

てますょ。Glaube an と言わないで、Glaube des Jesus Christus^{註45)}。です
からネ、必ずしもネ（太田さんの言う通りではない）。

　それからぁの例の有名な、最も有名なのは『キリスト者の自由』^{註46)}っ
てネ、岩波文庫に入ってますネ。あれなど読んでみると、あの場合彼が
Glaube と言ってるのは、パウロの言ってるピスティス（に）そっくりで
すネ。ですから今日のルター派の人たちや、ルター派の聖書（が言って
いることと決して同じではない）。まぁドイツでは、すごいぁの、独訳聖書っ
つったら今でもほとんどルター派の聖書ですからネ。ぁの、ぁのルター派
の以外の人でも使ってる。カトリックまで使ってる。使ってた、使ってる
とか使ってたとかいう噂があるんですけど、それくらいまぁドイツ語も
いいんですネ。ぁの、そういう、しかし肝心かなめのルターは、もうパウロ
が頭の中に入っちゃってた人ですから、彼が Glaube と言ってもネ、今日
の glauben という意味で、今日の glauben ――ドイツ語では Glaube とか
glauben ――という意味で言っているとはとても思えない。むしろ、パウ
ロがピスティスと言った場合には、非常にこの――後で見て行くけど、こ
の人のも、ぁの、この人の分析（をして）見て行きますけど――色んな意味
を持ってる。その、そのまま多義的な意味をそのまんま Glaube と言ってん
ですょ。まぁ翻訳の場合は単語（を）割り当てますからネ、どうしてもネ。
ピスティスならピスティスに、ドイツ語（を）割り当てなきゃなんない
から。ドイツ語も、ドイツ語固有の持ってる意味も入り込んじゃいます
ょネ。そういうところがどうしたってあるんですょ。日本語だってそうで
しょう、日本語に入るときょ。これ、信仰と訳してるからあれですょ。信
心と訳したら、もっとネ（違う意味になったでしょうネ）。浄土、浄土教の
人は信心という言葉使いますから、信仰という言葉よりもネ、信心。そう
いう言葉が入っちゃうんです、どうしてもネ。そういうことは言えるわけ
ですネ。翻訳に伴うやむを得ないことです。でも、それで意味が豊かにな
ることもあるんです。

　そして、またちょっとテクストに戻りますとネ、まぁ、その、126 頁の一番お仕舞いの方の段落に、「『イエスキリストの信実』──ピスティスというネ──というパウロ独特の表現は、パウロが十字架の死を遂げたイエスの『信実』を意図的に言い表わしたことばである」。これも当たってますネ。これも当たって、僕は少なくともパウロを自分で読んでみて、自分で感じたところを思ってみると、この太田さんの、新約学者の太田さんの言ってるところはよく分かる。例えば、「イエス・キリストのピスティスによって義とされる」と言うんですけどネ、「イエス・キリストのピスティスによって義とされる」と言うんですけど、例えばこのあいだちょっと挙げたんじゃないかと思うけど、ローマ書のこの直前に出て来る 3 章 24 節では、人間が義とされているのは、イエス・キリストの ἀπολύτρωσις（アポリュトローシス）、イエスキリストの贖いによって義とされる、ただで。ただで、恵みによって、イエスキリストの中にある ἀπολύτρωσις ──贖罪ですネ。贖い──それによって義とされていると。こういう言い方をしてみると、ただでとか、恵みによって、贖罪によってという、別の言葉を使ってますけど、これは普通には、イエス・キリストのピスティスによって義とされるという言い方をしてますネ。それと並べてみれば、この場合のイエス・キリストのピスティスというのは、イエス・キリストに対する信仰と言うよりも、イエス・キリストの十字架上の死によって人間は義とされていると採った方が、自然だと思うんですネ。ですからこれ、よく分かります。

　それからもっとも顕著な例は、ぁの彼も書いてたと思うんだけどネ、ガラテヤ書のネ──こないだやったけど──ガラテヤ書の 2 章 20 節に「わたしを愛し、わたしのためにご自身を捨てた神の子の──これは『神の子に対する』って日本語訳ですけど──のピスティス」（とあります）。これも主格的属格の、に訳すと、神の子のピスティスというのはなにかと言うと、それは、それは、イエスがわたしを愛してくれて、わたしのため

にご自身を捨てたと、（その）ことだというふうに採れますぇ。実際ぇ、ぁの佐竹（明）さん（は）そう、そう採ってんですょ。佐竹さんはぇ、何々に対するという訳（を）使ってないですぇ。ただぇ、事実上は何々に対する、イエス・キリストに対する信仰というようにぇやってるんです。だからちょっとはっきりしないんですけど、彼の訳を見ると、彼の注釈を見ると、注釈書では「イエス・キリストの信仰」と（なっていて）、「に対する」って言ってないんですょ。だからどっちにも採れるんです。どっちにも採れるんですが、実際上は「に対する信仰」、いわゆる通説に従っているようですぇ。ですから、このイエス・キリストの〈まこと〉——僕は〈まこと〉って言うんですけど——イエス・キリストの信実、πίστις Ἰησοῦ Χριστοῦ（ピスティス　イエスー　クリストゥー）、Ἰησοῦ Χριστοῦ という言葉は、確かにパウロが十字架、キリストの十字架を指して言ってる（という）この指摘は、僕はよく分かる。信仰じゃなくて、これはぇ、事実上は。そういうふうに採ると、色んな点が分かって来るぇ。〔板書しながら〕キリストの十字架。

　127頁のぇ真ん中あたりですけど、「問題の7箇所で——と書いてあるのは、さっき言ったイエス・キリストのピスティス——イエスの死を殊更に『ピスティス』と言い表わした（とき）、——少し後で点線、ぁっ、傍点がついてんのがあるでしょう？——……律法の規定と目に見えるしるしとによれば呪い以外の何ものでもないイエスの十字架の——あっそっか。あっそうですぇ——イエスの十字架の死にその（彼の）信実を見、た。そのことを強調したかった……」。まぁそのように主張してますぇ。これもよーく分かります。そういうことによってまぁ十字架の神学のモチーフが出て来ると。

　で、そして、ぁの、そこから、まぁ「ガラテヤ書の構成」ってのを見て行くわけですぇ。まぁこれは論文は分かり易く、よくできてる論文だと思いますので、僕がへたくそな要約をする必要はあんまりないんですけど。そ

れから「ガラテヤ書の構成」見るとﻪ、ちょっとみなさん 128 頁ﻪ。「ガラテヤ書の構成」で、「この問題の句が見られるのは次の 4 箇所である」と。で、我々が既にやった第 2 章で 3 回。それから 3 章に 1 回出て来るんですけどﻪ。3 章は大体ぁの、この「イエス・キリストの」って言葉（は）ついてないんです。単にピスティス。ピスティスからと、ピスティスによってという意味でﻪ出て来ます。で、ﻪぁこれらについて、最近のガラテヤ書研究について挙げます、挙げてますﻪ。主としてこれは、名前から言うとドイツ系ですけど、ﻪぁアメリカ人でしょ￿ﻪ。128 頁にはベッツ[47)]、それから 129 （頁）にハンセン[48)]、130 頁にはロングネッカー[49)] ですか？　で彼自身がまた――彼って言うか――太田さん自身もこれを（取り上げています）。その研究論文があったようなので、研究があって、さっきこの学校の図書館から借りてきて、コピーさせてもらいましたが、もちろんまだ読んでませんけどﻪ。

　そして、このピスティスの言葉の研究に入るわけですﻪ。それが 131 頁、「『ピスティス』の語」として出て来ます。ﻪぁ今までのところはそうすっと問題提起のような箇所かな。それでﻪ、131 頁から「『ピスティス』の語」の（解説ですが）、これなかなかやっぱりいいと思ってんですけどﻪ、僕は。まず普通に使われてる例を挙げてますﻪ。普通にってつまり、なんにも規定もなしに、属格も使わないで。ぁのこういうの絶対的用法と言いますけど、単に、エック　ピステオース（ἐκ πίστεως）という形が一番多いんですけどﻪ〔黒板をコンコンコンと軽く叩く音〕。

　131 頁の下から 7 行目ぐらい、「ガラテヤ書においてパウロは、この語を合計 22 回用いている。――多いです、これはﻪ。ガラテヤ書とローマ書に非常に集中的に多いですﻪ――問題の 3 つの節に現われる――っていうのは、これは今さっき見た 2 章 16 節、20 節、3 章 22 節というあの 4 つですﻪ。あ、みっ、（そこ）に出て来る 4 つの例ですﻪ――（4 例）を除くと、ﻪぁ 18 例中の 9 例までが『エク・ピステオース』または『ディア・

テース・ピステオース』。エクっていうのはまぁ通常 from ですネ。ディアっていうのは through という前置詞ですが、まぁほとんど同じ意味です、これはネ。ですからエク・ピステオースと言おうがディア・テース・ピステオースと言おうが、これは同じですネ。で、これをさしあたり信仰と訳してやって行くわけですが——まぁそういうふうに訳されてるからネ——そして、その意味を取るためにネ、なかなか複雑なことを言ってますネ。18 例のうちの半分が、9 例がこのエク・ピステオースかディア・テース・ピステオースでしょ？　じゃ、残りのネ、9 例ってのはそういう形じゃないんですょ。でそこからピスティスの意味をまず調べるようですネ。そういう論文構成ですネ。ちょっと僕も、僕の説明もごたごたして申し訳ないんですけど〔苦笑〕、君たち後で読んどいてネ。

　132 頁のネ真ん中で、残りの 9 例ってのは 1 章 23 節、そう、それから 3 章にたくさん出て来るネ。でこれら、これらがネ、通常ネ、これらの例はネどっちかって言うと、信仰と訳すと当たらない例なんですょ。で多くの注解書や注解者は、事実上これは例外として、この 9 例の——まぁ 9 例のすべてではありませんが——どちらかと言うとこの 9 例は、信仰というふうに通常、通説が訳す訳にあんまり当たらないので、ちょっと異例の、異例のネ使い方だとしてまぁ処理しちゃうんですネ。

　まずネ、1 章 23 節だけどネ、ちょっとこれ見てみてください。1 章 23 節というと——ガラテヤ書の——これはごく普通の使い方をやってるように見えるとこですネ。まぁこの辺が僕はネ、彼のいいとこだと思うんですけど、ぁの、太田さんのネ。これは通常はネ、ちょっとそこ読むとネ、「ただ彼らは、『かつて我々を迫害した者が、あの当時滅ぼそうとしていた信仰を、今は福音として告げ知らせている』」、——〔小声で〕ちょっと訳があれだな——そういうふうにネ。このときの信仰というのは、このときの信仰というのはまあ、この人が概略しているようにあれでしょうネ、福音と訳してもいいでしょうネ。ここは、確かにピスティスというのをネ、で佐竹さ

んのそこのそれも読むと分かりますけどぇ、それは、それは大体まぁあの、こ
れは、これは言ってみるとキリスト教という意味ですょね。「あの当時撲滅
しようとしていた我々の信仰を」というのは、あの当時滅ぼそうとしてい
たキリスト教を、今は告げ知らせているという（わけ）ですから、この場
合の信仰というのは、通常は、まぁ福音とか言ってもいいですけど、ぁの、
キリスト教という意味で言ってる。ですから、これはちょっと特殊な例
だというふうにまぁ一般的には理解しちゃうんですぇ。この、このピスティ
スを。〔しばらく間をおいて〕1 章 24 節だょね。あぁ、23 節かな。そう、
彼が当時滅ぼそうとしてたピスティスを、今は evangelize していると、
こういう文章ですぇ。

　それからぇ、もっと顕著なぁっ、もうひとつの例は、今度入りますけど、
3 章の 2 節ってのがあるんですょ。ガラテヤ書 3 章の 2 節は――2 節と 5
節ってのが……――3 章の 2 節ってのは、「あなたがたが、あなたがたに一
つだけ確かめたい。あなたがたが、霊を受けたのは、律法を行ったから
ですか。それとも、福音を聞いて信じたからですか」。ここは福音と訳し
ちゃってるぇ。これは前の口語訳ですと、「聞いて信じたからか」となっ
てたと思うけどぇ。あの、今日これ、ぁの、後の時間で使いますんで、これ
に載ってるギリシヤ語見れば分かりますけど、3 章 2 節ぇ、3 章 2 節のお仕
舞いの方では、ἀκοῆς（アコエース）、ἐξ ἀκοῆς πίστεως（エックス　アコ
エース　ピステオース）。あっ、これぁの、πίστεως（ピステオース）、ἀκοή（アコ
エー）、ἀκοῆς（アコエース）って、ἀκοή って聞くっていう意味ですからぇ、
ἀκούω（アクオー）。ぇ、πίστεως、信仰を聞くっていうのは変ですょね。
だから変だから、ぁの、信仰を聞くってのは変だから、ここもうみんな困っ
ちゃって（ぇ）。信仰を聞くっていう（ことになると意味が分からない）、
普通だったらそうでしょう？　ἀκοή ってのは聞く（こと）でしょ。ピス
ティス（πίστις）は信仰ってやったんですからぇ。信仰を聞くってのは
おかしいから、ぁの口語訳は「聞いて信じた」ってひっくり返しちゃった

〔笑い〕。聞いて信じた。

　それで、まぁ、たし、あの、まぁ僕はネ、これ〈まこと〉と訳すからなんの不思議……、〈まこと〉の声を聴くでいいんですけど。ぁの、まぁキリストの声を聴く、というふうなことになりますけど、ここもですからちょっと、ちょっと困るとこなんですょ、解釈者にとっては、解釈者って言うか翻訳者にとっては。そうでしょ、ネ。で、同じ言葉が5節にも出て来るんで、「あなたがたが御霊……云々、ｵ、それとも、〈まこと〉の声を聞いたから」。まぁ僕は〈まこと〉の声としましたけど、これは今の共同訳を見るとｵ、「あなたがたに霊を授け、また、あなたがたの間で奇跡を行われるお方は、あなたがたが律法を行ったから、そうなさるのでしょうか。それとも、あなたがたが福音を聞いて信じたからですか」。ですからこれは福音と訳しちゃってるんですネ。はっきりしちゃってる、ぁの新共同訳の方がネ。まぁでも、要するにこれは、新共同訳は福音というふうに採っちゃ、採っちゃってますが、福音ってのは（ドイツ語では）Evangelium（エヴァンゲリウム）っていう（言葉で）、エウアンゲリオンっていう言葉ですから、εὐαγγέλιον（エウアンゲリオン）っていうギリシヤ語ですから、別の……。

　それからさらに3章の23節、ちょっと見ていただきたいんですょ。3章の23節は、これもｵ、ぁの──〔資料をめくりながら独り言のように〕あぁ、そうか──3章の23節は……──〔再び独り言のように〕これあれだネ。ぁの原文（を）渡した方がいいｵ──これはまだ十分吟味してない授業資料なんですが、恐らく今週、この次12月になってからやると思いますけど、一応渡しておきます。これ3章23節書いてありますょ、ギリシヤ語ネ。3章23節のギリシヤ語をちょっと見ていただきますと、下の方ですけどｵ。「しかし、〈まこと〉──訳ｵ──しかし、〈まこと〉」と訳しておりますけど、これ。文字通り信仰と訳すとｵ、「信仰が来る前に、……やがて啓示される信仰」（ということになってしまいますので）、これ、「信仰が来る」ってのもちょっと日本語として変ですょｵ、もう。こ

れ、〈まこと〉と訳してっからいいですけど。これ、信仰を、もし信仰っていうふうに採って行くと、「信仰が来る前に、またやがて啓示される信仰」（ということになって）、これも変ですぇ。

　それから、25節見ていただくとぇ、「しかし、いったん信仰が来た以上」となって、来るとか来たとかいう——現れるとかぇ——そういう言葉の主語として、信仰という言葉が出るのは変なんですょね。ですから、あんまりうまく合わないんですょ、この3章23（節）と25（節）は。ところがその間になんて書いてあるかと言うと、ギリシヤ語では、ぁの、その間の24節は、ちょっとギリシヤ語見ていただくとぇ、このピスティス、25節ぇ。25節……、ぁっ、24節かな。〔しばらく沈黙〕ぁっ、「これによって義とされる」っていうぇ、この言葉が出て来るから、ここは信仰で合うわけですぇ。信仰によって義とされると。24節は、「わたしたちがこのようにして、このように一方、わたしたちが信仰によって義とされるために」で、ここは信仰というふうに訳すんですが、この24節の前と後ろは「信仰が来る」って書いてありますから、ぁまぁこれははっきり言えばキリストなんですぇ。キリストが来るって言っときながら、24節は信仰によって義とされるというぁまぁ、ぁの耳慣れた科白でやるというのはおかしいと、ぁまぁ素直にそのようにぇ、出るわけです。でそこからぇ、ぁまぁ23節と25節では、ピスティスってのは明らかにキリストという意味で使っている。ところが、24節は伝統的な信仰って訳すのはなんかおかしいですぇ。でそれが、ぁのまぁ、やはり大きなあれになってるという（ことは）、ぃぃ、いい指摘ですぇ。だから、ですから〔笑い〕、こういうの不思議にみんな思わない。

　ぁのそうしますとピスティスというのは、ピスティスというのはネ、福音という意味で、つまり神の言葉っていう意味で使われている場合がある。それから、キリストという意味で使われている場合もある。それから、ぁまぁいわゆる信仰という意味で使われる場合もあるわけですぇ。そうなって来ると、全部それを、ぁのこういう微妙な意味の違いを無視して、ひとつの単

語に割り当てると大きな誤解を引き起こす。その通りですﾈ。そういう指摘をしてたと思うﾈ。

　それで結局、まぁ、あの、ここから 120、132 頁ﾈ、それを見ると、これからﾈ、そのピスティスの色々な訳がﾈ——訳って言うか意味がﾈ——よくまとめられてますﾈ。まず、普通の意味同。132 頁ﾈ、真ん中あたりですが、まず普通の意味で忠実とか誠実という（意味ですﾈ）。これは、彼は神の、神のピスティスというのを神の誠実と訳して採っているようですが、まぁこれごく普通の意味なんですﾈ。神の誠実、信実という（意味です）。それから今見た 23 節、25 節。23 節、25 節の 3 つの例は、キリストという意味ですﾈ。23 節と 25 節、ピスティスが来たとか、ピスティスが現れるとかいうようなことのピスティスは、明らかにｷ、ピスティスっていうのはキリストという意味で言っているわけですﾈ。ですからそういう意味では、これはキリストという意味。それからあの 1 章 23 節でやったように、あの、この、昔は自分、パウロが撲滅しようとしていたピスティスを、今や、それを「どうしよう」ってのは福音、まぁ今の聖書では福音ってなってますﾈ。ですからこれは 133 頁の彼の言葉で言うと、宣教の言葉。つまり言葉ですﾈ、言葉。こういう 3 つの意味を大きく分けてますﾈ。そうですｮ。その通りだと僕は思うんですけど、まぁ君たちもよく検討しといてください。

　あの、だから信仰という言葉は必ずしも当たらないですﾈ、こうしてみると。3 章 23 節ではキリストという（言葉が相応しいことが）書いてあるでしょ。あの 132 頁の下から四行目。「『ピスティス』を『キリスト』とほとんど交換可能に用いている」。実際そうですﾈ。ピスティスが来る前って、キリストが来る前ってことですｮ。ところが、1 章 23 節では……。でこういうものはﾈ、いずれも例外なんだとして切り捨てちゃって、その他の後を全部「信仰」でやっちゃうっていうのは今までのやり方でしたけど、彼の場合はこれ統一的に理解しようっていうんだｮ。これも

賛成できますネ。同じ言葉ですから。パウロの場合はネ、この意味で、この意味で、この意味で、まぁある言葉（は）色んないくつか意味を持ってますネ。あの、よく国語辞典で1・なんとか、2・なんとかって、まぁこれは英和辞典だっておんなじですけど〔笑い〕、書いてあるでしょ。で、これはこの意味、これはこの意味、これはこの意味といっ、まぁ確かにそうですけど、現実に我々言語を使う側から言うと、1の意味を持たせながら2の意味で使うとかネ、そういうことがたくさんあるわけですょ、色んな意味を含みながらネ。だからそういういう（ふうに）かなりこう「これは1の意味だよ」、「これは3の意味だよ」って言ってんじゃなくて、「これは1と3の意味を兼ねて言ってる」っていうようなことがたくさんあるわけだから、そういう意味で言うと「信仰」って訳はある一箇所の意味だけなんですょ。でその意味だけ採って来て、他も全部当てはめようとすっと（どうしても無理が出て来る）。こら西洋語のGlaubeも日本語の信仰も同じですょ、そういう点では。全部「人間の」になっちゃいますょ、主語は。そうでしょう。信じ、仰ぐ。ドイツ語じゃあネ、神様のGlaubeという言い方（は）しないんですから。Glaube Gottesっつったら、これは神に対する信仰になっちゃう、どうしたって。日本語だって「神の信仰」ってことはあまり言わない。キリスト教会では言わないネ。キリストの信仰。まぁこりゃイエスの信仰ってことはあり得ますけれど、地上におられましたからネ。でも、まぁ通常は我々が言うときは、イエス・キリストは信仰の対象ですから。ネ、対象としてのあれ。で、こういうことを考えますとネ、よく理解ネ、みなさんによく理解しておいていただきたいんですけど、これピスティスの訳語は、プロテスタンティズム最重要の概念なんですょ。だって、そうでしょ。ピスティスによって義とされるっていうことが確かにあるんですから。プロテスタンティズムというものの要の概念ですけど、これは新約学、新約学、聖書を読んで行くと、そんなに簡単な意味じゃないですょ。そこをよく指摘してますネ。こういう少数の説を、多数

186

派でもって、抗う、絶対少数派としてぁの無視し続けるっていうのは、日本の新約学会も良くないことだと思うんですけどぇ〔笑い〕。こういうふうに勇気のある人が出て来ないとぇ。叩かれますょ、こういう人は。でもこれは、ぁの、この、こぅいう、例えば、彼がこういうふうに発表してくれたおかげで、僕は、ぁのこういうこと、まぁ、ぁの、よく分かんなかったわけですけど、ようくそれで読み直してみると——まぁその前に、僕はこぅ彼の論文読む前に、これはおかしいってんで、ぁの、自分なりにやってましたけど——よく教えられるぇ。

　そして、134 頁（を）見ると、「以上のように——って上の方の段にあるぇ——ガラテヤ書における『ピスティス』の概念はキリストおよび宣教の言葉と本質的に結びついている。前述のように、ガラテヤ書における『ピスティス』の語は半数が『エク』または『ディア』による前置詞句の形をとっているため、この句における『ピスティス』を人間の信じる態度ととり、この『標準的』な用法に対して1章23節、3章23節、25節等における用法を『異例』として片付けるのが一般的である。——この通りです。これは日本の教会だけじゃないです。新約学者もそうです——しかし、これは妥当な解釈だとは思わない。先に指摘したように、3章24節の「エク・ピステオース」は前後の『ピスティス』の用例に挟まれている」。で、前後の上、23節と25節のピスティスは明らかにキリストを言ってます。ぇ、明らかに、その前後のピスティスというのはキリストを指している。ところが真ん中に出て来る24節だけ、エック　ピステオース、これだけはキリストに対する信仰と訳すのは、ちょっと変ですょ。ぁるぃは、「事態はむしろ逆に考えるべきではないだろうか。つまりパウロにおける『ピスティス』は、信じる人間、信じられるキリスト、および両者の関係を創出する宣教の言葉——神の言葉ですぇ——を本質的関連として暗黙に含みもつ一定の恵みの現実を指し示す語として用いられている」、これいいですぇ。いっ、「一定の恵み」、これはぁの彼はこういう言葉ですが、

ぁの、同じ時期に書いてる、これ君たちに最初にぁのメールで送ったのが、超個人的なっていう――〔板書しながら〕まぁ超個人的なっていうのは、主観を超えたって意味ですから――まぁ客観的なという意味にも言い換えてもいいんじゃないかと思いますけど、「客観的な恵みの現実を指し示している、用いている。――いいですぇ、これ――『信仰によって』は、この現実をまとめて指示する（ための）簡略的表現と考えられるので……」。まずですからまぁこの３つを挙げてますけど、それをさらに彼なりに総合して、ピスティスというのはある現実、恵みの現実、恵みの現実を言っているんだと。

　で、まぁここ、この辺から、この先がちょっと十分展開してないのは、ちょっとまぁ不満に残りますけど、つまりぇ、まぁ僕の見方から言うと、やっぱりこのピスティスというのはある現実なんですょ。ある深い現実を言っている。そう、それによって人間は救われると。義とされる。その人間の態度とか信仰とか――人間の信仰ぐらいあやふやなもんないんですょ、ふらふらしてて――そういう深い現実。で僕はぇ、それをぇ、むしろ現実と言うより〈まこと〉と言ったんですぇ。〈まこと〉というのはいい言葉で、その深い現実、神様の〈まこと〉、キリストの〈まこと〉、それによって、それによって救われている。救われる。で、それが最初にある。で、それにまぁあの、「イエス・キリストの」というまぁ規定ですぇ、属格がついている。それ、それはもちろんぁのよく分かりますぇ。イエス・キリストの現実。

　でぇ、パウロはどうも、どう見ても、やはりそういうある深い現実に触れて、ぁのはっと気づくんですぇ、自分、自分が義とされているということに。で、それを彼はぁのキリストと呼んだし、単にピスティスとも言ってるんですぇ。ですからそれは、で、後、信仰とかなんとか出て来るのはその後です。まぁこれは主として動詞で使ってることが多いんですぇ。πιστεύω（ピステウオー）。このときは信仰する。ですから僕は、ぁのガラ

テヤ書３章に出て来るピスティスっていうのは、原則的に全部ぁの信仰と
はと、採りません。これは恐らく太田さんもそうだと思います。ローマ書
も３章に関してはそうです。４章に返って来ると、アブラハムの信仰って
いうものになりますから、ぁの、これはいわゆる信仰でいいとぉも、思いま
す。

　でこのカール・バルトが最初に『ローマ書』を書いたときに、第一版っ
てのがぇあるんですけど、まぁ有名なのは第二版で、日本の翻訳が出て
るのは第二版ですけど、第一版はそのほとんど Treue（トロイエ）ってやっ
たんです。Glaube（グラウベ）じゃないんです。Treue〔板書〕。Treue っ
て、Treue っていうドイツ語は、まぁ忠実という（意味です）。まぁぁの、
Treue ってのはぇ、よくぁのドイツの女性がぇ、男性、結婚相手の男性に求
める Treue。これは浮気しないでっていうことですけどぇ〔笑い〕、要す
るにこれは忠実ですぇ、忠実。これは神の Treue っていうふうに訳して、
彼は Glaube という訳を使わなかったんですぇ。Glaube は人間が──動詞
が glauben ってなるでしょ──信じるってなっちゃう。で、彼は、まぁ第
二版でだいぶぁの非難が多いの、多かったので、この Treue を Glaube と直
したところもあるんですが、基本的には Treue をょって維持するんですょね
〔笑い〕。てまぁ、これを、吉村善夫[註50]っていう大変、まぁ恐らくバルトの
翻訳の中であの人ぐらい──まぁ個人的には知りませんけど、もうとっく
に昔の人ですから──あの人ぐらい苦労して、すごい翻訳をした『ローマ
書』ってのはぇ、その後、あと他の人が訳してますが、とてもとても及ば
ない。この人が、この人がですぇ、ぁの「信実」ってこの言葉に訳したんで
すぇ〔板書〕。これを使ったんですぇ。こっから出たんですょ、彼の、実際
この言葉が。これは青野（太潮）さんなんかもこの言葉を使ったんじゃな
いかな。使ってると思うけど。まぁこれはただドイツ語を訳したんです
〔笑い〕、別にギリシヤ語じゃないです。〔独り言のように〕あっ、青野さ
んはこれじゃない、使ってないんだ。でまぁ、僕は〈まこと〉っていうふ

うに採ってんですけど、それは我々の現実、我々の現実の底にある本当の
信実。それを〈まこと〉と。それに触れて人間（は）初めてこぅ、気づく
し、それに触れて初めてこぅ、救われる、義とされるということが出て来
るんだよね。ぁの人間の信仰、それは後で信仰、その後で信仰は出ますょ、
どうしたってそりゃ。で、そういう、まぁ、彼（太田修司）の場合はぇ、別
に組織神学者や哲学者じゃありませんから、そこまでの思索の展開は見ら
れませんけれど、これからするかも知れない、まだ若いから。ぁの、いい
ですネ、この、ぁのこの現実。一定の恵みの現実。ちょっと曖昧ですけどネ。
それを言ってる言葉じゃないか、なかろうかと言ってますネ。

　そうすると確かにネ、こういうふうにこぅ色々、ガラテヤ書でピスティ
スが22回出て来ると、いちいち分析するとこれだけ色んな意味があると、
でこいつが標準で、まぁいわゆる信仰で、後は、後だって半分以上（が）変
だって言って切り捨てるっていうのは変ですょ〔笑い〕。ネ、ですからみな
さんネ、ぁの翻訳聖書って、やっぱりそりゃそれなりに権威もありますけ
どネ、よく用心しなきゃいけないところがあるネ。で、そういうふうに訳
しちゃうと、第一肝心かなめの、肝心かなめの信仰義認説が、なんかただ
のネ、あんまり意味がない論文のぁの命題の繰り返しになっちゃうし、まぁ
いわゆる信仰主義（に陥ってしまいます）。信仰によって救われる。信仰
によって義と……、信仰によって義とされるっての。それを通常「信仰義
認」って言いますけど、信仰によって義とされるって言うと、すごく信
仰ってものが強調される。じゃあ、信仰ってなにか。信仰ってなんだった
か。一番代表的なこういう方向をとったのは、現代ではルードルフ・ブル
トマンですネ。ですから彼はルテラーナーだって、そういう意味ではネ、
独特のルテラーナーだって言われるんですけどネ、ぁのルーサランだって
ネ、ぁのそういう意味で。まぁ本当のルター派かどうかは知りませんょ。ぁ
の系統もぁのルター派の牧師の息子らしいんですけど。そうなっちゃうと、
最初に決断ありきという（ことで）、最初に決断。まぁ決断、信仰ですネ。

最初に決断ありきという、こういう――なんと言うか――形の信仰に、信仰主義に陥っちゃうんじゃないかと僕は思うんですけどネ。

これはぁの浄土教でもネ同じ行き方があってですネ、これ信心正因って言うんです。この言葉〔板書しながら〕、京都に来たから言っときますけど、信心正因というこういうの、これ大体浄土真宗の立場です。信心が、正しい往生の――往生、つまり救い、救われることですネ。これは極楽に行くことですから、往生ってのは。そうすっと、日本、ぁのキリスト教で言うと義ですょ、義。義とされる一番の正因である、こう考えるんですネ――信心がまさに往生の救いの種。これ、この立場をとるのは浄土真宗です。よくルター派と似てるって言われるんですけど〔苦笑〕、ところが、ところがネ、そうじゃないっていう（立場もあるんです）。浄土、同じ浄土教の中でも、信心、信心正因じゃなくて客体正因――こんな難しい字です〔板書〕――客体正因という、こういう立場を採るのがあるんです。これはなにかと言うと、これはなにかと言うと、人間の信心くらいあやふやで分かんないものはない、そんなものは信心になるわけない、むしろ口で念仏を唱えるというこのことの方が確実だって言う（んです）。

例えば、これは時宗[註51]――一遍上人[註52]の方ですネ――一遍上人に連なるのが、ぁの浄土宗西山派っていうのがあって――ぁの、西山があるじゃないですか、京都に行くと――あっちの方にいたらしいんですけど、ぉ、お坊さんたちがネ。今西山派って言うんですけど、その人たちは、決してそういうふうには採らないんですネ。ぁの、人間の信心ってのはあくまで第二義的に登場すると、こういう見方です。じゃあなにがかって言うと、ただパウロほどにしっかりと現実というふうに、なかなか捉えられてないんじゃないかなと僕は思うんですけど、もっと別なこと。ネ、まぁそれは、まぁ阿弥陀仏の正覚という、阿弥陀仏のお悟り。覚って言うでしょ。それが元だ、こういう見方をする。どっちかと言うとこれはぁの従って……。ただこの、ネ、それ以上のことは僕も知りません、素人です

から。でこのような見方がある。

　でプロテスタンティズムだ、だけどぁの、ルター派の唱えた信仰義認論っ
てのがあまりに有名になっちゃって、ネ、ぁのそうじゃないという考え方
をするような、例えばカール・バルトのような立場の人もいるわけです。
どっちかと言うと彼は、客体正因の（方に）、正因に近い見方ですけど、し
かしぁの、独訳聖書だって圧倒的にこれですからネ。Glaube an になってる
から、なかなか少数派なんですょ、そういう意味では。他方ブルトマンの
ような、そういう意味では本質的にルター派の後を続いている流れもある
し。だからこの、これは新約学会では極めて少数派ですけど、太田さんか
なんかのによると、まぁ今ただ、ネ彼の説によると英語圏では段々有力に
なるって言うから〔笑い〕、これからは分からないけど。組織神学の分野
でも少数派ですょ、こういう見方は。でもあることはあんですょ、昔から
ネ。まぁみなさんにはネ、僕はその後者の方なんですけど、みなさんにはネ
強制するつもりはありません、少数派ですから、ネ〔笑い〕。だからみな
さん、これから考えてってください。これからみなさん……。やっぱり、
これからの人たちがどういうふうに受け継ぐかでぁの、決まって行くわけ
ですからネ。もう今、棺箱に足突っ込んでるような神学者たちはええょ、
もうそんなのはネ、半分は。どんなふうに考えようが。

　まぁこういうことで、まぁネ、このピスティスというのをこの太田さんの
ように、恵みの現実、そういう方向で僕もネ採って行きたい。それがよく、
パウロが非常に豊かになる。そうでないとネ、単なる信仰主義者に
なっちゃうからネ、パウロは。そうすっと決断主義とかネ、きわめて主観
的性の強い神学者になっちゃう。だってこう思うってことになっちゃうで
しょう、最後は。私は、キリストさんは、イエス・キリストは神だと思う
とか。私はこれの信仰によって救われると、救われてると。だから変な訳
があるネ。ローマ書3章、ローマ書3章の28節、人間が信仰によって救
われると、私たちは思いますって。これはまだそこまではっきり書いてな

いけど、口語訳ははっきり書いてある。わたしたちはこう思う。人が救わ、義とされるのは信仰によるのであって、律法によるんじゃない。ただ思うって書いてある。非常に気になる。そういうことでぇ。

もう少し見てみようか。まぁ後はぇ、大体おんなじですょね。あっ、135頁以下の「パウロの論点」ってのは、ローマ書の3章、あっ、ガラテヤ書の3章に関するあれですから、記事ですから、いい注解ですこれ。あっ、まぁ注解とはちょっと言えないけれど、いいあれです、コメントです。これはまた後に論ずる機会があるかも知れませんが、こういう問題提起があると。で日本の新約学でこういう問題提起をしてもぇ、応える人が少ないんですょ。たいてい、つまり無視されちゃうんですょ。無視されると、その人はそれで終わっちゃうんだょね〔笑い〕。まぁ原口（尚彰）君がこれに反論書いてますけどぇ。原口君が、今東北学院大の、僕の授業なんかに出てた男ですけども。まぁあの、反論は、どんな反論したかも忘れちゃったけどぇ。あの、まぁ、反論してくれる人はまだいいんです。後はでも、まぁみなさんはこれからぇ、こういう少数派があって、結構重要な問題提起をして（いるということを学んで）、福音理解の、自分の福音理解のまぁ糧にしてってほしいと思うんですぇ。

はい、それじゃあぇ、まぁあの、ぇ、I君なんか色々意見はあるかも知れないけどぇ、またいつか聞きたい。今日はぇ、午前中はこんなことで、とりとめのない話をしちゃいましたけど。午後……。

〔学生が質問するが、聞き取れない〕そうです。彼（カール・バルト）はもうもっぱらそれ（です）。ですから単に Treue（トロイエ）という、単にピスティスと言ってるときも、括弧を入れて Gottes Treue と訳す。括弧に Gottes を入れて、神の。ただ Treue、ただただ Treue と言うと、忠誠、忠節と採ると、やっぱりドイツ語としても日本語としてもぇ、誰がと言いたくなっちゃうぇ。これはもう Gottes がついてりゃあ、ドイツ語としては完全に主格的ですょ。主格的属格。〔引き続き学生の、「その主体が

神だけじゃなくて、アブラハムとか人の……」というような質問が続く
が、十分聞き取れない〕そういう場合のときは、そんときはぁのGlaube
になるんです、彼の場合は。アブラハムのGlaube。〔学生の応答に対し
て〕そうです、そうです、そうです。だからそういうふうに、その場合
はGegentreue（ゲーゲントロイエ）と言ってます。こういうドイツ語はない
んですけれども〔板書〕、彼のことね。これはGegentreueって言うと、
Gegentreueって言うと、神のTreueに対してアブラハムがやはり同じ
Treueで返すという、これ、これね。これをGegentreueと言ってるわけ
で、応答、応答的忠誠〔笑い〕。神様が人間に対してTreueであると。そ
うすっとアブラハムもそれに対してGegentreue。ぁの、でも、パウロの場
合（は）ピスティスなんですね。ἡ πίστις（ヘー　ピスティス）と言うと、ア
ブラハムの信仰。ローマ書の4章ですよ。これは、アブラハムの信仰は、
アブラハムの信仰は、神によって義と認められたと言うときの、これは神の
Treueに対する（信仰ですが）、彼は同じピスティスをGegentreueと訳す
ね、人間のあれ（信仰）をね。またはGlaubeと、そのまま訳すのも〔笑
い〕、ちょっと色々あるんだ。

　〔学生の質問がさらに続くが、その部分は聞き取れない〕彼の場合は
TreueからGegentreueになるわけ。そう、だから神様の、まぁ僕の言葉で
は神様の〈まこと〉から人間の〈まこと〉へと、こういう。そう。あるい
は、神様の〈まこと〉から人間の信仰へとも訳す、訳したりしてね。そう、
そう、だからこれはだからまぁ、新約学で言えば太田さんの流れの人です
よ、新約学から評価するとね。ブルトマンは両方ともピスティスだから、
両方ともピスティスだから、説教者の信仰が聴衆の信仰に、説教者の信仰
から聴衆の信仰へと行くのがぁのピスティスからピスティスへという意味
だとブルトマンは考えたから、ブルトマンのは「神の」が落っこちちゃう
わけですよ。まぁそういう点ではすごく違うね。

　〔急にトーンが変わる。子供が教室にいたと思われる〕Wちゃんごめん

ネ、だいぶ〔笑い〕、これで終わりだょネ。後の授業はネ、後の授業はアブ
ラハムが出て来るから。アブラハムと七人の子が……。〔学生の声に対し
て〕あっ、そうですか、そうですか。よく聞いてくれましたネ。

ガラテヤ書　第3章

1

［授業資料から］

3：1〜4：7　Heilsgeschehen と Heilsgeschichte：〈まこと〉・根源の〈こと〉と、その〈もの〉語り―唯一回性の〈こと〉を歴史（＝史的一回性）として〈もの〉語る

3：1-5　人は、律法の業によってではなく、〈まこと〉の声を聞いて霊を受ける（ἐκ πίστεως εἰς πίστιν）（第二義の義認）

¹ Ὦ ἀνόητοι Γαλάται, τίς ὑμᾶς ἐβάσκανεν, οἷς κατ᾽ ὀφθαλμοὺς Ἰησοῦς Χριστὸς προεγράφη ἐσταυρωμένος;
² τοῦτο μόνον θέλω μαθεῖν ἀφ᾽ ὑμῶν· ἐξ ἔργων νόμου τὸ πνεῦμα ἐλάβετε ἢ ἐξ ἀκοῆς πίστεως;
³ οὕτως ἀνόητοί ἐστε, ἐναρξάμενοι πνεύματι νῦν σαρκὶ ἐπιτελεῖσθε;
⁴ τοσαῦτα ἐπάθετε εἰκῇ; εἴ γε καὶ εἰκῇ.
⁵ ὁ οὖν ἐπιχορηγῶν ὑμῖν τὸ πνεῦμα καὶ ἐνεργῶν δυνάμεις ἐν ὑμῖν, ἐξ ἔργων νόμου ἢ ἐξ ἀκοῆς πίστεως;

　　［私訳］

　　3：1　ああ、物わかりのわるいガラテヤ人よ。イエス・キリストが、しかも十字架につけられたイエス・キリストが、あなたがたの目の前に描き出されたのに、いったい、だれがあなたがたを惑わしたのか。

　　3：2　わたしは、ただこの一つの事を、あなたがたに聞いてみたい。あなたがたが御霊を受けたのは、律法を行ったからか、それとも、〈まこと〉の声を聞いたからか。

3：3　あなたがたは、そんなに物わかりがわるいのか。御霊で始めたのに、今になって肉で仕上げるというのか。

3：4　あれほど大きなことを経験したことは、むだであったのか。（εἴ γε καὶ εἰκῇ）まさか、むだではあるまい。

3：5　すると、（神が）あなたがたに御霊を賜い、力あるわざを**あなたがたの中になされるのは、律法を行ったからか、それとも、〈まこと〉の声を聞いたからか。（〈まこと〉の声を聞いたからであるのは明らかである）**。

［授業］

　それでは今日は３章に入るわけですが、まぁぁのこれなかなか興味深いですけど、理解が非常に難しい箇所でもありまして……。ぁの前のところは２章の後半でまぁ神、義認、義認論ですネ、義認論が出て来たわけですが、それは「救いの出来事」というふうに名づけますと、ここは、つまり２章の方を——Heilsgeschehen（ハイルスゲシェーン）ですネ、ドイツ語（を）使うと「救いの出来事」、〔板書しながら〕義認ですネ——Heilsgeschehen、まぁ「キリストの出来事」と言ってもいいです。そっちの方がいいんですけどネ。これは〔板書しながら〕日本語では「出来事」と訳しますが、ドイツ語では、ドイツ語の神学用語では Christusgeschehen（クリストゥスゲシェーン）。まぁ具体的には十字架と復活ですネ。これは救いの出来事。これが２章でまぁパウロが述べたことに関する（要点です）。

　〔板書しながら〕ここは（３章）まぁ Heilsgeschichte（ハイルスゲシィッヒテ）、これを一般に日本では「救済史」と訳すんですネ。しかしほとんどこの Heilsgeschehen「救いの出来事」とあまり意味が変わらないで言っているように思います。Geschehen ということと Geschichte（ゲシィッヒテ）というドイツ語は、これはまぁもちろんぁの聖書の言葉じゃありません。ぁのドイツの神学用語ですけど、Geschichte という言葉はドイツ語（で）多

義的でして、ひとつは「歴史」ですネ。それからもうひとつが「出来事」、
——まぁGeschehen（ゲシェーン）と同じになるんですが——それからもう
ひとつが「お話」という意味があるんですネ、物語。ですから日本語では
Ostergeschichte（オスターゲシィッヒテ）というときは、一般には「復活物語」
と訳すんですよ、新約学者たちは。「復活史」とは訳さないんですネ。と
ころがHeilsgeschehenは「救済史」と訳す。ちょっと統一がとれないよ
うに思いますけど、まぁ私はこれはHeilsgeschichteの方は「救いの物語」
というふうに、（そういう）理解のもとにやって行きます。それに対して
こちらは本当に「救いの出来事」ということです。まぁそれは後ほど申し
上げます。

　それでまずカラテヤ書の3章の初めのまぁ大体1節から14節ぐらいが
1セットになると思うんですが、今日はそこをやるのが手一杯でしょう。
で3章の1節から5節まででいったん切っておきますと。ちょっと読んで
みますと、日本訳の方を見ていただきたいんですが、まぁ口語訳を少し変
えたところがあります。

　（1節）「ああ、物わかりのわるいガラテヤ人よ。イエス・キリストが、
しかも十字架につけられたイエス・キリストが、あなたがたの目の前に描
き出されたのに、いったい、だれがあなたがたを惑わしたか」。まぁつま
りあれですネ、律法遵守の方向に行ってしまったかということですネ。

　（2節）「わたしは、ただこの一つの事を、あなたがたに聞いてみたい。
あなたがたが御霊を、あなたがたが御霊を受けたのは、律法を行ったからか、
それとも、〈まこと〉の声を聞いたからか」。まぁこれは先程申し上げまし
たように、この場合のピスティス（πίστις）というのを「信仰」と訳す
ことはちょっとできないですネ。「信仰を聞いたからか」（とは訳せない
ですネ）。ですからこれはまぁずっと私は〈まこと〉と訳して行きますが、
ガラテヤ書3章はピスティスという言葉がものすごくたくさん出るわけ
ですネ。それで一貫して〈まこと〉と訳しております。そういうことは、

さっき太田さんもそのようにやっているわけですけど、「信実」と言ってるわけですぇ。「〈まこと〉を聞いたからか」。

（3節）「あなたがたは、そんなに物わかりがわるいのか。御霊で始めたのに、今になって肉で仕上げるというのか」。この場合の「肉」というのはもちろん律法、割礼を受けて律法を遵守して行くというまぁユダヤ教のやり方ですぇ。それを、それをそういう肉と言っているわけです。「肉で仕上げるのか」。

（4節）「あれほど大きなことを経験したことは、むだであったのか」。後のギリシヤ語 εἴ γε καὶ εἰκῇ（エイ　ゲ　カイ　エイケー）というのは、ょくギリシヤ語のプロたちにもよく分からないようでして、かつての口語訳は「まさか、むだではあるまい」（という訳です）。佐竹（明）さんの訳は「そうだ。その調子では無駄にだ」。青野（太潮）さんの岩波、岩波書店で出てる本では「たとえまったく空しかったとしても、たしかにあなたがたはそういう体験をしたはずである」。まちまちですぇ〔笑い〕。でもまぁあまり意味は、意味はどっちにとってもまぁ大勢は関係ないんですけど。まぁ要するに、これ原文がまぁ乱れてるんでしょうぇ。まぁしかし大したことは別にありません。「あれほど大きなことを経験した」っていうのはやはりあれじゃないですかぇ。ぁの大きな入信体験と言うか、回心体験と言うか、そういうことを言っていると思います。

で5節、「すると、神があなたがたに御霊を賜い、力あるわざをぁなたがたに、あなたがたの中になされるのは、律法を行ったからか、それとも、〈まこと〉の声を聞いたからか」。またここでさっきやったですぇ（ことが出て来ましたぇ）。まぁ口語訳は困って「信仰を聞く」というのは変だから、「聞いて信じたからか」って〔笑い〕、ひっくり返して訳してますけど、まぁ口語訳、新共同訳は（そういう訳になっています）。ぁの「まことの声を聞いたからであるのは明らかである」。ここですけどぇ、ぁのたいていはまぁこれはぁのパウロはガラテヤに行ってキリスト教の宣教をしたと。

それがイエス・キリストを語った（ということであると）。十字架につけた方、つけられた方を語ったと。でそれが大きな経験になったと、まぁみなこういう注解をしております。そうであるには間違いありませんけど、それにしちゃ非常にリアルですヶ。「イエス・キリストが、しかも十字架につけられたイエス・キリストが、あなたがたの目の前に描き出されたのに、いったい、だれがあなたがたを惑わして、こんなふうなまぁユダヤ主義的なユダヤ教的な方向に走り始めたのか」という（ことを1節で言っていましたヶ）。まぁその前にその「イエス・キリスト、しかも十字架につけられたイエス・キリストが、あなたがたの目の前に描き出された」（とありますけど）、これは文字通りギリシヤ語はそうなっているわけですけどヶ。

　まぁ僕は前からこれをそう思うんですけれど、まぁ20、2節で、その前の2章ではですヶ、パウロとキリストがひとつであるという、まぁ「最早われ生くるにあらず、キリスト我が内に在りて生くるなり」というこういう極めて鮮烈なセリフを吐いている、その直後に出て来る言葉ですょヶ。ですからこれはやはりヶ、まぁ僕はやはりパウロという人が説教するということは、身をもってやった説教ですから、「目の前に」と言うんですからヶ、これはヶ、パウロと一体のキリスト、それをヶ、やはりこう言ったんだろうと思うんですヶ。今日そういう説教というのはなかなかお目にかからないかも知れませんが、やはりそう理解しないとあまりにリアルです、言ってることが。ですからパウロというのはまぁなんらかの障がいを負っていたと思われますが、そういう人がですヶ、まぁあたかもそこにキリストがいるように、彼自身がキリストであるかのように、──「あるかのように」という言い方はまずいのかも知れませんが──そのように強いもの、強烈なものをもって語ってたんですヶ。それがやっぱり聞いた人の心を動かしたんだろうと僕は思うんですヶ。前からそう思ってたんですけど。

　ぁのこれでヶ思い出すのはヶ──ぁの、みなさんぁのみなさんにぁのこの最初、今年の4月にこの授業を始めるにあたって座古愛子さんの、まぁ私が

その前の年に書いたものをぁの事務室からぁの配っていただいたと思うんですがネ註53）――あのあそこの初めの方に書いといたんですけど。ぁの座古さんという人は今は忘れられてしまったんですが、いえいえそんなことはなくて、（こちらがお願いしたんで）だいぶぁの神戸女学院で一生懸命資料探して（くれて）いるようですが〔笑い〕。（学院の方から）呼ばれてんですけど、なかなか行かれないんで、12月はぜひ訪ねたいと思ってるんですけど。ぁの座古愛子さんという人の名前をずっと憶えていた人は（で）中村久子註54）――あそこにもちょっと書いてるんですけど――という女性がいるんですぇ。この人は――ぁの生まれて3歳ぐらいというとちょうどYちゃんぐらいの歳でしょうぇ――手足がもげちゃったというんですが、突発性脱疽（という）そういう恐ろしい病気があるらしいんですけれど。まぁそれで口しか使えないと、鳥のように（なってしまうんですぇ）。「鳥は口でなんでもやるじゃないか」と言われてから、彼女は非常に頑張るわけですが、ぁのあの人がぁの座古さんに会って決定的な影響を受けていくわけですが。それは彼女が30歳前後だったと思うんですぇ、中村さんが。でその時、座古さんはもぅ十いくつ上ですからもう50近かったと思いますが、たぶんそこの先の兵庫で兵庫にまで（来ていたんでしょう）。中村さんが全国を（巡回していたんですが）、ぁのまぁ言ってみるとあれですぇ、寅さんと同じような職業ですょ、ぁの一座はネ。いわゆる香具師と言うんですが、興行師ですぇ。（そこ）の人気スターだったんですが。で中村さんは雑誌（を読むんですぇ）。昔の婦人雑誌に『キング』という雑誌があったんですが、『キング』にぁのこの座古さんの紹介が出るんですぇ。こういうことで生きている素晴らしい女性がいると。それを読んでどうしても会いたいというんで、会いに行くんですが、まぁ彼女は彼女は義足をつける――義足っていうか、義足ご存知でしょ――つけると、あと松葉杖なんかをつけると、彼女は歩けたことは歩けたみたいなんです。座古さんはそれはできません。でまぁ、ぁの彼女は一座のどさ周りの一座のまぁ人気スター

だったから、お付きの人がいたわけですゥ。それらに連れられて行くわけ
ですが、会った時のゥ印象を書いてるんですょ、彼女はゥ。そこにゥこう
いう記事があるんです。これは僕が書いたものにも引用してあるんですけ
ど、座古さんは寝たっきりですゥ。そこにゥその……。

　（文章の朗読が始まる）「横臥されている──『横臥』って横になってて
ゥ──横臥されている座古女史のお顔は、──彼女のまぁ当時本でもあっ
たんだと思います。ぁのたくさん本、そう、たくさん本があって、今入手が難
しいんでゥ、僕も5、6冊しか入手できてないんですけど──本の口絵の
写真より以上に美しい。神々しい観音様のように温かい。この時の印象は
終生忘れることができません。女史とは初対面なのに、目と目を見交わし
た刹那、涙は堰を切って流れ出しました。不自由な者のみが知る苦痛の境
地、そして重度の障害者のみに与えられる与えられた魂の交流する世界、そ
れはどんなに尊い数秒だったことでしょう」。まぁ会った途端に涙が（溢
れたんですゥ）。両方とも声が出ないわけですゥ。まぁその前にぁの彼女の
方は手紙を出してるんですょ、中村さんはゥ。彼女は口にこうぁの咥えて
書けるんです。それもうまい字です。まぁ恐らく筆やなんかでやったんだ
と思いますが、まぁそれで、ですからそういう手紙をもらってることは
知ってるんですゥ。ただぁの座古さんの記録はずっと読んでも、中村さん
のことは書いてないんですょ。だから色んな人が会いに来てますから、そ
の頃有名になっちゃってるから、中村さんはその中の一人に過ぎなかった
んですゥ。ところがまぁ中村さんていうのは、後に浄土真宗の大変な信徒
になりますんで、それで名前が残ったわけですが、そこで会った数秒、数
秒です。

　互いに「ようやく涙の顔を上げて言葉を交わし、語りつ語られつするう
ちに──その次──生きているのではない、"生かされている"と、当時
無宗教だった私にも、心の底に無言の声がはっきりと響きました」と、驚
嘆すべき記事が書いてあるんですゥ。「生きているんではない、"生かされ

ている"」。人が生きているのは〈まこと〉によるっていうのがぇハバクク
書（2:4）にありますけど。「当時無宗教だった私にも、心の底に無言の声
がはっきりと響きました。初めて心の眼が覚めました。いいえ私が覚めた
のではなく、女史によって覚まして頂きました。——いいですぇ、この科
白——それ以来親を恨み世を呪うことはやめました。女史にお会いしたこ
とが、どんなな、どんな名僧知識——知識ってみなさんご存知ですか。仏教
の用語でまぁ名僧をいうんですぇ。名僧知識と同じ言葉の繰り返しです
——名僧知識の御高説よりも、高価な書物よりも、私には偉大な慈光であ
り、いかに尊い教えを得させて頂いたかは計り知れぬことでございます」
と、こういうことを書いているんですぇ。

　座古（中村）さんはこの時はぁ別に仏教徒でもなんでもありません。
ただの普通の——「普通の」といってもまぁもちろん障がいをもった女性
ですが——普通の女性に過ぎません。彼女がここで決定的な、ぁのなにか
決定的なことを学ぶんですぇ、座古さんから。だからまぁそのとき、私の
心に無言の声がはっきりと響いた。この人は生きているんじゃない、生か
されているんだと。そういう声がはっきりと響いた。で彼女は後にぇ、ぁ
の浄土真宗に行きますが、これはおばあさんの影響ですし、それからこれ
はこの出来事よりずっと後です。何十年も、あぁ 20 年？　ちょっと年代
的には分かりませんが、10 年以上経ってからまぁ、ぁの行くわけですが。で
このとき彼女はなにを、なにを聞いたかってことなんですょ。まぁ自分も
同じように手足がない。まぁ彼女の言葉を借りると、「座古さんの方が私
よりも大変だ」って言ってる。座古さんは歩くのやっとですからぇ。歩
くって、トイレに行くだけしかできない。まぁ彼女の場合とにかく義足を
つけると歩くことができた。まぁ、まぁどっちも大変ですけどぇ〔苦笑〕、
我々から見たら。想像もできないですけど。

　でぇこの、この記事ですぇ。あの、まぁ、少なくともパウロがガラテヤで
やった、ガラテヤの人たちに与えた深い感動というのは、やはり僕はぇ、

これ、この、このふたりの記事を見ると、なにかこう（共通するものではなかったかと思うんですネ）。もちろん中村さんはパウロなんて知りませんょ。でも同じように深い現実ですネ。きつい現実、まぁ十字架ですょ、この現実は、まさに。このふたりとも十字架を負っちゃってる女性ですが、こういう人が互いに出会うでしょう？　で一方の人はもうそのときはもぅパウロなんて掴んでいるわけですネ。たいしたもんだと思うんですけど。まぁパウロの骨髄を掴んでいるわけですネ。でそういう人と出会って、そういう人の言葉を聞いて、何度もその後も来てるんですネ。中村さんはぁの座古さんを訪ねてるんですょ。で、そしてしかしそのとき彼女自身が、もちろん中村さんは座古さんの言葉を聞いているし、キリスト教的な色んなことも教わったでしょう。しかしそれとは別にですネ、彼女自身の心の中でなにかが語るわけですネ。「生きているのではない、"生かされている"。当時無宗教だった私にも、心の底から無言の声がはっきりと響きました」って書いてあるんです。

　ここなんかを思うとネ、このパウロのこのこの科白はネ、今ぁの色んな学者たちが注解書を書いている以上に、もっと本当のこういうものがあったんだろうネ。パウロ自身もやはりなにかある深手を負ったからだだった。聞いていた人たちはそれぞれでしょう。普通の人も多かったでしょう。それでもここでなにか、自分もそういう厳しい現実に触れている。そのときパウロという人の言葉がやっぱりきっかけになりますょネ。それがここに書いてある。「私の心の眼が初めて覚めました。いいえ私が覚めたのではなく、女史によって覚まして頂きました」って書いてありますけど。やはりそれはぁの中村さんの、まぁ滝沢先生流の言い方すると、脚下に来ているなにものか、現実がやっぱり扉を叩くんですネ。ノックするんですょ。それはもちろん座古さんの言葉と合い重なって聞こえて来るわけですょ。それですょネ。ですからその間のあれってほんの数秒でしょうネ。この数秒が、やがて彼女が一番掴んだことなんですネ。その後彼女がぇ、仏

教徒、念仏者になろうがﻧﺂﺑﻓ、あるいは法華経の行者になろうがﻧﺂﺑ、ぁのそんなことあんまり大した問題じゃない。ここで、ここで、つまり彼女のﻧﺂﺑ、ぁの手足がないという、3歳ぐらいのとき、両手両足を失ってしまったという厳しい現実ですﻧﺂﺑ。十字架ですﻧﺂﺑ、文字通りﻧﺂﺑ、手足が（ないという現実です）。この十字架という現実はここで、まぁ前から語ってたんですけれどﻧﺂﺑ、やっぱり座古さんに会ってから初めて気づくわけですﻧﺂﺑ。ぁの僕はﻧﺂﺑ、ぁのやっぱりそういうもんだと思う。だから彼女は今は仏教の世界に行ってますけど、ﻧﺂﺑ、やっぱりこういう仏教の理解の仕方をするってことに対して、すごく惹かれるお坊さんたちですﻧﺂﺑ、お坊さんがいるんですﻧﺂﺑ。これは浄土真宗のぁの信仰とはちょっと違うんですﻧﺂﺑ。僕はそう思いますけどﻧﺂﺑ。でもﻧﺂﺑ、そんなことは問題じゃないんだ。やっぱり真理というのはそういうもんだ。真理というものは現実。現実、それは〈まこと〉と僕は言うんですけど、〈まこと〉と。まぁもちろん真理は、現実は十字架ですﻧﺂﺑ。その十字架の、十字架のすぐ裏っ側にこの復活がある。これが、これが伝わるんですﻧﺂﺑ。これが伝わるんです。ですからそこが大切なことで（す）。ぁの形式的にこの人は浄土真宗の人になったと。だからもうこの人はキリスト教から見たらどうのこうの、そんなことじゃない。そこにちゃんと光ってるものがある。キリスト教だったって、そんなとこにキリスト教の真理があるなんてこと、全然思ってない人はたくさんいるんですからﻧﺂﺑ、学者の中にも。

　そんところをﻧﺂﺑよく（掴んでいただきたい）。でそれを念頭に置いてﻧﺂﺑ、今んとこを見るとﻧﺂﺑ、ようく色々教えてくれる。ぁの神学者の注解書よりももっと多く。「イエス・キリストが、しかも十字架につけられたイエス・キリストが、あなたがたの目の前に描き出された」〔笑い〕、よく分かるじゃないですか。本当ですﻧﺂﺑ。僕は座古さんの寝ている姿というのに、やっぱりこの中村久子さんはﻧﺂﺑ、ここにイエス・キリストを見ているわけですﻧﺂﺑ。これ見てるわけですﻧﺂﺑ。で大きな体験をする。でやっぱり

それは、それは御霊を受けるということでもあるわけですネ。そうでしょう？　「当時無宗教だったって、心の底に無言の声がはっきりと響きました」って言うんですから、これは御霊が、御霊（を受けたということですょ）。つまりこれはなにかって言うと、このパウロが言ってる ἐξ ἀκοῆς πίστεως（エクス　アコエース　ピィステオース）、「〈まこと〉の声を聞いたからか」（ということなんです）。（1節）「ああ、物わかりのわるいガラテヤ人よ。イエス・キリストが、しかも十字架につけられたイエス・キリストが、あなたがたの目の前に描き出されたのに、いったい、だれがあなたがたを惑わしたのか。（2節）わたしは、ただこの一つの事を、あなたがたに聞いてみたい。あなたがたが御霊を受けたのは、律法を行ったからか、──つまり宗教を一所懸命やって来たからか──それとも、〈まこと〉の声を聞いたからか」、これですょネ。

　よく、まぁこれ、なかなか人間、キリスト教の宣教というのはなかなかこんなふうにいかなくて、まぁ一般の──そのなんて言うか──宣教は宣伝みたいになっちゃてて、教会が膨張するためのあれになっちゃって、なって行くんですけれど〔笑い〕、本来こういうもんだろうネ。だからこれ、こういう経験した中村さんは生涯忘れないから、ぁの後に仏教に行ったってやはりこれを、これだと、「初めて心の眼が覚めました。いいえ私が覚めたのではなく、女史によって覚まして頂きました」（と）、そういうもんですネ。誰かやっぱりいないと、これ気がつかないんですょ、人間って。自分でなかなか（気づかない）。自分で気づく人も時にいるんですけどネ。だけどなかなか普通にはできない。「それ以来親を恨み世を呪うことをやめました。女史にお会いしたことが、どんな名僧知識の御高説よりも、高価な書物よりも、私には偉大な慈光であり、──っていうのは、これは光だ。慈光って、知恵のネ、慈悲の慈に光っていう字書く。光──いかに尊い教えを得させて頂いたかは計り知れぬことで……」、ここでまさに神の知恵をいただいているわけですネ。そこのところをネ、ぁの一応指摘して

おきたいと思います。

208

2

［授業資料から］

§1 3：6-9 旧約聖書（アブラハム）における ἐκ πίστεως εἰς πίστιν（第一のピスティス・義認から　第二のピスティス・義認へ）（人間を内包するキリスト G2:20b から　人間に内在するキリスト G2:20a へ）

^{6} Καθὼς Ἀβραὰμ ἐπίστευσεν τῷ θεῷ, καὶ ἐλογίσθη αὐτῷ εἰς δικαιοσύνην (= **ἀκοή** πίστεως, **ἐκ πίστεως εἰς πίστιν**)· (Gn15:6)

^{7} γινώσκετε ἄρα ὅτι **οἱ ἐκ πίστεως**, οὗτοι υἱοί εἰσιν Ἀβραάμ.

^{8} **προϊδοῦσα** δὲ ἡ γραφὴ ὅτι **ἐκ πίστεως** δικαιοῖ τὰ ἔθνη ὁ **θεός** (= **ἐκ πίστεως** εἰς πίστιν, ἀκοή **πίστεως**)· (Gn15:6),
　προευηγγελίσατο τῷ Ἀβραὰμ ὅτι ἐνευλογηθήσονται ἐν σοὶ πάντα τὰ ἔθνη· (Lxx Gn 12:3; 18:18; auch 22:18)

^{9} ὥστε **οἱ ἐκ πίστεως** εὐλογοῦνται σὺν τῷ πιστῷ Ἀβραάμ (= ἐκ πίστεως **εἰς πίστιν**) (G2:20a).

　［私訳］

　3：6 （聖書に）アブラハムは「神を信じた。それ（＝アブラハムの信仰・彼の内なるキリスト cf.V16）が彼には義と認められた（第二の義認）」とあるように、

　3：7 あなたがたはそれ故、〈まこと〉による者（＝〈まこと〉を信仰し受容する者・キリストを内に持つ者）こそアブラハムの子であることを、知るべきである。

3：8　他方聖書は、神が諸国民を〈まこと〉により義とされている
こと（第一のピスティス ἐκ πίστεως・第一の義認・永遠における
救い）を、あらかじめ知っていて、（この原福音を）アブラハムに対
し、「万（よろず）の国民（くにたみ）、汝によりて（ἐν σοὶ ＝ ἐκ
πίστεως）祝福せられん」（LXXGn12:3）と予告（＝約束）したの
である。

　（聖書は「神が諸国民を〈まこと〉により義とされている」（第一の
ピスティス・第一の義認・永遠における救い）ということを根本前
提・公理とした上で、LXX Gn 12:3 に ἐνευλογηθήσονται ἐν σοὶ
πάντα τὰ ἔθνή（→ 3:9 οἱ ἐκ πίστεως εὐλογοῦνται σὺν
τῷ πιστῷ Ἀβραάμ　第二のピスティス εἰς πίστιν・第二の義
認・時間における救い）と書いているのである）。
3：9　それ故、（アブラハムと同様に）〈まこと〉による者（＝信仰
者・キリストを内に持つ者）（第二のピスティス εἰς πίστιν）は、
信仰の人アブラハムと共に、祝福を受けるというのである（第二の義
認・時間における救い）。

　アブラハムの神信仰について『ローマ書』4章では：
R4:3 τί γὰρ ἡ γραφὴ λέγει; ἐπίστευσεν δὲ Ἀβραὰμ τῷ θεῷ
καὶ ἐλογίσθη αὐτῷ εἰς δικαιοσύνην.
R4:5 τῷ δὲ μὴ ἐργαζομένῳ πιστεύοντι δὲ ἐπὶ τὸν
δικαιοῦντα τὸν ἀσεβῆ λογίζεται ἡ πίστις αὐτοῦ εἰς δικαιο-
σύνην·
　4：5　しかし、律法の業を捨て、（ひたすら）神無き者を義とする方
を信じる人は、その信仰が義と認められるのである。
　ここに「神無き者を義とする方（神）への信仰」とは、さらに17節に
次のように言い換えられている。

210

R4:17— καθὼς γέγραπται ὅτι πατέρα πολλῶν ἐθνῶν τέθεικά σε,— κατέναντι οὗ ἐπίστευσεν θεοῦ τοῦ ζῳοποιοῦντος τοὺς νεκροὺς καὶ καλοῦντος τὰ μὴ ὄντα ὡς ὄντα.

4：17「わたしは、あなたを立てて多くの国民の父とした」と書いてあるとおりである。彼はこの神、すなわち、**死人を生かし、無を有と呼び出される神**を信じたのである。

1　神は死者を生かし、無を有と呼ぶ、すなわち、人間（「神無き者」「異邦人・諸国民」）を〈まこと〉により義とする (G3:8a) ── 第一の義認（永遠における救い）
2　人間はこの神の義を認識し受容する ── 信受・信仰
3　神はこの人間の信仰をさらに義とし嘉みする ── 第二の義認（時間における救い）(G3:6,9)

［授業］
はい、それじゃあぇ、6 節以下なんですがぇ、これが結構ぇ……。まぁできるだけ分かり易く、私が理解したところを申し上げて行きますが、まぁまず読んでみましょうぇ。
（6節）「聖書に、アブラハムは『神を信じた。それが彼には義と認められた』。──第二の義認と書いてありますが、まぁこれはこの説明は後でいたします──とあるように、（7節）あなたがたはそれ故、〈まこと〉による者──まぁこれは『信仰による者』まぁでも結構だと思いますが、まぁ原則として〈まこと〉と訳しましたので──〈まこと〉による者、つまり〈まこと〉を受け入れた人、受け入れて信仰する人こそアブラハムの子であることを、知るべきである」。
3章の8節、「他方聖書は、神が諸国民を」、「異邦人を」と訳すことも可能ですが、異邦人といいますとユダヤ人を以外のことになってしまうの

で、ここは全ての国民という意味で言ってますから、「諸国民」としてお
きました。そうなってる聖書もあります。「神が諸国民を」ってことはぇ
ぁ全ての国民ということでぇ、〈まこと〉により義とされていることを、
あらかじめ知っていて、──『この原福音を』っていうこの言葉は後に説
明しますけど──アブラハムに対し、『万の国民、汝によりて祝福せられ
ん』と予告したのである」。これはぇ、後で後半に「約束」という概念が
出てまいりますが、その約束、約束というのはこのことです。一応それで
注意を喚起する意味で書いておきました。その後ちょっと説明をしてあり
ますが、それは後で読むことにして。

　9節、「すなわち、〈まこと〉による者──『信仰者』ですぇ──は、信
仰の人アブラハムと共に、祝福を受けるのである」というように、第一の
義認とか第一のピスティスと、あるいは第二のピスティスとか第二の義認
という言葉が書いてありますが、それは私が勝手に言ったことではなく
て、これはパウロが言っていることをまとめるとこうなるということで、
ぇぁ「第一、第二」というのは滝沢先生も、バルトも言ってるというんで
すが、これはこういうことです。

　まず「聖書に──3章の6節ぇ──アブラハムは『神を信じた。それ
が彼には義と認められた』」って、この言葉は創世期の15章6章、15章
6節にあるんですが、全く同じ言葉がですぇ、ローマ書4章に引用されて
来てるんですぇ。ローマ書4章の──下に書いてある、下にぇ──ロー
マ書4:3ですが、τί γὰρ ἡ γραφη（ティ　ガル　ヘー　グラフェー）、「それ
では聖書はなんと言っているか」。語順は違いますが ἐπίστευσεν δὲ
Ἀβραὰμ（エピィステウセン　デ　アブラハム）、「アブラハムは──τῷ θεω
（トー　テオー）──神を信じた。そしてそれが──ἐλογίσθη（エロギステー）、
ἐλογίσθη というのは動詞ですぇ。主語を内に含んでますから──それが
──αὐτω（アウトー）──彼に義と認められた」と、こうなっております。
ですから、これは一般的に言いますと、「アブラハムは神を信じた」、その

こと、つまり神を信じたことが義と認められたということですから、これは「信仰が義とされた」ということですォ。よろしいですォ。「信仰が〔板書しながら〕——これは「アブラハムが神を信じた」というのは動詞ですから「信仰」と「信仰した」ですォ——そのことが義と認められた」ってわけですから、「信仰が義である」、こういう書き方です。信仰が義、あるいは義認であるということですォ。義と認められた。「認める」というのはカウントするということですから、義とカウントされた。

でところがですォ、ぁの、で「信仰義認」という日本語でぃぅよく言われるのは、これを言ってんじゃないんですォ。「信仰によって義とされる」という、例のローマ書3章の28節のようなのは、あれは「人間は、人間は信仰によって義とされる」、まぁ通常そういうふうに訳されるわけです。それを「信仰義認」と普通言っているわけです。ですからォ、——〔少し沈黙する〕信仰がピス、いや、信仰と言わない方がいいんだ——ピスティス（πίστις）が義とされる、ピスティスが義とされるというのがこの——〔独り言のように小声で〕信仰と訳さないほうが良かったなあ——ピスティスが——まぁこの場合はいいんですけどォ——〔板書しながら〕信、ピスティスが、ピスティスが義とされている、ォ。ところがローマ書の、ローマ書の3章の28節は、「人間がピスティスによって義とされる」って言ってるんですォ。ピスティスによって義とされる。だから人間が義とされるんですが。人間がピスティスによって義とされる。ですからピスティスと義の関係は、この今のローマ書4章の3節では、信仰、ピスティス、ピスティスは義とされていると言うんです。義とされているピスティス、ピスティスです。もっとはっきり言えば、ローマ書4章の5節、4章の5節がそうなんですォ。4章の5節は、お仕舞いの方は λογίζεται ἡ πίστις αὐτοῦ（ロギゼタイ　ヘー　ピスティス　アウトゥー）、彼の信仰が、つまりアブラハムの信仰が義と認められると言うんですから、まぁこの場合、アブラハムの、人間の、ということでして、αὐτου は別にアブラハムじゃありません。人間

の人間の信仰は、人間のピスティスは義とされると言うんですから、この場合のピスティスというのは、この場合のピスティスというのは義とされるピスティス（のことです）。で多少、ローマ書の3章28節では、義とするピスティスですけどね。

　ピスティスがね違うんですょ。一方は義とされるピスティス。まぁこれは「信仰」と訳してよろしいんですが、ローマ書3章28節やその他のところで言っているのは、言っているのは、ピスティスによって義とされる（という意味です）。だから義とするピスティスです。よろしいですか。だから二種類あるんですょ、結局。ピスティスというのは、義とされたピスティス、〔板書する〕義とされたピスティスと、〔板書する〕義とする、義とするピスティス。ね、ピスティスを訳さないで言ってみると、義とされたピスティス、と義とされるピスティスと、義とするピスティス。違うでしょ、これ。これを同じ言葉に訳しちゃうと分からなくなっちゃって、口語訳のような訳になっちゃうんですょ。口語訳はここをどう訳したかというと、新共同訳はまだいいんですけど、このローマ書4章のね、ローマ書4章のね3節。〔頁をめくりながら〕これ口語訳、今その講師室に置いてあったんで持ってきたんですけど、「なぜなら、聖書はなんと言っているか、『アブラハムは神を信じた。それによって、彼は義とぁの認められた』」と書いてあるんですね。「それによって」というふうになってて、「それによって」っていうのは、「信仰によって」ってことでしょ？　信仰によって彼は認め、認められたと。だからぁのあっちの方に切り替わっちゃってるんですょ、翻訳でね。これは明らかに暴力的に替えちゃったんですょ。でもこれははっきり言うと、ピスティスが別の意味で使われてるんです。

　これは先ほど（の）太田（修司）さんの論文では、太田さんはぁのはっきりそこは指摘してなかったですけど、ここでもピスティスというのを一本調子で訳すとおかしなことになるんです。ですから、義とするピスティス、このことをまぁ僕らは神のピスティスと呼ぶんです。義とされる

ピスティスは明らかに人間のピスティスですから、これは明らかに人間の
ピスティスということです。でこれは「信仰」と訳すんです、ですから。
ですからぁのよろしいですぇ。義認、でこの場合の義認はどういうことか
と言いますと、従って実は第二の義認なんですぇ、これが。第二の義認
については、ローマ書のその次の4章の5節にはっきりと書いてありま
す。あと挙げてあるでしょう？ 4章の3節の後にぇ。4章の5節、τῷ
δὲ μὴ ἐργαζομένῳ（トー デ メー エルガゾメノー）、これは「行い、行わ
ない者」という意味ですが、まぁいわゆる宗教的な人間でないという意味
です。「行いの功績はないが」と訳しておきました。πιστεύοντι δὲ ἐπὶ
τὸν δικαιοῦντα τὸν ἀσεβῆ（ピィステウオンティ デ エピ トン ディカイウーン
ンタ トン アセベー）、「無信者——えっーと、日本語の訳は一般に『不信仰
な人』って訳す。どっちでも結構です——無信者を義とする方——つまり
神ですぇ——行いの功績はないが、無信者を義とする方を信じる人は、そ
の信仰が義と認められる」。この場合は義と認められる、義とされる信仰
です、人間の。ですからこの4章の5節は、4章3節を詳しく言い直し
た（んですぇ）。

　で、でそのような信仰が義と認められる。でその前にもう一段階、義が
あるんですぇ。それは神様が人間を義としている。でそのことが「不信仰
者を、無信者を義とする神」という形で表しています。ですから神様が
人間を義とする。で、そのことを信じた人間がまた神様によって義とさ
れる。よろしいですか。こういう二つの構造の義があるんです。神様が
人間を義とする。それは4章の5節で言いますと、真ん中辺にある τὸν
δικαιοῦντα τὸν ἀσεβῆ（トン ディカイウーンタ トン アセベー）。ἀσεβῆ
（アセベー）というのは不信仰者。まぁ人間全部そうですょ。人間を義とする
方、その方を信ずる。その信仰が義とされるって言うんですから。

　そのちょっと次の頁の2の2、2を見てください、2頁の一等上[註55]です
けど。まず、神は人間を義とする。これが第一の義認です。ですから、第

一の、第二の、ってのは僕が勝手に作ったんじゃなくて、パウロが言ってることをまとめたに過ぎない。いや、これは僕だけじゃありません。第一の義認です。で人間はこの神の義を信、信受する、認識し受け入れる。これは信仰ですネ。その信仰が、その信仰（を）が、神様がよしと認める。ですから、こっちは第二の義認。第一の義認と第二の義認が、この4章の5節で、1個の文章の中にわっと出て来ちゃったんですネ。ですからここを区別しないと、なんかよく分からない翻訳をすることになる。よろしいですネ。ですからここでもネ、ピスティス（πίστις）というのは、さっきも言ったようなことが問題になるんですけれど、人間、神様が人間を義としてる。これがネほとんど無条件で書いてあるんですょ。

　でこれはもうずーっと我々がガラテヤ書をやって来たときに、例えば「わたしが母の胎内にいた時は、神はすでに神はぁのわたしを召し出した」(1:15) と、「呼びかけた」っていうような言葉があったってことをよく強調して申し上げましたが、こういう意味の、神様が人間を義とする。これが第一の義認ですネ。第一の義認です、これは。これはもう無条件なんです。これは無条件なんです。しかし、そのような義とする——義認ですネ——神様の根本的な、これを第一の義認とすると、それはしかし、たいていの人間が分からないんですょ。信じて受け入れるっていうことができないんですょ。でそれを信じて受け入れることができた人、その人はまた神様がさらに義とする。この場合は信仰を義とするというネ（意味です）。ですから信仰義認という言い方は、僕はそういう意味なら正しいと思ってるんですょ、第二の意味ならネ。信仰が義であると言うんですから。だから、通常日本で言う信仰義認とは、信仰によって義とされるって（いう意味です）。まぁこれはネ、神様の信仰によって、神様のピスティスによってと言うんなら正しいんですが、信仰と言うとつい人間の信仰を思っちゃいますからネ。そこで変な誤解が出て来て、神学者が混乱しちゃってる（ん）じゃあないかと失礼ながら思うんですネ。こういう構造なんですネ。

216

　そして、そのことをもっと詳しく説明しているのは、ローマ書の4章のもっと後に出て来る言葉です。さっきぁの無信者、不信心な人をですネ、義とする神と言いましたけど、この説明はどういうのかと言いますと、ローマ書（4章）17節にちゃんと書いてあります。これはまぁ17節の後半ダッシュ以下のとこなんですけれど、そのダッシュ以下ギリシヤ語でネ、アブラハムが信じた神の説明があるんです。「アブラハムはこの神、すなわち、死者を生かし、──『死者を生かし』ってことは『無信者を生かし』ということと同じですょ──無を有と呼び出される、召す、召し出す。もうその神なんか無いような人間。ネ、それは本当に生きてる人間から見れば死人でしかない。まぁ我々ですネ。我々は無信者であり、死者であり、死んだ人間であり、無。無ですネ、無いんです。そういう τὰ μὴ ὄντα（タ　メー　オンタ）ですネ。それを有る者として呼ぶ。そういう神だと。

　ですからここは言ってみると、死即生、無即有と言うかネ、そういうふうに呼び出す神、そのような神を信じた、信じた人間ということですネ。その人間が、その人間が義とされる。で第二の義認です。でこのことを区別しないと、パウロはなに言ってるのかよく分からないことになりますので、そのことを申し上げておきます。そしてこの第二の義認、つまり信心を得た、信仰を得たということに対して、神は、神はそれを喜んでくださる。嘉する。嘉するっていうネ、ここに書いてありますけど、2頁のネ上から3行目註56）、義とし嘉する。でこういうことの意味をよく理解しないとやはりいけない。でですネ、キリスト教の通常（語られている）福音、福音っていうのは、この第二の義認のことを言ってることが多いです。でも、第二の義認の前に実は第一の義認があるんですネ。それをまぁさっき「原福音」と呼んだんですけど。そのうえで、ぁのネ……。

§2　滝沢克己について

　第二のこの義認についてちょっといいものを見つけたので、みなさんに
ネ、分かり易いんじゃないかと思ってご説明しておきます。こういうこと
はあまり言う人がいないですけれど。こういうことはネ、あまりゃの新約
学者はこういうことになって来ると不得手になっちゃって、うまく説明で
きないんですョ、うまいことネ。

　これは、滝沢（克己）先生が晩年の（時期に講義されたものを文章に
起こしたものですが）、よく僕が言うこういう『聖書を読む』[註57]という
ネ（本があります）。岩切（政和）さんという、まぁここの大学とも関係あ
るんですけど。そのこの息子さんはここの卒業生ですから。このお父さ
んが（全部を一人で編集されたんですけど）、滝沢先生の晩年の聖書講解
の中にネこういうことが書いてある。ちょっと長いんですけどネ、まぁ易
しいから。これは『聖書を読む』という「マタイ福音書講解」の第二巻で
す。「マタイ福音書（講解）」第二巻の中に載ってるんですが、こういう
こと言ってる所があるんですネ。これは全くパウロの、パウロとは関係ない
所で、つまりマタイ伝の所で言ってるんですけどネ。こういうこと言って
る。

　マタイ伝の5章のネ、5章の12節にネ、滝沢先生はこれ文語訳で引用
するのが好きなんですけど、「天にて汝らの報いは大いなり」という言葉
があるんですョ。これはどういうコンテキストで言ったかというと……
〔しばらく本をめくる時間あり〕、これゃの文語訳、ちょっと初めの方だけ
読んでみようか。──〔独り言のように小声で〕文語訳だけ載ってたんだ
けどな。どこだったかな──あっ、ちょっと文語訳で読んでみますネ、12
節まで。（マタイ5:1）

　「イエス群衆を見て、山にのぼり、坐し給へば、弟子たち御許にきたる。
（2節）イエス口を開き、教へて言ひたまふ、（3節）『幸福なるかな、心

218

の貧しき者。天国はその人のものなり。（4 節）幸福なるかな、悲しむ者。
その人は慰められん。（5 節）幸福なるかな、柔和なる者。その人は地を
嗣がん。（6 節）幸福なるかな、義に飢ゑ渇く者。その人は飽くことを得
ん。（7 節）幸福なるかな、憐憫ある者。その人は憐憫を得ん。（8 節）幸
福なるかな、心の清き者。その人は神を見ん。（9 節）幸福なるかな、平
和ならしむる者。その人は神の子と稱へられん。（10 節）幸福なるかな、
義のために責められたる者。天國はその人のものなり。――ここで 10 節
ですぇ。11 節――我がために、人なんぢらを罵り、また責め、詐りて各
様の惡しきことを言ふときは、汝ら幸福なり。――そして 12 節――喜び
喜べ、天にて汝らの報は大なり』」というところで止めときますが、この
「喜び喜べ、天にて汝らの報は大なり」、この解説でこういうことを言って
ますぇ[註 58]。

　「で、ここでちょっと問題になるのは、『天にて汝らの報いは大いなり』
とありますから、これはいわゆる因果応報説で、これは勧善懲悪説じゃな
いかっていうようなふうにもとれるとれるんですが、それは勧善懲悪って
普通言うのは、いわゆる道徳というものを固定しておいて、それですべて
が押し切れるということですけれども、そういうことではないんですね。
これは神様が来ているということ、神様の手に人間はいるということ、そ
の視線の下にいて、その視線、神様が我々が我々が嘆くに先立って嘆いて
いる、ということです」。ちょっと分からないところですが、ぁのこれは
ずーっと先生の講解があるんですぇ。

　「幸福なるかな、心の貧しき者。天國はその人のものなり」。このときぁ
のなぜ文語訳を好むかって言うと、文語訳はギリシヤ語と語順が同じなん
ですょ。つまり、μακάριοι（マカリオイ）と最初に出て来るギリシヤ語が。
幸福なるかなと。ところが今の言葉に訳しちゃうと、「心の貧しき者は、
幸いなり」と、幸いがこういうふうになっちゃうでしょ、現代語ですと。
そうすると「心の貧しき者」という条件がまず出て来て、そういう人は

幸いである。で、天国はその人のものであると。まぁそういうふうにとっちゃうけど、ギリシヤ語は μακάριοι というのが先に来て、まぁ「幸福なるかな」が先に来て、それから「心の貧しき者は」と、こう来る。まぁ動詞がないんですけど、ポンポンと。そうすると、まぁ（滝沢）先生なんかの解釈から言うと、まず人間に幸いが来てると、こういう理解ですネ。

　まぁパウロ的に言えば、まず人間は義とされていると、こういうあれです。まぁそっから来てるんですが、実際は。まず人間は幸いが、幸いが来ている。まぁ神様が義とされている。第一の義認。で、心の貧しき者。幸福なるかな、心の貧しき者。まぁこの場合の「心の貧しい」というのは、まぁ普通言う意味じゃありません。普通はネ、〔笑いながら〕「心が貧しい」なんて言うのは、ぁの「君は心が貧しい」なんて言うときは、心の豊かさに対してネ、一般に。ここは、「心が貧しい」っていうのは、これはほとんどネ、ほとんどぁの「心がない」——「心がない」って言うと日本語じゃ悪い意味ですけど——「無心」と言えばまぁ仏教的な用語かも知れませんが、いい意味です、これは。つまり我が無くなっているという意味ですからネ。「無心」という意味ですネ、そういう意味では。そういう者は、もうぁのその幸いが来てる（ということ）、その幸いというものが分かりますからネ。自分がここに置かれて、ここに幸いが来てるっていうことが分かりますから、その天国はその人のものなり。ですから、天国はもうここに来てる、ここに来てると、こういう見方ですネ。これ分かります？

　これはぁの実はパルーシア（παρουσία）の神学なんですネ。パルーシアというのは、パルーシアというギリシヤ語は「来て、いる」ということです。再臨とか来臨と訳しますけれど、正しくは「来ている」、現在完了形です。have arrived という意味です。到着している。have been、来ている。ですから神様が来ている、もう。それなのに、自分がそこにいるということが気がつかない。まぁパウロ的な言い方をすると、人間は義とされている。しかしそれが分からない。こういうことですネ。まぁ（滝沢）

先生自身はどれだけパウロを読んだかちょっと分からないんですけど、そのそこで、そこで捉えてるんですからﾈ。「幸福なるかな、心の貧しき者」、そういう人は死んだら天国に行ってどうのこうのというような意味じゃないって言う、ﾏぁ後で言い始めるわけですけど。今のところいいですﾈ。これは神様が来ているということ、来ているっていうことはパルーシアってことなんですﾖ。もう到着している、列車が。そういうときはﾈ、have arrived。

〔本の朗読が続く〕「神様の手に人間はいるということ、──幸福なるかな、ですﾈ──その視線の下にいて、その神様が我々が嘆くに先立って嘆いている、──後でぁのﾈ、さっき読んだですﾈ、悲しみっていう言葉が出て来ますけど──ということです。その神様の憐れみ・恵み・励ましを、赦しを素直に受けて立つ、素直に受けて立つということは、こちらの応答です、こちらの応えです、──さっきぁの彼が聞いたあれですﾈ。ピィスティスからピィスティスへって、後のピィスティスですﾈ。Gegentreue という──我々の耳に聞こえない福音に対する我々の方の応答です。その応答は正しい応答ですが、そうすると、その応答が正しい限りは、その人は必ず既に報いられて、その意味では、報いを受けるであろうと、そういうことが、そういうことです。だから『さいわいなるかな』と。これは未来のこと、前の方にも『慰められるであろう』というふうに未来になっていて、ここも『汝らの報いは大いなり』というふうに『報い』ということが出てくるんですが、それはこういうことだと。──これは未来のことじゃないって言うんですが──ここはやっぱり、そこに『さいわいなるかな』という、いきなりそういうことが言われていると、そうするとそれを聞いて『喜びよろこぶ』ということが正しい反響・応答ですが、そうするとですﾈ、それで神様と我々の方の別──区別ですﾈ──或いは順序というものは──神様が第一で、我々が第二だという──順序とい

うものがなくなってしまって、『さいわいなるかな』というふうにその言葉を本当に受けると、素直に受けると、そのことによって神様と我々との限界線、或いは逆にできない——不可逆と言いますが——逆にできないというそこのところが消えてしまって、"現在我々のしていることでもう充分なんだ、それ以上に他から、神様からほめてもらおうなんてことはいらん"というふうにぇ言いたくなりますぇ、そこが危ないところです。やっぱり『さいわいなるかな』と言われて『喜びよろこぶ』と、躍りあがるということになると、いつのまにかですぇ、"これでもう十分で、それ以上に他の、それ以上、えっ、それ以上に他のものから是認されるとか嘉(よみ)せられ—まぁさっきやった「義とされる」—とかいうことはいらん"というふうになります。で、ところがそうではないんですね。やっぱりそういうことが起こっても、やはりこれは下僕(しもべ)の応答で、——我々の『喜びよろこぶ』ということは、所詮は主人に対する下僕(しもべ)の応答で、応えで——この応答を神様は喜び給うているという、そういう区別と順序は—神と人は或る意味では相対しているということは—そういう区別と順序はなくならないんです。他の人に対するように対してはいないですね。だからそこに区別も——神様との間にぇ——区別も順序もなくなるようにこうちょっと思うんですけれども、そうじゃないですね。『さいわいなるかな』と言われて『喜びよろこぶ』ということが起こると、神様が喜んでくださるんですね。そういうことがあるわけです」〔朗読がここで終わる〕。

　これなに言ってるか。ぁの、ぇ、博多の人たち（が）これを聞いてなにを、どこまで分かったかちょっと分からないです〔笑い〕。これはどういうことかと言いますとぇ、実は滝沢先生はこれでぇ、あるものを批判してるんです。なにかって言うと禅宗です。禅宗の批判をこれでやってるんですが、まぁここでは禅という言葉は出て来ないけど、これ（は）こういうことです。ですから、今上に、上に2に、2頁の僕の今日差し上げたレジメのぇ、

2頁の一等上に[註59)]、神は死者を生かし、無を有と呼び、人間を義とする、これが第一の義認だということを言いましたネ。そして、人間はこの神の義を認識し受容する。これを信仰だと言いましたが、もうひとつ先生はこの3番がないと駄目だと言ってるんです。これは、これはですネ、この3番がないと、これ禅宗が陥っちゃう誤りに落ちるぞと言ってんです。

禅宗というのは、まぁ特に臨在禅を言っていると思われますが、ぁの割りとそのまぁ、信仰に当たるのは悟りですネ。悟ったということでぁのそこで終わっちゃうんですょ。そういうところがありましてネ、まぁこれは他宗教のことですからいいですけど、ぁの野狐禅（やこぜん）という、まぁ一種のそういう方向に流れるんです。「やこ」って、「やこ」というのはネ、野の狐って書くんですけど、〔板書する〕これは元もと──〔小声で〕こうかな？　野狐禅というのは──このこういう傾向がありまして、ぁの、もう、もう悟ったら神なんか、神も仏もないという、俺が仏様だという、こういうことになっちゃうんですネ。これはやっぱり神と人間との間の絶対的な区別、順序というものをネ無視してしまう。そこから来る。それをまぁ禅に対して批判するんですが、そこを念頭に置いて言ってるんですネ。だからこの第二の義認というものは、どうしてもなくてはならない。神様が認めてくれる。その我々がその受け留めたもの──信仰ですネ──それに対して、「それでよい」と言ってくださる。まぁこのパウロが今言ってるとこですょ。アブラハムは神を信じた。その神はどういう神だったかと言うと、まぁこれこれこういう神だったと言ってるわけですネ。無を有とし、死者を生かす神なんだと。そのような神が、そういう我々の、我々の信仰をさらに義としてくださる。

まぁ難しいところですネ、これネ。こういうところをですネ、ずーっと書いてあるんですょ。まぁ読めば長くなっちゃうし、まぁちょっと難しいとこでもあるので、まぁぁの、興味のある人はネ、創言社から出てる（本ですが）、第二巻の49頁からずっと書いてありますから、読まれると、第二

の義認ということがある程度掴めるんじゃないかと思うんですﾈ。

§3　［3：6-9 の続き］

［授業資料から］〔再掲載〕
旧約聖書（アブラハム）における ἐκ πίστεως εἰς πίστιν（第一のピ
スティス・義認から　第二のピスティス・義認へ）（人間を内包するキリ
スト G2:20b から　人間に内在するキリスト G2:20a へ）

⁶ Καθὼς Ἀβραὰμ ἐπίστευσεν τῷ θεῷ, καὶ ἐλογίσθη αὐτῷ
εἰς δικαιοσύνην (= ἀκοή πίστεως, ἐκ πίστεως εἰς πίστιν)·
(Gn15:6)
⁷ γινώσκετε ἄρα ὅτι οἱ ἐκ πίστεως, οὗτοι υἱοί εἰσιν Ἀβραάμ.
⁸ προϊδοῦσα δὲ ἡ γραφὴ ὅτι ἐκ πίστεως δικαιοῖ τὰ ἔθνη ὁ
θεός (= ἐκ πίστεως εἰς πίστιν, ἀκοή πίστεως)· (Gn15:6),
　προευηγγελίσατο τῷ Ἀβραὰμ ὅτι ἐνευλογηθήσονται ἐν
σοὶ πάντα τὰ ἔθνη· (Lxx Gn 12:3; 18:18; auch 22:18)
⁹ ὥστε οἱ ἐκ πίστεως εὐλογοῦνται σὺν τῷ πιστῷ Ἀβραάμ (=
ἐκ πίστεως εἰς πίστιν) (G2:20a).
　［私訳］
　3：6　（聖書に）アブラハムは「神を信じた。それ（＝アブラハムの
　信仰・彼の内なるキリスト cf.V16）が彼には義と認められた（第二
　の義認）」とあるように、
　3：7　あなたがたはそれ故、〈まこと〉による者（＝〈まこと〉を信
　仰し受容する者・キリストを内に持つ者）こそアブラハムの子である
　ことを、知るべきである。
　3：8　他方聖書は、神が諸国民を〈まこと〉により義とされている

224

こと（第一のピスティス ἐκ πίστεως・第一の義認・永遠における
救い）を、あらかじめ知っていて、（この原福音を）アブラハムに対
し、「万（よろず）の国民（くにたみ）、汝によりて（ἐν σοί ＝ ἐκ
πίστεως）祝福せられん」（LXXGn12:3）と予告（＝約束）したの
である。

　（聖書は「神が諸国民を〈まこと〉により義とされている」（第一の
ピスティス・第一の義認・永遠における救い）ということを根本前
提・公理とした上で、LXX Gn 12:3 に ἐνευλογηθήσονται ἐν σοί
πάντα τὰ ἔθνή（ → 3:9 οἱ ἐκ πίστεως εὐλογοῦνται σὺν
τῷ πιστῷ Ἀβραάμ　第二のピスティス εἰς πίστιν・第二の義
認・時間における救い）と書いているのである）。

3：9　それ故、（アブラハムと同様に）〈まこと〉による者（＝信仰
者・キリストを内に持つ者）（第二のピスティス εἰς πίστιν）は、
信仰の人アブラハムと共に、祝福を受けるというのである（第二の義
認・時間における救い）。

アブラハムの神信仰について『ローマ書』4章では：
R4:3 τί γὰρ ἡ γραφὴ λέγει; ἐπίστευσεν δὲ Ἀβραὰμ τῷ θεῷ
καὶ ἐλογίσθη αὐτῷ εἰς δικαιοσύνην.
R4:5 τῷ δὲ μὴ ἐργαζομένῳ πιστεύοντι δὲ ἐπὶ τὸν
δικαιοῦντα τὸν ἀσεβῆ λογίζεται ἡ πίστις αὐτοῦ εἰς δικαιο-
σύνην·
　4：5　しかし、律法の業を捨て、（ひたすら）神無き者を義とする方
　を信じる人は、その信仰が義と認められるのである。
　ここに「神無き者を義とする方（神）への信仰」とは、さらに 17 節に
次のように言い換えられている。

R4:17— καθὼς γέγραπται ὅτι πατέρα πολλῶν ἐθνῶν τέθεικά
σε,— κατέναντι οὗ ἐπίστευσεν θεοῦ τοῦ ζῳοποιοῦντος τοὺς
νεκροὺς καὶ καλοῦντος τὰ μὴ ὄντα ὡς ὄντα.

　4：17「わたしは、あなたを立てて多くの国民の父とした」と書いて
あるとおりである。彼はこの神、すなわち、死人を生かし、無を有と
呼び出される神を信じたのである。

　1　神は死者を生かし、無を有と呼ぶ、すなわち、人間（「神無き者」
　　　「異邦人・諸国民」）を〈まこと〉により義とする（G3:8a）—第一
　　　の義認（永遠における救い）
　2　人間はこの神の義を認識し受容する—信受・信仰
　3　神はこの人間の信仰をさらに義とし嘉みする—第二の義認（時間
　　　における救い）（G3:6,9）

［授業］
　はい、それで今、その第二の義認ということを申し上げといて、それで
ぁの3章の8節を見ていただくと、まぁここで極めて決定的なことが言わ
れていると僕は思うんですぇ。パウロという人が聖書——もちろんパウ
ロが「聖書」と言うときは旧約聖書ですぇ——旧約聖書をどう見ていた
かということがよく出ている。まぁ3章8節だけではありませんけれど、
ずっとこの3章がそうですけれど。まぁあの、この講座を引き受けるってん
で（準備をしていると）、初め旧新約聖書神学って書いてあったんで〔笑
い〕、じゃ初め——そんな講義できる人いないからぇ、誰もぇ——あれした
んですけど、まぁ私なりに解釈して、しまして、もうまぁパウロが旧約聖書を
どうみたかと（いうことを取り上げることにしました）。これ非常に独特
と言いますか、素晴らしい見方をしていると僕は思うんですけれどぇ。
「聖書はですぇ、——8節——神が諸国民を〈まこと〉により義とされてい

226

ること——つまりまぁ言ってみると、あれですネ。〔笑いながら〕もう、幸いなるかな。祝福はここに来ているというやつですネ——神が諸国民——すべての国民です、ネ。異邦人と訳してもいいですけれど——それを〈まこと〉により義とされていること」、「信仰」と訳しても全然もちろん（いいのですが）、その第一のピスティス（πίστις）ですネ、これは。その第一のピスティスという言い方は、私がこういう言い方をするのは、例のローマ書の1章17節にあるエック　ピステオース　エイス　ピスティン（ἐκ πίστεως εἰς πίστιν）、まぁ普通口語訳などは「信仰から信仰へ」と訳してある最初に出て来る「信仰」の方です。まぁこれはピスティスの方です。それは神のピスティスなので、第一のピスティス（です）。第一のピスティスによって人間は、諸国民は義とされているということをあらかじめ知っていてと言うんですから、これはまぁ妙な科白と言えば妙な科白ですけど、旧約聖書はちゃんとそういう第一のピスティスと言うか、第一の義認ですネ、それを、それを、それをですネ、旧約聖書というものは初めから前提にしているという意味です。

　まぁパウロはそういう読み方をしてるんですョ。こんなことを言ったら旧約聖書の学者は反対するかも知れませんが、パウロはそういう読み方をしてるんです。旧約聖書というものは、人間は義とされている、神によって、あるいは神の〈まこと〉によって。でそのことが旧約聖書の根底にあると言うんです。ですからまぁ我々の言い方ですと、第一の義認ということが基礎になっていると。よろしいですネ。「あらかじめ知っていて」、そういうことです。

　で、そしてまぁこれは言わば「原福音」といたしますと、全部の人間が救われているということですからネ。アブラハムに対してなんと言ったかというと、これは創世記12章の3節の言葉を言ったわけですネ。「万の国民は、——『すべての、すべての異邦人』とも訳せますけどネ。すべての、全人類ということでしょう。全人類は πάντα τὰ ἔθνη（パンタ　タ

エトネー）ですからぇ——あなたにおいて祝福されるだろう」、こう言った
わけですぇ。「あなたにおいて祝福される」というのは、この「祝福」と
いうのは義とされるだろうという意味です。だから「あなたにおいて」、
まぁこれがぇ、これがですぇ、パウロの解釈はずーと後まで引くんですが、
これは基本的には、パウロは実は次の9節で言い直しているんですぇ。
πάντα τὰ ἔθνη の次は9節でしょう？

　つまりこういうことだ。（9節）「信仰によるもの」とこの場合訳してい
いですぇ。「〈まこと〉による者は、信仰のアブラハムと共に、義とされる、
ぁっ、祝福される」。ですからこの ἐν σοι（エン　ソイ）というのは、まぁも
う少し後、後の言葉を補うと、この8節のお仕舞いの方にある「すべての
国民は、汝において—— ἐν σοὶ ですぇ——祝福されるだろう」、ἐν σοὶ
というのをエン　クリストー（ἐν Χριστῷ）、キリストにおいて、そして
「アブラハムと共に、汝と共に」というふうにパウロは読み替えているん
だろうと私は思っております。

　そうするとまぁ後で、後で出て来ますけどぇ、つまりぇ、つまりこれは、
「アブラハムと同じように」ってことは、つまりアブラハムは信じた。神
を信じた。そしてその信仰が義とされた、祝福された。ぁっ、義とされた
というわけですから、というわけですから、すべての国民もアブラハムと同様
に、ぁの無即有、死即生というそういう神ですぇ。そういう神を信じれば、
その神、その、その信仰は義とされる。まぁすべての民も、すべての民がアブ
ラハムと同じように、その自分の現実が、自分の十字架が、それが祝福で
あり、そして恵みであり、復活であると認識するならば、信じて受け入れ
るならば、その信仰が即救いである、義である。救いを信じて、死んでか
ら天国に行くとかなんとかということじゃなくて、その、その、その信仰そ
のものがもうすでに救いである。で、そう言ったんですぇ。ですからこれ
がぁの、これがそのですぇ、パウロ的な福音なんですぇ。

　ですからまぁ俗にまぁ「信じれば救われる」と言いますけど、その、信じ

れば、信仰そのものが救いである。救いを信じるんじゃなくて、信じることがそのものが救いだと。こういうことを言った。しかも全人類、全人類が、汝において祝福を受けるだろうというのが創世記の言葉ですから、全人類ですょ。すべての人間が、すべての人間が救われている。まぁそういう事実の世界にいるわけですゎ。そういう事実の中にいるわけですけど、誰もそんなこと考えない。そんなこと考えないですから、自分は救われていないと思ってんです。ですからそれを認識できれば、その認識が、受け止めが、信受が、その信受が即祝福である。救いである。義である。信仰が義と認められる。そういうふうに言っている。よろしいですゎ。ぁの、でこれが第二の義認となるんですゎ。これが第二の義認。

　ですからまぁ通常キリスト教会が説いているのはもっぱら第二の義認です。この時間の中において、つまり、すべての、人間がすべて救われているというようなこういう命題は、ある意味極めてその永遠の次元でものを言ってるわけですが、すべての人間がと言うと、これは全部時間の上の問題ですから、その時間において救われる。時間の中においても救われる。それは但し、それは信仰によってですゎ。そういう意味ではやっぱり信仰を言ってるんですゎ。信仰によって、しかしその信仰が、そのものが義と認められる。義だと。信仰が救いだと。でこういうわけで、救いは現に来ている。

　ですからぁの、なんて言うかな。この約束で言うのは、「すべての人間はアブラハムにおいて」ってことは、パウロ的な言い方をすると「キリストにおいて」。すべての人間はキリストにおいて、アブラハムと同じように。アブラハムと同じようにということはつまり、アブラハムが信じたようにという、信仰のアブラハムと同様に救われるであろうというのは、未来形なんですょ、ゎ。祝福されるだろうというのは未来形なんですょ。でこの未来形のことを約束と言ってんですゎ。未来形のことを約束と言ってんですゎ。祝福されるだろう。ですからからこの約束というのは、実は３章の

後半はその約束の問題なんですが、その約束というのは実は祝福の約束です。救いの約束です。但しそれはですぇ、よく考えてください。その約束、全人類が救われるだろうという約束をアブラハムにやってるんですょ、神様は。全人類ですょ。ぇ、πάντα τὰ ἔθνη（パンタ　タ　エトネー）、全人類が——ユダヤ教徒とかキリスト教徒ということじゃないですょ——全人類が救われるだろうと言ってんです。それを「だろう」（と）、そういうふうにまぁぁの約束してる。約束というのは未来、未来形を使って約束しているわけですぇ。

　ところが、それはどういうことかと言うと、ぁの実は、それは「すべての人類は」ということは、まぁぁの時間の中の、時間の中において、時間の中において、その、時間の中においてぇ、その……〔しばらく資料をめくる音〕、その時間の中にお……、時間を未来形で言ってですぇ〔苦笑〕、時間を未来形で言ってんですぇ。で永遠の真理のことを、まぁ永遠の真理というのはつまり、すべての人間が救われているというこのことを、これを現在形で言ってんです。つまり我々の言語は永遠の、永遠のことなどを、永遠のことなどをしゃべる言葉じゃないですから、過去、現在、未来という三時称を持ってて——普通の世界にぇ——昨日か今日か明日のことで、永遠のことを語る言葉がないですから、永遠のことを現在で語るとすると、時間は未来で語るか、過去で語るかになっちゃう。この場合は未来で語っていて、その、すべての人間は救われているというのは、これは福音そのものですぇ。原福音ですが、これは永遠の福音なんですょ。永遠の福音。それを時間の中にいる人、人間、すべての人間に語るときは未来形になっちゃうんですぇ。すべての人間は救われるだろう。お分かりになります？　ちょっと難しいんですけれど、まぁちょっと考えれば分かって来ると思うんですが、ぁの永遠のことを現在で言ってるわけですぇ。すべての人間は救われている。しかしこれを個々の人間、全人間、全人類に対すると言うときには、すべての人間は救われるだろう。いつか救われるだろうと、未来形で

言ってるんです。約束として言っている。ですからこの約束は本当に言う
と、すでに実現したことを約束していますネ。永遠の世界が成就している
こと、実現していること、それを約束という意味で、これは我々人間の間
の約束と違います。君と結婚しようという（ふうに）、まぁ例えば婚約す
る。三年後にそれが結婚する。実現ですネ。しなければ婚約不履行ですネ
〔笑い〕。そういうのは、我々人間の場合には約束があって、成就はその後
です、実現は。約束は通常履行と言いますから、実現と言うよりネ。婚約
不履行とか履行と。約束と成就というのは時間的には約束が先で、成就は
後です。履行は後ですネ。しかしこのいう場合の、こういう場合の救いの約束
というのは、まず救いの事実が、この事実はあるんですネ。ですから成就
があって約束があるんですネ。〔黒板をコンと叩いて〕ですからこのこと
を言ってるんです。だからちょっとネ、なんか、なに言ってんだか分から
ない。

　8節、3章8節。「他方聖書は、神が諸国民を〈まこと〉により義とさ
れていることを、あらかじめ知って――神様がですネ――あらかじめ知っ
て、時間に先立って知っていて――これはパウロの旧約聖書の読み方なん
です。そして未来形でアブラハムにこう言った。あぁ、アブラハムにこのように
予告した。まぁ福音を予告したということですが――汝において、すべて
の国民は祝福せられるであろう」。これはすべての国民ですネ。人間の全
歴史ですよ。人間の全歴史、まだ終わっていない我々の歴史。それは時間
の中で起こるわけですから、それを全部未来形で表現しちゃったんです
ネ。人間全歴……、全人類は汝において祝福されるだろう。まぁ救われるだ
ろう。義とされるだろう。ですからこれは時間そのものを未来形で表現し
ていて、――時間の全体をですよ――人間の時間、つまり歴史の全体を未
来形で表現していて、そして、その永遠の次元においては、つまり現在
形においては、永遠の現在においては、神が、神はすべての人間、すべて
の国民を義とされている。なんによってか。エック　ピステオース（ἐκ

πίστεως）。やがてこのピステオースというのは「キリストだ」と言い直
して来るわけですが、今のとこそういうふうに言ってるわけです。ピステ
オース。「信仰によって」じゃないﾈ。〈まこと〉によって義とされている。
ですから、そのことをあらかじめ聖書は知っていて、その上でこう言っ
た。ですからなかなかうまく言えないんですが、ある程度僕が言わんとし
ていることはお分かりいただけたと思うんですが、そういう形で、そうい
う形でﾈ、言った。ですから約束の前にすでに実現があるんですﾈ。これ
が本当の宗教です。ぁのそうじゃなくて、最初に約束があって、その次
が実行があるというふうな見方をするというのは、それはまだこの時間の
中での話ですｮ。この時間の中はそうです。約束が先です。まぁ約束は未
来のことを言って、その未来はみんななにを使うかと言うと、実現するこ
とを未来形で言ってるわけですけど、そぅ、そうじゃないﾈ、これは。そ
うじゃない。

　8節。その括弧の中にくどくどとちょっと書いときました。「聖書は『神
が諸国民を〈まこと〉により義とされている』──第一のピスティスと言
うか、この〈まこと〉は第一のピスティスですﾈ。第一の義認ですﾈ──
ということを根本前提・公理とした上で、──つまり、これは永遠の次
元の話です──その上で、──Genesis（創世記）の12章の3節で──
『すべての国民は汝において祝福せられるであろう』（と書いているので
ある）」。でこれを言い換えたのがその次の9節ですﾈ。9節の方がパウロ
の言葉で言い換えているんです、このセプトゥアギンタ（LXX）[註60]のﾈ、
言葉を。

　（9節）「それは、信仰する者は、──つまりこれは〈まこと〉による者
は、つまり〈まこと〉を受け取る人間はということです──信仰者は、信
仰者は、ぁのアブラハムの、信仰のアブラハムと共に、祝福される」。アブラ
ハムは神を信じた。それが義と認められたと。これですﾈ。第二の義認で
す。（それ）を書いている。ですから普通キリスト教会は第二の義認だけ

232

を言っちゃうから、ちょっと第一の義認ということをぁのちゃんと言った
方がきちっとして来ますネ。だって第一の義認、ちゃんと書いてあるわけ
でしょう、こういうふうに。8節にそういうふうに。その前にもパウロ
はずっと言って来ているわけですからネ。それを除いちゃって、第二の義認
だけを、第二の義認だけを話しすると、いきなりぁの約束が出て来て、成就
が、という順序になっちゃいますから。そうじゃなくて最初に成就がき
ちっとあって、そして約束がある。時間の中である、約束（が）。

　でぁの有名なカール・バルトという人は、「律法と福音」じゃなくて、
「律法と福音」ということは言えるんだけど、その「律法と福音」の律法
の前にやっぱり福音があるんだと。福音があって、そして律法。律法とい
うのはネ、約束のことなんですょ。あっ、ぁの未来形。福音ということをこ
の世的に、この時間の中で語るときには律法になると言うんですょ。そう
です。しかしその律法は未来形の福音、未来形で元来言うのが正しいん
で、まああの、これあのちょっとネ、そういう言い方をするんですネ。あの、未来
形……、だから命令……、ぁの律法というとなんか命令してるみたいじゃないで
すか。命令形が相応しいように思いますでしょ？　ぁのそうじゃないんで
すって。西洋語ではぁの、あの、You、You ということは第二人称の未来形を
使いますと、話し手の意思に変わるんですネ、ぁの大体。ドイツ語がそう
なんですけど、英語でネ、shall、shall と will の区別がうるさい言語ですと、
まぁそういうふうに切り替えちゃうんですけど。まぁぁの一般に例えば You
shall die. っていうのは「お前死ぬだろう」という意味じゃなくて、「お前
の命はないぞ」という話し手の意思だと言います。ドイツ語なんかのよ
うに未来形を使って主語を You にする、Du にすると、大体ぁのどっちかと言
うと「お前は〜するだろう」じゃなくて、「お前はこうならしてやるぞ」
という話し手の意思だと言いますが、ぁの未来形は従って二人称が主語に
立って来たときには、多分に律法的なんですネ、言い方がネ。「お前はこ
うすべきだ」という……。まぁその辺とも兼ね合いがあるのかも知れませ

んが、福音を未来形で言うということは、「汝らは救われるだろう」とい
うふうに、こぅ「祝福されるだろう」というのはまぁ一種の未来形で言う
ということは、まぁこれはぁの実は律法でもあるんですぇ。ですからそうい
う意味で律法の前に「本来の福音を立てる、立てろ」というのが彼の主張
なんですょ。

　これは井上良雄さんが『福音と律法』註61) という小さいけど大変難しい
（バルトの翻訳をされたんですぇ）。今でも新教出版で出ていますぇ。日本
キリスト教団では、あれを信徒さんたちと一緒に読書会にテキストで使っ
ているって、「本当ですか」〔笑いながら、大きな声で〕僕は読んでも
さっぱり始め分かんなくて、ずいぶん何ヶ月も必要だった。あれよりもガ
ラテヤ書を読んだ方が余程分かるんじゃないかと思うんですけど〔笑いな
がら〕。難し〜い書物です。でも、内容の深い書物ですけど。ぁぁ、あの題
名がルター派は非常に気になるんですぇ。ルター派は「律法と福音」って、
最初に律法を持って来ますから、「福音と律法」とやられたら、ルター派
に対してぐさっと短刀を突きつけられたようなぁのあれを持つんですょ。
だからルター派の人はかえって気になって読むんです〔笑い〕。まぁあの書
物がなかなか原典が手に入らなくて、僕はなかなか読むのが遅かったんで
すけど、この間ドイツに行ったら本屋に置いてあったぇ。ずいぶん、あの
書物、原典がぇ（手に入らなかったんですけど）、まぁ小さな書物で、ぁの
今新教新書なんかにも入っていますけどぇ、「福音と律法」と。で、ルター
派ではぁの逆にして教えますから。「律法と福音」、これがルター派ですと
教えますから、非常に気になる概念で。だけであれも「律法と福音」とい
う順序を逆に教えてるんじゃないんです。「律法と福音」は正しいけれど、
もうひとつ手前に福音を置かないといけない。これは正しい主張ですぇ。
ぁぁ、こういうふうにちゃんと読めますょぇ。

　ですからあれは基本的にはガラテヤ書をよく、よ〜く理解した上で書い
た書物ですぇ。だからガラテヤ書の理解が不十分のまま読むと分からない

234

でしょうネ。まぁプロ用の書物ですから、なかなか信徒さんには無理だと思うんですが、でここでもネ、やっぱり「聖書が、その万の国民は汝によりて祝福せらん」、まぁこれは福音とも言えるし、律法とも言える命令形なんですが、この律法というのは、福音というのは必ずこの世で人々に対して言うときには、ぁの律法です。ですから山上の垂訓を思ってください。すごい律法ですネ、あれは。あれは、福音はこの世の人たちにイエスが説くと、あぁいうものすごく厳しい形になるんです。ですからあれは福音です。福音を説いているんですが、また解き方としてどうしても律法になるんですょ。汝その異性を見てですネ、妙な心を起こすのは姦淫だと。まぁそういうようなそこまで来るわけですけど。これはぁの「万の国民、汝によりて祝福せられん」、まぁこの「汝において」はまぁパウロ的に言い換えれば「キリストにおいて」、お前と同様に信仰すれば、つまりまぁ結局まぁ「信仰せよ」ということですが、「信じよ」ということですけれど、「信じよ」という前に、もっと、こういう律法の前にもっと原福音がある。これがネ、神が諸国民を〈まこと〉において義とされている、ここですネ。

　まぁ滝沢先生で言うと、まずその祝福が来てる。ネ、μακάριοι（マカリオイ）。幸いなるかな、貧しき者よ。こういう読み方ができるというのはネ、やっぱりよく掴んでないとできないんで、聖書だけ読んでたんじゃこういう読み方はなかなかできないネ〔笑い〕。まぁ掴んだものを持っているから。最初にμακάριοι。最初に福音が来て、それに気がつく。そしてそれを喜ぶと、神様がそれに対して義としてくださる。でそれがないとやっぱりいけないと言ってるわけですネ。でこれはやっぱり第二の義認。まぁ言葉上区別した方がよろしいように思いますネ。まぁそういうことで９節ですネ。「すなわち、〈まこと〉による者、──第二のピスティスですが──これは、信仰の人アブラハムと共に、祝福を受けるのである」と、こういうことが書いてあるわけですネ。

　というわけで、これがまぁパウロがその創世記、主として創世記により

ながら、──まぁ、この重要なあれですネ──その福音の真理というもの
を創世記の中で読んだ。まぁこれはやっぱりぁの我々がぁの旧約聖書という
ものを読むとき、ぁのもちろんユダヤ人はこんな、ユダヤ教徒の人はこん
な読み方はしないわけですょ。でも、もうパウロのように──まぁ例えば
我々が2章の後半であぁいうふうにみて来ましたネ。あぁいうその救いの
出来事と言うか、キリストの出来事と言うか──捉えた人はもう旧約聖書
を読もうが、あるいは他の書物を読もうが、仏教書を読もうがですネ、ど
うしたってこういう読み方になると思うんですネ。ですから、ぁのそらぁ
当然のことです。もちろん、ぁんな、そのユダヤ教の人はこんな読み方は納
得できないでしょう。ぁっ、後半はもっと、もっと旧約聖書に対して、まぁ
あるいはユダヤ教的な解釈された旧約聖書に対して、まぁ暴力を加えた解
釈をしてるわけですけど、でもこれはある意味で、ぁぁいうふうに、あぁい
うふうに福音の真理を掴んだ人にとっては、これは必然的なことですネ。
で我々はそこから学びたいんで、そこから学びたいんでネ、それはもう彼
の旧約聖書の理解というのは、まぁ無茶苦茶と言えば無茶苦茶ですけど、
ぁの、その彼なりの深いやっぱり導き、真理の導きに従って読んでますょネ。
そこがやっぱりこの人のひるぎないところで、まぁ、ネ、心惹かれると僕の
ようにネ、一生ネこの人から離れられなくなるというようなことになるか
ら〔笑い〕、まぁそういうものを持ってますょネ。

§4　補足　3:6-9

〔授業資料から〕〔再々掲載〕

^{6} Καθὼς Ἀβραὰμ ἐπίστευσεν τῷ θεῷ, καὶ ἐλογίσθη αὐτῷ
εἰς δικαιοσύνην (= ἀκοή πίστεως, ἐκ πίστεως εἰς πίστιν)·
(Gn15:6)
^{7} γινώσκετε ἄρα ὅτι οἱ ἐκ πίστεως, οὗτοι υἱοί εἰσιν Ἀβραάμ.

236

^{8} προϊδοῦσα δὲ ἡ γραφὴ ὅτι ἐκ πίστεως δικαιοῖ τὰ ἔθνη ὁ θεός (= ἐκ πίστεως εἰς πίστιν, ἀκοή πίστεως)· (Gn15:6),

προευηγγελίσατο τῷ Ἀβραὰμ ὅτι ἐνευλογηθήσονται ἐν σοὶ πάντα τὰ ἔθνη· (Lxx Gn 12:3; 18:18; auch 22:18)

^{9} ὥστε οἱ ἐκ πίστεως εὐλογοῦνται σὺν τῷ πιστῷ Ἀβραάμ (= ἐκ πίστεως εἰς πίστιν) (G2:20a).

（付記）

^{14} ἵνα εἰς τὰ ἔθνη ἡ εὐλογία τοῦ Ἀβραὰμ γένηται ἐν Χριστῷ Ἰησοῦ, ἵνα τὴν ἐπαγγελίαν τοῦ πνεύματος λάβωμεν διὰ τῆς πίστεως (εἰς πίστιν).

　［私訳］

　3：6　（聖書に）アブラハムは「神を信じた。それが彼には義と認められた」とあるように、

　3：7　あなたがたはそれ故、〈まこと〉による者（＝〈まこと〉を信仰し受容する者・キリストを内に持つ者）こそアブラハムの子であることを、知るべきである。

　3：8　他方聖書は、神が諸国民を〈まこと〉により義とされていることを、あらかじめ知っていて、（この原福音を）アブラハムに対し、「万（よろず）の国民（くにたみ）、汝によりて祝福せられん」と予告（＝約束）したのである。

　3：9　それ故、（アブラハムと同様に）〈まこと〉による者は、信仰の人アブラハムと共に、祝福を受けるというのである。

　（付記）

　3：14　それは、アブラハムへの祝福が、イエス・キリストにあって諸国民に及ぶためであり、わたしたちが、霊という約束（＝約束された霊　同格的属格）を〈まこと〉から信受するためである。（第二のピスティス）

［授業］

はい、それで少し……、あぁ時間がもう来ちゃったぇ。それで後の 10
節から 14 節までやりたかったんですけど、この 10 節から 14 節は、今
度はパウロ自身においてそのまぁエック　ピステオース　エイス　ピス
ティン（ἐκ πίστεως εἰς πίστιν）、〈まこと〉から〈まこと〉へ、神の
〈まこと〉から人間の信仰へということの（展開です）。

で、パウロになってきますと、彼はその前にユダヤ教徒というもの、あ
るいは律法というものの、律法というものを、に触れてるわけですぇ。そうい
う世界に入っちゃった人間、つまり宗教的な人間になった人ですぇ。アブ
ラハムの場合は、それほどのまぁ律法ってのは、まだ律法というのはぇまだ、ま
だアブラハムの時代には確立してないですからぇ〔笑い〕。ですからパウ
ロの時代はそうじゃないですから、それにどういうふうに、それはまず作
用したか。エック　ピステオース　エイス　ピスティン、これは神の義
というものが〈まこと〉から〈まこと〉へと移るというとき、ときに、律
法を壊すんですぇ。そのことが書いてありますから、まぁパウロにおける
エック　ピステオース　エイス　ピスティン。ぁの僕は一応この標語は、
エック　ピステオース　エイス　ピスティンってのは、神の義が、神から
人間へ、神の〈まこと〉から人間の〈まこと〉へ、そういうふうに――ま
ぁなんて言いますかぇ――あるいは永遠から時間へ、――今日やったとこ
だぇ――神の義は永遠から時間へとこぅ渡される。あるいは来る。あるい
は実現する。完結する。自己を貫徹する。あるいは啓示される。そういう
ふうに、基本的にはパウロというのを捕まえているので……。これはよく
登場してますけれど、それはそういう捕まえ方なので、従ってブルトマン
先生のようにエック　ピステオース　エイス　ピスティンは、「説教者の
信仰から聴衆の信仰へ」とは採っておりません。ぁのそういうふうに採っ
ちゃうと、これはもう主観性の宗教になってしまいますので、そういうふ

238

うには採っておりません。でそういう別の採り方ですけれど、この、この標語のもとに一応このガラテヤ書の理解を試みておりますので、これは合ってるか、合ってるか合ってないかは君たちがこれから、僕よりも長く生きて聖書を読んで行くでしょうから、その中で検証して行ってもらいたいと思うんですネ。

えーと、じゃ今日は時間が来ちゃったので、これでお仕舞いネ。2時45分だっけ？〔学生が『はい』と答える声〕ご苦労様でした。

〔日を改めて続く〕

はい、それではネ、この間申し上げたところ、もう一度ぁの分かり易く説明したいと思ってるんで。この間は3章の10節まで説明したんですが、ぁのそこのところネ。ここは実際基礎になってると思われますので、みなさん、この間差し上げた授業資料ですネ。

ローマ書、ローマ書じゃない、ガラテヤ書の3章の6節。もう一度そこを開いていただきますと、「聖書には、ァブラハム、アブラハムは『神を信じた。それが彼には義と認められた』とあるように」というところがありますネ。これは6節ですネ。このまぁ通常福音と言われるのは、——キリスト教会で——この「神を信じた。それが、神を信じたことがですネ義と認められた」というここを言ってると思われますんで、まぁこれがその、まぁ信……、まぁ俗に言う「信、信じる者は救われる」と言いますか、「信じれば救われる」と言いますょネ。そういう言い方になると思いますょネ。これは信仰が即義であるということですネ。信仰が、信仰が義である。信仰が義と認められる。信仰即義認と言います。そういうことになりますネ。

それでまぁ7節は、「あなたがたはそれ故、〈まこと〉による者——このネ、ぁのギリシヤ語でいうと οἱ ἐκ πίστεως（ホイ　エック　ピステオース）、これはまぁ信仰者という意味で、この同じ言葉はローマ書にも出て来るんですが——それこそアブラハムの子であるということを、知るべきである」と書いてありますネ。これはまた後で取り上げることになりますが、その

3章8節ですﾈ。

　ここがまぁポイントだとまぁ私はみているわけですが、（8節）「他方聖書は、神が諸国民を〈まこと〉により義とされていることをあらかじめ知って、──ここんとこですﾈ──神が諸国民を〈まこと〉により義とされていることをあらかじめ知っていて、そしてこれこれ、こう、アブラハムにこういう約束をした」と、こういう文章になってるわけですが、この8節の前半ですﾈ。「神が諸国民を」、まぁτὰ ἔθνη（タ　エトネー）、異邦人とも採れますけど、諸国民と言った方が後で、πάντα τὰ ἔθνη（パンタ　タ　エトネー）、「すべての国民は」と言ってますから、同じ意味でよろしいと思いますﾖﾈ。国民と言った方がユダヤ人も含みますから。ここ、「神は〈まこと〉によりまぁ世界の国民を義とされていることを、あらかじめ聖書は知っていて、それでこういうふうに言った」と言ってるんですﾈ。こういう、こういうふうに言ったってことは、「アブラハムに対して、──その8章、8節の後半ですけど──アブラハムに対して、『万の国民は、汝によりて祝福せられん』と言った」とまぁこういう構造になっているわけですﾈ。それで「万の国民は汝によりて祝福せられん」というふうに言っているのが、──まぁあのこの「祝福されるだろう」ということは「義とされるだろう」と大体同じ意味とみてよいと思いますが──「汝によりて」というのはここですﾖﾈ。ἐν σοι（エン　ソイ）と、ここがぁのまぁ一般にはユダヤ教ではアブラハムに、アブラハムにですﾈ、その救いの媒介者として重要な地位を与えて、そういうふうに解釈するんだそうですが、キリスト教では、つまりパウロでは、このἐν σοιが後の言い換えで変わって行くんですﾈ。はっきり言うと、最後はエン　クリストー（ἐν Χριστῷ）、「キリストにおいて」というふうに言い換えられて行くわけです。ここでは「アブラハムに言った」と言うんですから、まぁこれはアブラハムに言ってるわけですﾈ〔笑い〕。ἐν σοιって、「汝において」ってことですからﾈ。

　そんなことで、まぁその言い換えはこれからみて行きますが、その前で

240

すぇ。もう一度6節ですが、「アブラハムは『神を信じた。でそれが義と
認められた』」というこの言い方ですが、これは全く同じ文章がローマ書
に引用されていて、それはぁのみなさんにお配りした資料のちょっと下に
書いてありますぇ[62]。ローマ書4章の3節に、語順はちょっと違います
けれど、ほぼ全く同じ文章ですぇ。「それでは聖書はなんと言っているか。
ἐπίστευσεν δὲ Ἀβραὰμ τῷ θεῷ（エピステウセン　デ　アブラハム　ト
テオー）、アブラハムは神を信じた。そしてそれが彼には義と認められた」
と書いてあるんですぇ。その同じことの言い返しをすぐ次の、次の節、
ローマ書4章の5節に書いてあって、それがぁのまぁこれがほぼ非常に正
確な再現をしているわけですぇ。τῷ δὲ μὴ ἐργαζομένῳ（トー　デ　メー
エルガゾメノー）、これは「行いの功績はないが」というふうに訳しておきま
したけど、まぁ行い、律法の行いを捨て、捨ててですぇ、πιστεύοντι（ピ
ステウオンティ）、ひたすら信じる人。なにを、ἐπὶ τὸν δικαιοῦντα τὸν
ἀσεβῆ（エピ　トン　ディカイウーンタ　トン　アセベー）、τὸν ἀσεβη というの
は「神無き人」ですぇ。「無信者」なんて変な日本語で訳してしまいまし
たけど、神無き人を義とする方を信じる。行い、律法の行いを捨て、律法の行
いを捨て、神無き者を義とする方を信ずる人に対しては、その信仰が——
今度ははっきり ἡ πίστις（ヘー　ピスティス）と言ってますぇ——その信仰
が——これは「信仰」と訳すのが正しいですぇ——その彼の信仰がですぇ
——これは特にアブラハムを受けてるんじゃなくて、ぁの一般的な言い方
ですが——義と認められる。こういう言い方ですぇ。でこれは非常に素晴
らしい言い方だと思うんですが、その神無き者を義とする神、神無き者を
義とする神というのはどういうことかと言うと、さらにそのローマ書のぉ
仕舞い、あっ、お仕舞いじゃない、真ん中くらいですが[63]、17節、（4章）17節
に、まぁちょっと註のような形で書いてあるんですぇ。でそれは特に17節
の後半ですけど、彼が信じた神——まぁこの場合アブラハムですが——彼
が信じた神というのは、死者を生かし、無を有と呼び出される神である。

死者を生かし、──まぁ死者というのは我々のことですけど──我々を生かし、──我々はまぁ無のようなそういう存在ですね──τὰ μὴ ὄντα（タメー　オンタ）──これを日本語では「無」と言ってますけれど、簡単に訳しちゃってますけど、まぁ存在しないようなそんな人間ですね──そういう人間を存在する者として呼び出される。まぁ召し出す。そういう神、その神を信ずる、でこれがアブラハムの信仰だと。まぁパウロはこのようにみたわけですね。

　でこのような神、このような神を信じる。でその信仰が、その信仰が義と認められる。まぁここはぁのローマ書の4章5節は第一義の義認。それは神様が神無き者を義とする義です。それから第二義の義認ですね。そしてそのような神様を信じる人間を義とする。まぁ両方書いてあるんですね。非常に見事な文章だと思うんですが、パウロの、パウロの義認論と言われるものを、非常にこうぁの、たったひとつの文章できちっと書いてあるわけですけどね。まぁこれはローマ書の方です。

　ガラテヤ書はそこまできちっとした書き方をしてないんですけれど〔笑い〕、まぁこのことをですね考えて、このまたガラテヤ書の（3章）6節、アブラハムは「神を信じた。それが、それがまぁ義と認められた」と、こういう書き方をしてるんですね。それで、ですから8節は、ぁのまず8節の前半のギリシヤ語で見ていただきますと、ἐκ πίστεως δικαιοῖ τὰ ἔθνη ὁ θεός（エック　ピステオース　ディカイオイ　タ　エトネー　ホ　テオス）、「神は諸国民を〈まこと〉により義とされる」というのは、まぁ言ってみるとその第一義の義、つまり神無き者を義とする神。その、そういう、まぁその意味でのピスティス（πίστις）ですね。これをまぁ私は「第一義のピスティス」と呼んでいるわけですが、でそれ、そういうものを前もって聖書はみている、こういう書き方をしているわけですから、つまり6節で述べている第二の義認、第二義の義認を実は8節で補ってるわけですね。いや、その、そういうことをする、神様がなさる。でまぁ神様がその信じた人

間を義とする。信じた人間、通常キリスト教会はこうやるわけですネ。信じる者は救われる。でその前にもうひとつ、実は聖書には「神様はすべての人間を義とされてるんだということを、前もって知って」と、こういう不思議な書き方をしてるんですネ。前もって知って、つまり聖書はそういうものを前提として、第一義の義認というものをネ、第一義というものを前提とした上で、アブラハムに次のように福音を宣べた、約束した。それは、あなたにおいて全ての民は、全ての民は祝福されるであろうと約束した。まぁ前もってネ、これも前もって福音を宣べた、こういうわけですネ。よろしいですか。

　ですから、パウロの読み方は普通のキリスト教会が「信じる者は救われる」と簡単に言ってるもうひとつ手前に、重要なあることを言ってるわけですネ。その上で、その上でですネ、まぁ、その上で、まぁその上で述べている。つまり、そういうひとつの前提があるわけですネ。そのことを8節はよく述べている。ですから、あの、まぁ言わば福音に対して、まぁ普通の教会が宣べる福音に対して、さらにもっともうひとつ、原福音と言うか、それをここで述べているネ。それを私は第一義の義認とか、あるいは第一義の、第一のピスティス、こう言ったわけですネ。

　そして第二の義認というものを、つまりそれは普通教会で言ってるやつですが、「アブラハムは神を信じた。それが義と認められた」と。これは8節では後半になって出て来てるわけですネ。全ての国民は祝福されるだろう、汝において。汝においてと、で汝においてというのをまぁパウロは後でこぅ切り替えて行くわけですよ。どういうふうに切り替えるかと言うと、まず9節。で9節で、この、その創世記12章3節の言葉ですネ。その $ἐνευλογηθήσονται$ $ἐν$ $σοὶ$ $πάντα$ $τὰ$ $ἔθνη$ （エンエウロゲーテーソンタイ　エン　ソイ　パンタ　タ　エトネー）、「全ての国民は、汝において祝福されるだろう」をどういうふうに言い換えるかというと、$οἱ$ $ἐκ$ $πίστεως$ （ホイ　エック　ピステオース）、信仰による者、──まぁこれは〈まこと〉による

者ということですが、そのま……——それを信じた者、〈まこと〉を信じた者は信仰のアブラハムと共に、共に祝福されると、こういうふうに言い換えているわけですぇ。

　ですからアブラハムと同じように、信……、その〈まこと〉を受け入れた者は祝福される。こぅ、でこのときですぇ、——お分かりになると思いますが——すぐ上に書いてある ἐν σοι（エン　ソイ）というのが、σὺν τῷ πιστῷ Ἀβραάμ（スン　トー　ピストー　アブラハム）というふうにこぅ言い直されちゃってるんですぇ。「あなたによって祝福されるだろう」というのを「信仰のアブラハムと共に祝福されるだろう」と言うんですから、「人々はアブラハムによって祝福されるだろう」というのがまぁ上の科白ですが、下は「人々はアブラハムと共に祝福されるだろう」。「……に祝福されるだろう」ですから、アブラハムはですぇ、救いの媒介者の位置じゃなくなってるんです、後半は、後の方は。そうですぇ。むしろ救われたぁの媒介者じゃなくて、媒介される方ですぇ。言ってみると被媒介者。媒介者としての、救いの媒介者としての地位を彼は失ってて、ここではどちらかと言うと、〔板書しながら〕まぁ被媒介者と言いますかぇ、こんな言葉はありませんけど、こういう位置に、まぁ、落とされていると言うと変ですけどぇ〔笑い〕、位置がずれているわけですぇ。そしてここでは、じゃあ誰が媒介したのかということは空白になっている。空白になっている。

　そしてこの空白を埋めるのが、今日これからみて行く 14 節ですぇ。14 節、——この間お配りしたのがありますぇ——14 節では、ほぼ同じ言い換えがあるんですけど、14 節の最初の方ですが、「ｱﾌﾞﾗﾊﾑの、アブラハムの祝福は、イエス・キリストにおいて」という形で、今度は ἐν Χριστῷ Ἰησου（エン　クリストー　イエスー）ということをはっきり書いている。ですから今度は媒介者、ぁの ἐν も媒介の ἐν と採りますよぇ。これを（が）イエス・キリストに移って行くわけですぇ。でこれが彼の旧約聖書の読み方なんですょ。こういう読み方は今の旧約や新約の先生たちはで

きないぇ、〔笑い〕これは、こういうことは。

　そしてまぁこの読み方がぁの実は今日のテーマでもあるわけで、とにかくアブラハムはそうすると、やはり救いを媒介されているわけですぇ、誰かに、祝福を。まぁもちろん約束というのはぁ、旧約聖書に出て来る約束というのは、アブラハムに対する約束というのは、土地を与えるぞとか、具体的に子孫を与えるぞという極めて現世的な約束です。それをそのパウロは、そういう約束はまぁ相続の約束とみている。そしてその相続はなにかと言うと、後で申しますけど、まぁ結局救いということ、恵みということ、あるいは祝福ということ。ですからまぁパウロの用語を使えば義ですぇ、義。その約束とみているんで、もうこの読み方からして全然違うわけですけど〔笑い〕。

　ぁの、まぁともかくですぇ、そのように救いを媒介する人はまぁここでは、まだ今この間やった 10 節まではっきりとは言っておりませんが、今日これから読んで行くところははっきりとして来ますので、アブラハムという、アブラハムの救い、アブラハムの約束、あるいは約束の救いですぇ。それはすでに、そのときにもうパウロはそのアブラハムという人間の中に、そしてアブラハムという人間の外に、アブラハムの、アブラハムを包む、包むような存在として、外から中へ包むような形として、イエス・キリストということを念頭に置いているわけですぇ。ですからこの ἐν σοι（エン　ソイ）がそうですょぇ。もう ἐν σοι、「汝において」というのは、これはもうアブラハムの意味じゃなくなって来てるわけで、イエス・キリストにおいてということですから、結局アブラハム、アブラハムにおける、あるいはアブラハムのキリスト。アブラハムの中に、そしてアブラハムの外に、アブラハムと言ったときに、そういう意味じゃあキリストをみて言っている。こういう読み方なんですぇ。こういう読み方で、こういう読み方が今日できないんですぇ。失われちゃってるんで、できないぇ〔笑い〕。で、しかしそういう読み方をしないと、パウロは永久に分からない。現代風な読み方で

やって行ったら、こういうことでもうついて行けなくなっちゃいますから
ネ。そしてそのことを補って申し上げておきます。

3

［授業資料から］
3：10 − 12 律法の道と〈まこと〉の道

¹⁰ Ὅσοι γὰρ ἐξ ἔργων νόμου εἰσίν, ὑπὸ κατάραν εἰσίν·
γέγραπται γὰρ ὅτι ἐπικατάρατος πᾶς ὃς οὐκ ἐμμένει πᾶσιν
τοῖς γεγραμμένοις ἐν τῷ βιβλίῳ τοῦ νόμου τοῦ ποιῆσαι αὐτά.
(Deu 27:26)
¹¹ **ὅτι δὲ ἐν νόμῳ οὐδεὶς δικαιοῦται παρὰ τῷ θεῷ** δῆλον, ὅτι
ὁ δίκαιος **ἐκ πίστεως** ζήσεται· (Hab 2:4)
¹² ὁ δὲ νόμος οὐκ ἔστιν **ἐκ πίστεως**, ἀλλ᾽ ὁ ποιήσας αὐτὰ
ζήσεται ἐν αὐτοῖς. (LXX Lev 18:5)

［私訳］

3：10 　いったい、律法の行いによって（義とされんとする）者は、
皆呪いの下にある。「律法の書に書いてあるいっさいのことを守らず、
これを行わない者は、皆呪われる」(Deu 27:26) と書いてあるからで
ある。

3：11 　しかし、「（ひと）義人（とされて）生くるは〈まこと〉によ
れり」(Hab 2:4) とある以上、律法の中にあっては、ひとは誰も神の
御前に義とされないことは、明らかである。

3：12 　律法は〈まこと〉から来ているのではない。むしろ、「律法
を行う者は律法の中に生きる」(LXX Lev 18:5) のである。

246

［授業］

　本日のところですが、10節からみてみます、みて行くことにいたしましょう。10節から12節までまぁまとまって、13（節）、14（節）というのはまたちょっと分かれるんですけど、まぁ10節から11節、12節までは、これはアブラハムの後の時代、つまりそれは律法というものが出て来ますネ。これはモーセからですが、そこの、まぁパウロは従ってずーっとまぁユダヤ教の時代の人間ですから、律法、アブラハムにはなかった律法の問題ってのを背負ってるわけですょネ。そこでまぁこれから律法の問題が出て来るわけですが、ちょっとみてみますと、10節ですネ。

　（10節）「いったい、律法の行いによる者は、皆呪いの下にある。『律法の書に書いてあるいっさいのことを守らず、これを行わない者は、皆呪われる』と書いてあるからである」、こういうふうに言ってますネ。これは……〔講義資料をめくる音がしばらく続く〕、これは要するに、律法による救いというのは事実上できないということを言ってるんだと僕は思うんですネ。「律法の行いによる者は、皆呪いの下にある」、なぜかと言うと、「『律法の書に書いてあるいっさいのことを守らず、これを行わない者は、皆呪われる』と書いてあるから」。律法の道そのものが悪いと言ってんじゃないです、ここは。律法の道に入ってもそれは徹底することは事実上できないよと言ってんですネ。まぁこれは考えてみれば分かりますネ。「いったい、律法の行いによる者は、皆呪いの下にある。――これはぁの申命記（27:26）からの引用なんですけど――『律法の書に書いてあるいっさいのことを守らず、これを行わない者は、皆呪われる』」。まぁそらそうですネ。

　ところが11節になりますと、少し書き方が違うんです。「しかし、――これは後に書いてあるハバクク書（2:4）の引用を先に訳してしまいましたけど――『義に、義に生くるは〈まこと〉によれり』（と）」。人が義

人とされて生きるのは〈まこと〉によるんだと。まぁこの、この問題でぇ、ぁのこの間はぁの太田（修司）さんの論文で読んだんですが、まぁあの論文にはなかったんですけど、みなさんに通知した——〔小声で〕まだ通知はしなったかな——もうひとつの論文には、ぁのハバクク書というのはぇ、ハバクク書には実はぁのマソラ^{註64)}とセプトゥアギンタとはちょっと違うんですぇ。マソラの方はこのハバクク書の引用（では）、パウロがやってるところにその神様が『義人生くるはその〈まこと〉によれる』と書いてあるんですぇ。つまり義人——義人と言うのかな、義人——義人が生きるのはその義人の〈まこと〉、だからこれは「信仰」と訳さないとおかしいとまぁ学者たちは言うわけですが、ところがですぇ、パウロが引用したと思われるセプトゥアギンタは「神の」になっちゃってんですぇ。まぁこれはみなさん、ちょっと調べられればどんな本にも書いてありますが、義人、義人が生きるのは、神の、つまり「わたしの」、——神様の言葉でぇ、神様の言葉ですから μου（ムー）と書いてある——「わたしの〈まこと〉によるんだ」と神様が言ったんだと。ですからこれは神様の言葉ですぇ。そうするとセプトゥアギンタとヘブル語のマソラ本文と違うわけですぇ。でパウロはそれを採っちゃっているわけですょ、どちらも。〈まこと〉の前にある——まぁ後ろに書いてあるんですけど——ぁの所有代名詞をぇ。でこれはじゃあどっちの意味でやってんのかということが（問題になるわけです）。そしてまぁマソラ本文は、これは義人という、義人の意味に採ってるから、まぁ普通にはそういうふうに採るわけ、「信仰」という意味に採るわけですが。

　ここのところでぇ、太田（修司）さんが非常にぁの巧みな議論を展開しているんで（すが）、そこはちょっとご紹介できなかったんですけど。ぁのまぁこれはバルトなんかもこのローマ書の解釈、ローマ書も同じとこが出て来ますから、そこでそのまぁセプトゥアギンタを採用して彼は訳を書いたわけですが、まぁ太田説が正しいとすると、これはぁのあれですぇ。僕

にはよく分かるんですょネ。それはネ、ぁのこの論文は──ぁっ、君たちにぁの作ったんじゃなくて、ぁのあれの方ですネ──『福音と世界』で発表したんですネ。そちらの方に書いてありましたけど。ですからぁのこの間読んだのにはそれは抜けてるんですけど、そこをお読みになると分かると思うんですが。まぁあの私はローマ書3章、あっ、ガラテヤ書3章は、ピスティスというのは一貫して〈まこと〉と訳したので、これでも「〈まこと〉により」。ローマ書もそれが正しいと思うんですけど、まぁそのように採っているんですから、ここに「〈まこと〉によれり」としておきました。

　でもう一度11節を読みますと、「しかし、『ひと義人とされて生くるは〈まこと〉によれり』とある以上、律法の中にぁ……、律法の中にあっては、ひとは誰も神の御前に義とされることはないことは、明らかである」。こういうふうにちょっと訳の順序を変えてみました。はっきりするんでネ。これは、この見方は、その10節の、前の10節の見方は律法の良し悪しを論じているんじゃなくて、律法の、律法でやってみても事実上そんなものを徹底するということはできないよと、事実上不可能だよという意味だといたしますと、11節は、律法の道そのものじゃ、もう初めっから駄目なんだと（いうことですネ）。言ってみると、律法による救いは原理的に不可能。でこれがむしろパウロの立場なんですネ。これが本来のパウロの立場です。つまり律法の教えを仮に徹底してやったとしても（事実上不可能である）。

　でパウロはどっちかと言うと、俺は一生懸命（やれば）できるという立場の人ですから〔笑い〕、やってもこれはもう全然違う道だと。これはぁの人を罪に、罪に導くだけだと、こういう極めてなんと言います……、極めてラディカルと言うか、徹底した言い方なんですネ。で、ですから10節よりも11節の方がパウロの律法観に近い律法観を述べている。近いと言うか、これは律法観、律法の中にあったら、もうこれはどんなに徹底しても駄目だと。このギリシヤ語がそうですネ。その、ἐν αὐτοῖς（エン　アウト

イス）と書いてありますけどﾈ。これはﾈ、ぁの宗教——まぁ律法というの
は宗教なんですが、ユダヤ教ですﾈ——これは宗教というものでは、人間
は救われないんだという非常にこぅ徹底したラディカルな言い方ですﾈ。

　ぁの、こういうお話は前期にしたかどうかぁの覚えてないんですけれど、
ぁの東洋にもいるんですょ、こういうことを言った人が。ぁの、みなさんご
存知の臨済^{註65)}という人です。臨済宗もそうです。この人は徹底してぁの
宗教——まぁいわゆる普通の仏教ですﾈ——では救われないということを
もう非常に露骨に言います。それは『臨済録』という書物に書いてありま
すが、ですからそういう点でﾈ、宗教というものじゃ人間は救われないと
いう点じゃ、パウロと本当に意見が一致する人じゃないかと思うんですけ
ど〔笑い〕。まぁそれは他宗教の話ですが、宗教じゃなく、宗教の世界に入っ
たら救われないと。これはぁの、こういう見方というものは、パウロとい
うのがいつも教会の中心に位置しながら、ぁの結局祭り上げられながら結
局理解されないひとつの見方、そしてまた宗教の改革が行われると必ずパ
ウロからのきっかけになるような、そういうひとつの神学史上の役割を果
たしちゃったんですけど。

　これはぁの、まぁ以前にも話したと思うんですけど、パウロの見方から言
うと、律法というものは本来は正しいものだったんだけど、そういうもの
が出て来ると、人間はこの律法によって——自分は救われたいと思って
いる宗教的な人間ですからﾈ——その律法を行うことによって自分は救わ
れたい、救われる、こう考えるわけですﾈ。これが律法の道ですﾈ。です
が、ぁの、ですがﾈ、ぁのこれは人間の言ってみると、救われたいという宗
教的な欲、宗教的な欲（で）、これ一番始末が悪い欲ですﾈ。色んな人間
には欲がありますけど、中でも一番始末が悪いのがこの宗教的な欲なん
で、永遠の命を得たい、救われたい（と欲するわけです）。でこの欲に対
して、まぁ言ってみると餌を与えちゃう形になりますﾈ。問題は、その宗
教的な欲をなくすことが一番パウロの、パウロにとっては一番の根本的な解

決なんですょ。ぁの神に対する熱心、神に対する熱心、誤れる認識におけ
る神に対する熱心というのが、これが一番、一番の根源的な悪だというの
がパウロの見方で、これは正しいんですょ。これは正しいんです。同じこ
とを臨済も言うんです。これは正しいんですが、律法は下手すると、そう
いう救われたいという人に「これをやれば救われますよ」という形で、救
いの条件を、条件になってしまいますから、「今度はしめた。これをやれば
救われるな」ということで、そしてやって行くと、いわゆる律法の中で生
きることになっちゃうんですぇ。律法の中で生きる。律法による者は律法
の中で生きる。それが書いてあるでしょう、ここにぇ、12 節でぇ。「律法
を行う者は律法の中で生きる」。律法の中で命を得ると、こう思う。でこ
うなっちゃうと、まぁ一般に……、律法の中に取り込まれちゃうわけですぇ。
そして一番の問題だったその宗教的な欲というものは、そこで癒されるか
癒されないか、それは知りませんが、いずれにしてもそれはぬくぬくとそ
こで生き延びるわけです。

　でこれが一番（問題で）、その言ってみると（その律法の問題が）7 章
にありますょぇ、ローマ書の 7 章に。罪は律法によって益々悪性のものに
なったと。そういうことになって行くわけですぇ。でそういう消息をパウ
ロはよく知ってるわけですぇ。ですから律法という世界に入ってしまった
ら、もうこれは原理的に救われない。事実旧約聖書も言ってるじゃない
か。人が義人とされて生きるのは〈まこと〉によるんだと。ですからここ
ではもう〈まこと〉の道、——ピスティスですょぇ——この道とそれから
νόμος（ノモス）の道、これは全く別の道、相反する道というそういう捉
え方があるわけですぇ。ユダヤ教にはこういう考え方はないでしょうぇ。
これは全く別の道として捉えてあるんですから、この律法というのはそう
いう意味で、ここで、全然駄目だと〔笑い〕、こういうことになるわけで
すぇ。

　で 12 節ははっきりそれが書いてあるんですぇ。「律法は〈まこと〉から

由来しているものではない」ということは、律法というものはその〈まこと〉の道とは、律法の道と〈まこと〉の道とは違う。で、あのパウロの救いに対する見方というのは、もうそういう宗教によって救われるんじゃなくて、人間は現実によって救われる。現実の中にある〈まこと〉ですぇ、真実。それによって救われると考えるわけですから。このときは宗教の世界じゃなくなってるわけですぇ。それとは違う、もっと深い次元の世界です。それを〈まこと〉と言ってるわけですぇ。それをまたイエス・キリストと言って来るわけですが、それで救われている。そうですぇ。現実ですから、現実ですから、すごい力があるわけです。神の力とも言うわけですが。色んな宗教が「あれをやれば救われます」「これやれば救われます」と言ってるようなことじゃなくて、現実、その現実は我々にとっては十字架なんですけれど、十字架なんですけれど、その、その十字架が救いである。こういうまぁ非常に逆説的なぇ——あまり逆説ということは言いたくないんですが、まぁ学者先生が言いますから言いますけど——それでまぁいわゆる反転という現象が起こるんですぇ、そこに。この反転は必ず現実というもので苦しんだ人間に出て来るんですょ。〔タンタンと板書しながら〕反転って、みなさんご存知でしょ。あのパソコンでやるじゃないですか。あれやってるとぇ、白地に黒い字がだーと、今度は黒地に白い字が出るのを反転と言いますよぇ。こうですから、まぁ逆説と言ってもいいんですけどぇ。十字架が復活である。こういうふうに反転する。これは必ず現実の力になるんですぇ。

　それはもう座古（愛子）さんの例を見れば分かる。中村（久子）さんの例もそうですけどぇ、必ずあぁいうところに行った人間は（反転するんですぇ）。ですからこれは現実の力なんです。これが神の力ですぇ。宗教家があれこれ言ってる、仏教の先生やキリスト教の先生たちがあれこれ言っている、うんと罪を犯せばそれだけ神様の恵みがどうのこうのってふうなことを言いますけれど、あの、あの、こういう必ず、我々はその宗教じゃな

くて、現実と、に苦悩した人間は必ず反転現象（が起こると考えるわけで
す）。誰にもあるんですぇ、誰でも必ず。ただ我々はそこまでぇ、座古さ
んや中村さんのように、まぁ幸か不幸かそこまで追い詰められていないか
らぇ〔笑い〕、なかなか気がつかないんですけど、必ず現実の世界に行け
ば、現実の世界というものに行けば、——現実の世界、現実の中に神様は
いるんですからぇ。我々が考えた宗教言語の中にいるわけじゃないですか
らぇ——そこに行けば必ず（反転するんですぇ）。いや、神様見えません、
神様ちっとも応えてくれませんという人（が）教会には多いんですけど、
間違った方向に行っちゃってますぇ。我々の現実の問題というものに本当
に取り組んでくれば……。捨て、捨てて、捨てる神が救う神だという、ある
いは救う神が捨てる神であるというこういう言い方をしますけど、本当に
そうなんですぇ。こう、我々はこう徹底的に捨てられた。ただ我々はぁのそ
こまでなかなか突き詰めないぇ〔笑い〕、怖いから。でそこまで行った人
は必ず反転があるんですぇ。それですょぇ、復活というのは。

　ですからこれはもう、そういうことを掴んじゃったら、もうあと宗教家
が、色んな宗教家がどんなこと言うとも全然迷わなくなっちゃう。律法が
あれこれ言おうが、こんなことしないと救われないとかなんとか、全然そ
んなことはぁの笑って過ごすことができる。そういうもんです。ですから
ぇ、その、その、その我々の現実ですぇ。その現実のそこにあるそういうまぁ
十字架、十字架と復活とか、まぁ十字架即復活。でそれをキリストと言っ
てるわけですから、必ず人間はそこにぶつかります。ですから誰でも本当
は気がつくんですぇ。まぁなかなか気がつかないのは、色々とぇ、色々と
罪があるからと言うか〔笑い〕、その人間、自分を立てて行こうとするか
ら。自分を立ててぇ、「俺が、俺が」で行こうとするからできないですぇ。
そこを、そこを掴んでいただきたいんですぇ。パウロはそこを掴んでみる
と、ぁの難しいローマ書もぇ、本当を言うとよく分かる。まぁ偉そうなこと
を言っちゃいましたけど、かなりよく分かる。〔笑いながら〕絶対分かる

とは言わないょ。そういうもんです。ですからぇ、そこはもう——このコリント、コリントじゃない。これはガラテヤ書ですぇ——まぁ何書であろうと、こういうふうにしっかりと掴むことができる。

　よろしいですぇ。それをやらないで、別の世界の言語を作って——宗教言語なんですけど——律法を作って、これやれば救われる、あれやれば救われると、全部観念的な救いになっちゃう。だからいつか冷めちゃう、ぇ。観念的な救いってのは、所詮はまぁ、その、すぐ馬脚ぇ、こぅ現しちゃいますから、それでぁのがっかりしちゃう。なんだってことになっちゃう。よろしいですぇ。我々の日常の現実でもそうですけれど、そういう現実というのは、なかなか色々苦しみが多くて、それでなんか、ぁのこぅその現実の苦しみから目を逸らして、なんか別のまぁ宗教なら宗教ですぇ、そういう世界に入っちゃって救われるというふうに、まぁ一般の、一般の日本人は多くそう思ってんですょ。しかしそれじゃ本物の宗教はできないんですぇ。きついけれどやっぱりその現実に向き合って、そこで、そこでキリストに出会う。そこでキリストに出会う。それがないと、いつかそういうぇ、ぁの要するにこれは痛いから、ぁの痛いからと言って、いつも対症療法でその痛み止めの薬だけを打ってくれと言って、それは効かなくなっちゃうんですぇ、すぐに。そういうことですぇ。まぁパウロがそんなんじゃない、こんなんじゃないっていぅ言ってる。まぁ今そこのひとつですけど、それは。それは彼の場合そのまぁキリストという形で、あるいはピスティスという形でぇ、そういう形で見つけて来たもの、彼が発見して来たものは、どうしてもこれにぶつかって、ガラテヤに来て、人々を扇動しているようなクリスチャンの伝道者は、キリスト教の伝道者は、そんなことは分からないから、ぁの、「いや、もうひとつ信仰の他に、キリスト信仰の他に律法もやんなさい」と、その間に矛盾をなにも感じない、かったんでしょうぇ。

4

［授業資料から］

3：13-14　パウロにおける ἐκ πίστεως εἰς πίστιν：第一のピスティス（外なるキリスト）は、律法（繭化言語）を破繭して、第二のピスティス（内なるキリスト）へと自己を貫徹する

¹³ Χριστὸς ἡμᾶς ἐξηγόρασεν ἐκ τῆς κατάρας τοῦ νόμου γενόμενος ὑπὲρ ἡμῶν κατάρα (ἐκ πίστεως), ὅτι γέγραπται·
ἐπικατάρατος πᾶς ὁ κρεμάμενος ἐπὶ ξύλου, (Deu21:23, 27:26)
¹⁴ ἵνα εἰς τὰ ἔθνη ἡ εὐλογία τοῦ Ἀβραὰμ γένηται ἐν Χριστῷ Ἰησοῦ, ἵνα τὴν ἐπαγγελίαν τοῦ πνεύματος λάβωμεν διὰ τῆς πίστεως (εἰς πίστιν).

［私訳］

3：13　キリストは、わたしたちの代わりに呪いとなって（＝木にかけられて）、わたしたちを律法の呪いから解放して下さった。（聖書に「木にかけられる者は、すべて呪われる」(Deu21:23, 27:26) と書いてある）。（第一のピスティス）

3：14　それは、アブラハムへの祝福が、イエス・キリストにあって諸国民に及ぶためであり、わたしたちが、霊という約束（＝約束された霊　同格的属格）を〈まこと〉から信受するためである。（第二のピスティス）

［授業］

はい、それで3章の13節。まぁこれはよく使われますネ。これはぁのパウロにおけるエック　ピステオース　エイス　ピスティン（ἐκ πίστεως εἰς πίστιν)、ピスティスからピスティスへという（ことですネ）。「パウロにおける」と言いますのは、パウロの場合はこういう宗教の問題があったからです。アブラハムは律法以前の人でしょう、言ってみるとネ。律法を確立していない時代の人ですから。今度はパウロ、自分のことですけど。

　で（13節）「キリストは、わたしたちの代わりに呪いとなって——まぁぁのこれは旧約聖書にネ（ある言葉ですが）『木にかけられて』というのは呪われるということ——わたしたちを律法の呪いから解放して下さった」。ですから彼の、彼のぁのこういうキリスト理解と言いますか、〈まこと〉理解は、彼の場合はぁのアブラハムと違って、まぁ律法の世界の人間でしたからネ。パリサイ人ですょ。ですから当然ぁの、その、宗教、律法、ユダヤ教、この問題があったわけですネ。これを、これにがんじがらめだった人間だったんでしょう。一生懸命やってたわけです。でですから彼がキリスト教、あるいはキリスト教と出会ったと言いますか、キリストと出会ったというのは、まずこの律法の呪いからの解放だったでしょうネ。まぁこれはぁの実際は第一コリントの、じゃない、第二コリントの5章の最後にあるのと同じ科白を、まぁ言ってみると、第二コリントの最後というのはネ、「神はわたしたちのために、罪を知らない方を罪とされた。それはわたしたちが彼にあって、神の義となるためである」（5:21）、こういうまぁ非常に完結したパウロ的な福音の述べ方ですが、まぁこれを律法と絡めて言ってるのがこのガラテヤ書の3章13節ですネ。ほとんど文章構造は同じです。でこれが、その結果14節ですネ。

　14節はἵνα（ヒナ）文ですから、まぁ13節の文章が主文であるのに対して副文になるわけですけど、それはアブラハムへの祝福が「イエス・キリストにあって」と、もうはっきりと言ってんです。「諸国民に及ぶためである」。また言い換えて「わたしたちが、霊という約束——これは『霊の約束』となってますけど、『約束された霊』というネ同格的属格

ですぇ——霊という約束を〈まこと〉から受けるためである」。この「受ける」、まぁこれで私はまぁ「信受する」というような言葉を使うんですけど、λαμβάνω（ランバノー）とかぇ、ἀπολαμβάνω（アポランバノー）という言葉をぇパウロは使うので、「受ける」（という意味に採りました）。ですからこちらは、言わば 14 節の方は「信仰」ですぇ。13 節の方は第一のピスティス。つまり〈まこと〉ですぇ。14 節の方は我々が受け取る、〈まこと〉を受け取るということですから、まぁそれは「信仰」ですぇ。やはりこの 13 節、14 節も第一のピスティスから第二のピスティスへ。第一のピスティスということは、まぁこれははっきり言えばこれはイエス・キリストの出来事ですから、イエス・キリストの出来事、〈こと〉ですぇ。その、そのイエス・キリストの出来事が、まぁ今度は第二のピスティスへ、信仰へと、そういうまぁつまりその、そういうふうな——なんと言うかな。運動と言うかぇ——そういうことへとまぁ動いて来るわけですぇ。

でまぁもう一度申し上げますけど、この 14 節の最初の方、特に最初の節ですぇ。ふたつ ἵνα というのがふたつありますけど、こちらは大体まぁご存知のように、先ほど述べた 8 節の後半の言い換えですょね、やはりぇ。ここではっきりと、アブラハムの媒、救いの媒介者としての位置はキリストに換えられているわけですぇ。そしてキリスト。ですからもうすでに 14 節でもぅ——まぁ 8 節でもありましたけど、14 節、あっ、8 節と言うか 9 節でもありましたけど——14 節で大体もう、「アブラハムにおいて」というのは「キリストにおいて」、アブラハムにおけるキリストと言うか、アブラハムのキリストと、アブラハムを包み、アブラハムのかつ中にいるキリスト、そういうものをはっきりとパウロはみているということでしょう。でこのようにまぁ、その、人間をみる場合に、そこにおいて、そして彼において、彼のキリスト、こういうまぁ一種の眼がパウロにあるわけですぇ。これはまぁ一種の複眼、複眼的な見方をしている。〔タンタンと板書する〕これは知っておかれた方がいいぇ。こういうことは、こういう見方は、

今のこぅいぅ聖書学者たちはできない見方なので、そういうふうにまぁ我々もやはりそういう眼を養わないと、こういうパウロというのはなかなか分からないですゥ。

そこで、まぁ私はずっとこういう形で、まぁでこのピスティスからピスティスへと——このローマ書の1章17節のあの有名なところから採った（んですが）——これをまぁ、まぁキーワードとしてパウロを理解して行くことを心掛けているわけですが、まぁ3章でもこのような見方ができるわけですゥ。

でここのところで、まぁはっきり申し上げておかなきゃなんないのは、まぁこのまぁピスティスというのはまたキリストの言い換えでもあるわけですから、まぁキリストからキリストへ。神のキリストから我々の内なるキリストへ。でこの「我々の内なるキリスト」という見方が現代の、特に西洋の神学者はできないんですゥ。やれ、神秘主義だとかなんとか言ってあれするんですけど、要するに自分がよく分からないだけの話で〔笑い〕、ぁのそういう西洋の神学者にいちいち付き合う必要はないと思います。またその西洋の神学者の強い影響を受けてる日本の神学者たちは、ほとんど西洋神学の優等生ですから、僕のような劣等生はあまりそういう病気にかからないですけど〔笑い〕、人間の、我々の内なるキリスト。キリストからキリストへ。ですからぁのここでパウロが——後でも出ますけどゥ——パウロが「神様はアブラハムに約束された」と言うときには、アブラハムにおけるキリストに約束もしているわけです。それが後で出て来るんですょ。そうです。ですから神様が語るということは、我々に語るということは、その我々の内なるキリストに語っている。キリストがキリストに語る。こういうふうに理解するのが正しいんで、それがあの……、それをそのなにか別に考え、考えますゥ。そういうふうになかなか考えることができないから（ですゥ）。それがぁのパウロ書簡がなかなか理解できないひとつの原因じゃないかと思うんですけどゥ。

5

［授業資料から］

3：15-18　律法に対する約束（ἐνευλογηθήσονται ἐν σοὶ πάντα τὰ ἔθνη － 3:8, Gn12:3）（= οἱ ἐκ πίστεως εὐλογοῦνται σὺν τῷ πιστῷ Ἀβραάμ － 3:9）の優位

¹⁵ Ἀδελφοί, κατὰ ἄνθρωπον λέγω· ὅμως ἀνθρώπου κεκυρω-μένην **διαθήκην** οὐδεὶς ἀθετεῖ ἢ ἐπιδιατάσσεται.

¹⁶ τῷ δὲ Ἀβραὰμ ἐρρέθησαν αἱ **ἐπαγγελίαι καὶ τῷ σπέρματι αὐτοῦ.** οὐ λέγει· καὶ τοῖς σπέρμασιν, ὡς ἐπὶ πολλῶν ἀλλ᾽ ὡς ἐφ᾽ ἑνός· **καὶ τῷ σπέρματί σου** (Gn13:15;17:8;24:7), **ὅς ἐστιν Χριστός.**

¹⁷ τοῦτο δὲ λέγω· **διαθήκην** προκεκυρωμένην ὑπὸ τοῦ θεοῦ ὁ **μετὰ τετρακόσια καὶ τριάκοντα ἔτη** γεγονὼς νόμος οὐκ ἀκυροῖ εἰς τὸ καταργῆσαι τὴν **ἐπαγγελίαν.**

¹⁸ εἰ γὰρ ἐκ νόμου **ἡ κληρονομία,** οὐκέτι ἐξ **ἐπαγγελίας·** τῷ δὲ Ἀβραὰμ δι᾽ **ἐπαγγελίας** κεχάρισται ὁ θεός.

［私訳］

3：15　兄弟たちよ。世のならわしを例にとって言おう。人間の**契約**（ここでは**遺言**）でさえ、いったん作成されたら、これを無効にしたり、これに付け加えたりすることは、だれにもできない。

3：16　さて、**約束**は、アブラハムと**彼の子孫（種子）**に対してなされたのである（→アブラハムに対してなされた約束（V.8b）は、彼の子孫に向けてなされたのである）。ここでは、多数をさして「子孫た

ちに」と言っているのではなく、**ひとり**をさして「**あなたの子孫に**」と言っているのである。そしてこの**ひとり**とは、**キリスト**のことである。

3：17　わたしの言う意味は、こうである。神によってあらかじめ立てられた**契約**が、四百三十年後にできた律法によって破棄されて、その**約束**がむなしくなるようなことはない。

3：18　もし**相続**が、律法に基いてなされるとすれば、もはや**約束**に基いたものではない。ところが事実、神は**約束**によって、（相続の）恵みをアブラハムに賜わったのである。

祝福・相続（＝神の義）は、律法以前に、約束（福音）を通じて、神のピスティスからアブラハム（とその子孫）のピスティスへと、与えられる。

［授業］

　はい、それでその次にまいりますと、15 節。表題としては「律法に対する約束の優位」。ₘₐₐこれは多くの先生たちが書いてることですₙₑ。約束、ₘₐₐ通常、普通の教会で言っているₘₐₐ「信ずる者はそれが救いである。それが救われる」（という）この約束、ₘₐₐ福音ですₙₑ。この福音の律法に対する優位ということもよく理解できることです。第一、歴史的にもₑ、ₐₐの約束が早いわけですₗₑ。アブラハムに対してやってるわけですから。〔笑いながら〕律法はモーセですから、それが出て来るんですₗ、430 年という形で。

　で 15 節ですけど、「兄弟たちよ。世のならわしを例にとって言おう。人間の契約……」、ここで διαθήκην（ディアテーケーン）ₙₑ、新約聖書、旧約聖書、διαθήκην。これはここでは「遺言」という意味です。みなさん、なかなか正式の遺言書というのはないんですけど、ₐₐのこれは正式の遺言書というのは今の法制度ではなかなか厳密で、法律の専門家が立ち会わな

いとできないんですネ。よく死んで行く前に自分の財産をこうするってやりますネ。これはぁのただ親爺が言ってたからとかネ〔笑い〕、日記に書いてあったからじゃ遺言書にはならないですょ。結構厳密なんです、これ。まぁちょっと契約と違うことは一方的な（ところです）。契約というのはまぁいわば双方の、双務契約と言われますけど、まぁしかしここでは遺言という意味です。「遺言でさえ、いったん作成されたら、これを無効にしたり、これに付け加えたりすることは、だれにもできない」。まぁこらそうですょネ。まぁ、そうじゃなくたって普通の契約だってそうですょ。いったんぁの作ったのに、一方が勝手なことで変えることはできないですネ。これは人間的な例です。で問題は次の 16 節なんですがネ、15 節は実際は 17 節に接続して行くんです。ですから 17 節、先読んどきますネ。

（17 節）「わたしの言う意味は、こうである。神によってあらかじめ立てられた契約が、四百三十年後にできた律法によって破棄されて、その約束がむなしくなるようなことはない」。ここで約束と言ってるのはみなさん分かるでしょう。元もとはさっきも申し上げたように、創世記の中で神様がアブラハムに何度か約束をされています。だからまぁ複数形が書いてあると言うんですけどネ。まぁ単数形の場合が多いんですけど、16 節では複数形なんですネ。まぁしかしその、その約束は、大体子孫を増やすとかですネ、土地を与えるとか、まぁ今日から言えば現世利益のようなもんですが、パウロはそんなふうには採っていないことはみなさんに言った通りですネ。これは救いの約束であり、祝福の約束であり、義の約束ですネ。で、パウロがとった約束はそういう意味ですが、パウロはですネ、16 節で（こう言っています）。ちょっと読んでみましょう。

（16 節）「さて、約束は、アブラハムと彼の子孫とに対してなされたのである。──でその次ですけど──ここでは、多数をさして『子孫たちに』と言っているのではなく、ひとりをさして『あなたの子孫に』と言っているのである。──この例は聖書に何か所かあるんですネ──そ

してこのひとりとは、キリストのことである」。こういうまぁ言ってみ
ると無茶苦茶な議論をやってるわけですぇ。というのは、この子孫とい
うのは σπέρμα（スペルマ）というギリシヤ語でしょう？　ぇ、みなさん
σπέρμα って書いてありますょね、16 節にぇ。この、この σπέρμασιν（ス
ペルマスィン）という言葉はですぇ、まぁ子孫とか植物の種を言うんですが、
まあここはもちろん子孫ですけれど、ぁの集合名詞なんですょ。でですが単
数形で複数を表すんですぇ。例えば family という英語が家族という意味
ですぇ。でも普通構成員は複数ですから、その意味は複数を言ってるわけ
ですぇ。だからそれが普通なんですぇ。で旧約聖書はそういう意味で書い
てるんですょ。書いてあるんですょ。言ってるんですょ、もちろん。「アブ
ラハムとその子孫に」という言い方は、「アブラハムとその子孫たちに」
ということですょ、これは。パウロだってですぇ、後で出て来ますけど、3
章のお仕舞いの方に σπέρμα（スペルマ）というのが出て来るんですが、
それは複数形で使ってんですょ。──複数形じゃない、失礼──複数形の
意味で使ってんです。これは単数です。複数の意味で使ってるんです。で
すからここの議論は益々滅茶苦茶と言えば滅茶苦茶ですょ、文法として
は。これは形は単数ですょ。でも意味は複数。それを彼は形が単数で、そ
れはひとりのことを言ってるんで、それがキリストだと言ってるわけです
からぇ〔笑い〕。こらぁ、ぁのユダヤ人が聞いたら受け入れられないですぇ、
こういう議論は〔笑い〕。でもぇ、でも我々がみて来た彼の見方から言う
と──ここの、ぁの佐竹（明）さんはこれは強引な解釈だと書いてあります
けど──これは強引ではなくて、彼の見方から言うとキリストっていうの
はそうなんです。我々を包み、我々の中にある。それを彼はキリストと、
それをひとりの人と言ってるわけですぇ。

　ですからこれはぇ、アブラハムに約束をした。そして彼の子孫に約束を
したと聖書にそう書いてあるんですけど、彼の読み方は、パウロの読み
方は、アブラハムに約束したことは即キリストに約束したことになる。で

そのキリストというのを後の方に読み込んだんですネ。同じことは子孫に対しても言えるんですネ。「子孫に」ということは、その子孫のキリストに。ですからここはぁの彼のそういう見方、キリストの見方ですネ。これをネ、キリストをもっぱらぁのアブラハムの死後、千数百年後にあそこに、ナザレの地に生まれたあの人に限定して採っちゃうと、そらぁ採れないですょ。そらぁ理解できないですょ、パウロはもう。ここのキリストというのはそういう意味ではありません。ここではぁの、ですからここを 16 節、実はこういう意味だろうと僕は思うんですネ。「アブラハムに対してなされた約束は、アブラハムと彼の子孫に対してなされた」と書いてありますけど、アブラハムに対してなされた約束は、彼の子孫に向けてなされたのである。でその子孫とはなにかと言うと、実はキリストだ、こういう、こういうふうに言ってるわけですネ。ですから子孫と言っても、ずーっと千数百年後に出て来たキリスト、あのナザレのイエスを言ってるのではなくて、現にアブラハムにおいていましたもうキリスト、それに対して言っている。でそういうふうに採らないと、非常な無理を（した解釈になって）、ぁの「こら強引だ」とかなんとかいう（具合に）、神学者自身が理解できないままに放置している。そしてそれネ、ぁの教わった神学者諸君が牧師になって困っちゃうということになると思うんですけど。これは、まずそういうふうに採れますネ、それは前からずっと読んで来たことから言っても。

　でそれを、ですからこの 16 節は極めて重要なそのパウロのキリスト理解と言うか、アブラハム理解と言うか、あるいは人間理解と言うか、それがよく出ている。「このひとりとは、キリストのことである」。アブラハムもキリストの中にあるんですネ。アブラハムもキリストの内に……。まぁヨハネの有名な言葉でネ、「わたしはアブラハムが生まれる前からいたのである、いるのである」（ヨハネ 8:58）、こういう言葉がありますけれど、まさにそういう、それですょネ。それはパウロの科白じゃありませんけれ

ど、それ、それはひとり、そのひとりを指して、「このひとりとは、キリストのことだ」とこう言ってんでしょ。そうですネ。そういうふうにアブラハムを複眼的に、つまりアブラハムの背後にキリストというものをしっかり見ない、見ないと、訳が分かんない科白ですネ。無茶苦茶だ、こじつけだ、強引だ、こういうことになってしまう。でそのことを16節は言っている。よろしいですか。まぁちょっと、でもこれは、まぁみんなこぅ敬遠しちゃうようなとこですけど、実はそういうところにこそこのパウロという人の——なんと言うかネ——ポイントがあるわけですネ。そのことを理解していただきたいと思うんですネ。

　でそういたしますと、まぁそのように理解した上ですネ、18節を読んでみると、「もし相続が、もし相続が、律法に基いてなされるとすれば、もはや約束に基いたものではない。ところが事実、神は約束によって、相続の恵みをアブラハムに賜わったのである」。これもまぁ、この場合の相続というのは、後で「相続の恵み」と言い直してますように、まぁ結局祝福ということですネ。この祝福ということ、この祝福ということが——義と言ってもいいわけですが——これが決して律法に基いてじゃなくて、約束——神様の約束ですネ——これに基く（と）まぁそう言ってるわけですネ。まぁ、で18節は実はこれもぁの、まぁ18節もぁの……〔しばらく沈黙が続く〕、「もし相続が、律法に基いてなされたら、もはや約束に基いたものではない」、これはぁの……〔またしばらく講義資料をめくりながら沈黙が続く〕、その、もし義が律法に基いたなら、イエス・キリストの死は無駄だったろうというような（ことを）——これは第二コリントの4章の3（節）かな——ぁの言ってんですよネ。それとパラレルな文章ですネ。〔聖書をめくる音〕第二コリントだったかな。4章の……、わたしはキリストを……、じゃなくて、第二コリントじゃなくて、えーと、度忘れしちゃった。えーと、あっ、ガラテヤ書だ〔苦笑〕。ガラテヤ書の2章21節ですネ。2章の最後ですネ。「もし、義が律法に、義が律法に、その、もし、義が律法に

よって得られるとすれば、キリストの死はむだであったことになる」。ほぼ同じパラレルな個所ですネ。

　はい、それで結局ですネ、ここで18節で言っている、18節まで言って来た言葉を要約するとですネ、要約するとどういうことになるかと言うと、ガラテヤ書の言葉を使って言いますと、祝福あるいは相続ですネ。「祝福、相続は律法以前に約束を通じて、神のピスティス（πίστις）からアブラハムとその子孫たちのピスティスへと、与えられた」、こういうふうな言葉で言い表すことができると思うんですネ。祝福あるいは相続、まぁこれはローマ書では神の義と言ってますけれど、律法以前に約束を通じて——まぁローマ書で ἐν αὐτῷ（エン　アウトー）、17節、1章17節ですネ——福音において、神のピスティスからアブラハムのピスティスへと与えられる。ですからここでも全く同じローマ書のあの主題ですネ。1章17節の主題が、そのアブラハムとその子孫という——まぁその子孫も含めてですネ——アブラハムというまぁユダヤ人にとっては極めて重要な人物の、まぁ、を例にして、彼は自分の福音を述べたわけですネ。述べてるわけです。こういうことでやはり一貫していますネ。ですから別にその、あのローマ書の1章17節というのを、神の義は福音において、ピスティスからピスティスへ伝えられる、啓示されるというあの言葉ですけど。ルターがあのネ、福音の発見に至ったあの言葉ですけど、これはやはりアブラハムにおいてもみていますネ。アブラハムにおいてもみている。まぁ、そらぁそうですネ。どこにおいてもみられなくちゃ嘘ですネ。ただここでは律法以前にそうだと言ってるだけですネ。そういう意味ではまぁ福音は律法に先立つ、ということが言えるでしょうネ。福音は律法に先立つ。

　先回お話ししたと思いますけど、バルトの著作に『律法と福音』というのがありまして、ルター派は「律法と……、『福音と律法』というのがありまして、ルター派は「律法と福音」と逆に立てますんで、非常に気になる論文なんですけど。まぁあそこでバルトが言ってることはなかなか難しいんですが、ぁ

の短い書物ですからネ、みなさん買ってお読みになることを勧めますけど。なかなか難しいんですけれど（ネ）。で、あの書物の方がどうも僕の感じではガラテヤ書より難しいんで〔笑い〕、僕はあれは敬遠しているんですが、ぁのガラテヤ書を一生懸命に読むと、やっぱりそういうふうに、この場合も律法以前にですネ——まぁこの場合は 430 年と。福音、福音の原型ですぇ——約束というのはできてるんですネ。それがないとやっぱり間違えちゃう。ルター派のよくやる間違いです。最初に律法を立てちゃうと、そこから罪が出る。まぁよくルター派の人が言いますけど、我々に律法をかけると罪が出る。そうすると、罪が出ると、今度はそれを帳消しにしてくださるキリストが出て来る。そこで「律法と福音」とゃる、やるわけですが〔笑い〕、これはぁの実は浄土真宗のやってる二種深信論と全く（同じ）のキリスト教版ですネ。〔タンタンタンと板書しながら〕でこういう、これはぁの日本に古来からありますから、すぐこれと結びつくんですネ。あの、ルター派のこういう主張は——必ずしもぁの知っている人たちは浄土真宗なんか勉強しないから、あまり知らないかもしれませんが——心情的にすぐに結びつくんですネ。罪が深ければ深いほど、それほど恵みも深い。悪人正機。非常にこぅなんと言うか、優しい科白ですが、まぁこれはパウロの考えではありませんネ。これはパウロ的な福音というのはそういうもんではありません。

　ですからぁの、二種深信というのは、まぁまず律法——まぁ律法とは言いませんけど、もちろんネ。ぁの、これ蓮如註66)という人がしきりに言ったことなんですが——まずまぁあのやっぱり十戒によく似たものがあるんですょ、仏教にもぇ。十悪五逆と。ほぼ同じような、半分くらいキリスト教と同じことを言ってるんですょ、全く。でそういうものをやってみると、人間は悪人の意識を持つ。で悪人の意識、まぁ問題はその悪人の意識ですぇ。悪人の自覚を持った人間はそれだけ救われるというわけですから、そうすると言ってみると、悪の自覚が深ければ深いほど恵は多い。まぁそ

れをぁの親鸞教の人がよく間違えて、うんと悪いことをそれだけすれば救われるんだというふうな（ことになってしまう）。そうじゃないんですネ。やっぱり悪の自覚のある人が救われる、救い主から救われると、こうみるわけですから、別にうんと悪いことをすればするほどというんじゃあないんですょ。まぁ粗雑な頭脳をした人は誤解しちゃいますょネ〔笑い〕。それでまぁ神学の時代からするとそういう誤解があったんですけど、まぁぁのしかしこれはそうしますと、恵みというのは人間の悪次第、罪次第、罪は恵みの促進力だということになっちゃいますネ。でパウロはこれに対していつも μὴ γένοιτο（メー　ゲノイト）と、そうじゃない、そんなんじゃないというような（言い方をしますが）、彼の見方は全然違うからですネ。

　まぁそういう意味で、このようにパウロ、まぁガラテヤ書をこういうふうに読んでみると――もうなにを書いてあったか忘れちゃったけど、バルトの『福音と律法』の具体的な論理の展開はちょっと僕は分からないところが多かったんですけど〔笑い〕、でも――この順序はやっぱり正しいですネ。福音と律法、まず福音があるんだと、福音が律法に先立ってるんだと。まぁこれは 430 年、430 年というのはネ、ぁのこれは出エジプトに書いてあるんですけどネ、これはぁの、ぁのこれは佐竹（明）さんの本（に）から、ぁの書いてあったんですけど、マソラ本文ではエジプト滞在の期間だけが 430 年だそうです。ところがセプトゥアギンタでは、確かにセプトゥアギンタを読んだらそう書いてあるんですけど、ぁのその時代プラスカナンにいた時代ネ、前にネ。カナンにいた時代を含めて、確かにセプトゥアギンタにそう書いてあるんですょ。そうすると、パウロはこの点でもセプトゥアギンタを引用して言ったと、ネ。ギリシャに、ギリシャじゃない、エジプトにいたのは 430 年と、アブラハムは入っていなしでしょ、もちろんそれはネ。アブラハムが入っているのはカナンの時代ですから、それを、確かにネ、ぁのセプトゥアギンタはネ、カナンの時代も含めてと書いてあるんですネ。そっちの方だそうですネ。まぁ、430 年、律法より約束が先だっ

たというわけです。そういう意味でもォ、まぁ福音と律法。まぁしかしなんと言っても、そういうことよりも事柄の本質ですォ。ザッヘに即して言うと、やはり福音が先。それが、この世に対しては未来形で、つまり約束で語られる。そしてその未来形がまぁ律法になっている。福音というのはどうしても語ると律法になりますから、福音と律法。そらぁそうですょォ。

　まぁいずれにしてもですォ、18 節までで大体パウロ的な福音（が明らかになっている）。これは実は、パウロ的な福音は、ガラテヤ書の 2 章で論じてありますけど、これは実はアブラハムにまでさかのぼっている。そして同じことが言えるということを彼はここで、旧約聖書で証明した。まぁ旧約聖書をそのように読んだということですォ。この読み方が大切なんでォ。

6

［授業資料から］
3：19-25　律法の機能と限界：律法は〈まこと〉の死角に成立する

¹⁹ Τί οὖν ὁ νόμος; **τῶν παραβάσεων χάριν προσετέθη, ἄχρις οὗ ἔλθη τὸ σπέρμα** ᾧ ἐπήγγελται, διαταγεὶς δι᾽ ἀγγέλων ἐν χειρὶ μεσίτου.

²⁰ ὁ δὲ μεσίτης ἑνὸς οὐκ ἔστιν, ὁ δὲ θεὸς εἷς ἐστιν.

²¹ ὁ οὖν νόμος κατὰ τῶν **ἐπαγγελιῶν** [τοῦ θεοῦ]; μὴ γένοιτο. εἰ γὰρ **ἐδόθη** νόμος ὁ δυνάμενος ζῳοποιῆσαι, ὄντως ἐκ νόμου ἂν ἦν ἡ δικαιοσύνη·

²² ἀλλὰ συνέκλεισεν ἡ γραφὴ τὰ πάντα ὑπὸ ἁμαρτίαν, (ἄχρις οὗ ἔλθη πίστις Ἰησοῦ Χριστοῦ) ἵνα ἡ **ἐπαγγελία ἐκ πίστεως**

268

Ἰησοῦ Χριστοῦ δοθῇ τοῖς πιστεύουσιν.

²³ Πρὸ τοῦ δὲ ἐλθεῖν τὴν **πίστιν** ὑπὸ νόμον ἐφρουρούμεθα συγκλειόμενοι εἰς τὴν μέλλουσαν **πίστιν ἀποκαλυφθῆναι,**

²⁴ ὥστε ὁ νόμος **παιδαγωγὸς** ἡμῶν γέγονεν εἰς **Χριστόν,** ἵνα **ἐκ πίστεως** δικαιωθῶμεν·

²⁵ **ἐλθούσης** δὲ τῆς **πίστεως** οὐκέτι ὑπὸ παιδαγωγόν ἐσμεν.

　[私訳]

　3：19　それでは、律法は何であるか。それは**違反を促すため、あとから加えられたのであって、約束が向けられている子孫（＝キリスト）が来るまでのもの**であり、かつ、仲介者（＝モーセ　レビ 26：46 等）の手により天使たちによって制定されたものにすぎない。

　3：20　仲介者は、ひとりだけに属する者ではない（＝仲介者は一人の天使にだけ属するわけではない。律法は、仲介者による複数の天使たちの妥協の産物である）。しかし、（約束を与えた）神はひとりである。（仲介者など必要ない）。

　3：21　では、「律法」とは（そもそも）神の**約束**と相いれないものか。断じてそうではない。なぜなら、もし人を生かす力のある（真の）「律法」が**与えられていた**とすれば、たしかに義は「律法」から来た（＝人は「律法」によって義とされた）ことであろう。

　3：22　しかし、聖書（＝モーセ律法）はすべての人を罪の下に閉じ込めてしまった。が、それは、**イエス・キリストの〈まこと〉**（という真の「律法」、「〈まこと〉の律法」R3：27）によって、「**約束されたもの**」（＝祝福・相続・義）が、**信じる人々に、与えられる**（ἐκ πίστεως εἰς πίστιν）ために（イエス・キリストの〈まこと〉が来るまでのこと）である。

　3：23　しかし、〈まこと〉が来る前には、わたしたちは律法の下で監視されており、やがて**啓示される**〈まこと〉の時まで閉じ込められ

ていた。

3：24　このようにして律法は、わたしたちが〈まこと〉によって義とされるためにキリスト（が来る時）まで、わたしたちの**監視者**（「養育係」というような、いい意味ではない、同旨ブルトマン）となったのである。

3：25　しかし、いったん〈まこと〉が**来た以上**、わたしたちは、もはや監視者の下にはいない。

［授業］

　それで一応前半が終わりまして、後半と言っても残りわずかですけど、3章の19節からです。でここがぁの実は先学期ルドルフ・ブルトマンを読んだときも、色々彼が引用していたので、多少論じた記憶があるんですけれど、じゃあ律法とはいったいなんの意味があるのか、ということになりますぇ。なんの意味があるのかということになります。そうして結論を先取りして言いますと、律法は全く意味がないというのがパウロの意見だと僕は思います。ここ、パウロの律法理解に関しては学者によってみな違うんですょ、新約の学者、旧約の学者それぞれ。でも僕が読んだ限りでは、少なくともパウロ的なまぁ律法理解では、ここは意味がないというのが（彼の考え）だろうと。まぁラディカルなちょっと理解ですから〔笑い〕、ぁのあれですょ。みなさん、信ずる必要はないですょ。はい、ちょっとみて行きましょう。

　19節ぇ、「それでは、律法は何であるか。──それはもうここで一応結論が出ている──それは違反を促すため、あとから加えられたのであって、──これはやればやるほど、要するにこれは、要するに違反を、違反を促すだけだと。そのためだけだと。もう非常にはっきりしている──約束が向けられている子孫──つまりキリストですぇ、これは──キリストが来るまでのものに過ぎない」。これが一番のパウロの律法に対する──

後書いてありますけど──これの要するに展開です。ですからこうなって来ると、「意味がない」というₘₐ僕の言い方は口が強いかも知れませんが、表現が強いかも知れませんけど、ₘₐₐみなさんにね印象深く憶えてもらうためにそう言ったんですが。

　管理、管理主義の教育をやっている私立の学校が多いんですけど、校則が色々あるでしょ。あれはなにかと言うと、あれでもってₐₒ違反するやつを罰するためにやるんだそうですょ。それ、校長から聞いた話なんですけど〔笑い〕、ₐₒなんの意味もないと、益々悪くなると言いますか、ₐₒ子供たちは悪くなると言いますけど、ₐₒ、その、言ってみると、そういぅどっちかと言うと、そういう見方ですネ。ₐₒ、色々細かい校則を作ってネ、制服もうるさく言ってネ、そうするとうるさく言うとみんな違反しますから、そうするとそのつどそのような話になって、〔笑い〕それで学生は益々その、くぐり抜けて行くことを考えるから、益々悪くなるんだそうで。ₐₒ法の思想が、ₐₒ法科の思想というのは、そういう悪い意見があれを生むんですょネ。実際人間の歴史にあるんだそうですょ。色んな法律でがんじがらめにすると、必ず抜け、抜け、ねその抜け道を考えるやつがいて、益々悪くなるって言うんで（す）。どっちかと言うとね、この律法というのは日本語だって、日本語ですと法律とは違いますけど、英語ですとlaw ですもんね。ドイツ語だってだって Gesetz（ゲゼッツ）で同じですょ。ですからₐₒある意味で、これはパウロの律法に対する徹底した冷めた言い方ですネ。いや、パウロは律法を擁護したんだというような学者もいるんです。ブルトマンはどっちかと言うとそっちに近いんですけど、ₘₐₐしかしₐₒここでは、律法ってそれじゃなんだったのか、なんなのか（という問いですネ）。「それは違反を促すため、あとから加えられたのであって……」、その次ですネ。同じ、それは $\sigma\pi\acute{\epsilon}\rho\mu\alpha$（スペルマ）、約束の相手だった。約束をしたと、パウロがその約束をしたという旧約聖書の読み方は、神様がアブラハムに約束したということは、神様はアブラハムにおける、

アブラハムのキリストに約束をした。ですからキリストからキリストへ。こういう見方ですから、それに約束し、それが来るということは、明らかにこれはその、そのキリストが来るというのは、これを千数百年後のナザレのイエスと、すぐ、すぐあの学者は採るんですが、その前にもうひとつ考えておきたい。その前に、そういう救済史的に考えるんじゃなくて、すぐにそういうふうに行くんじゃなくて、まずこのことが、自分の内における $\sigma\pi\acute{\varepsilon}\rho\mu\alpha$、自分の内のおけるキリスト、それ、それ、それが来るというのは、それに気づくということですネ。それが来る。それが気づく。それ、それまでのことである。ですからネ、あのそれまでに、のことで、それまでその気づかない前、その、わが内なるキリストに気づか、気づかないなら、そういうところに律法というものは成立するんだと言ってんです。全体的に言いますと、律法というのはそれだけのことだと。

　ですからネ、みなさん死角という言葉を知ってるでしょう？〔板書する〕toter Winkel（トーター　ヴィンケル）と言うんですけど、これはあの自動車なんか運転していると、あの例えばどうしても死角があって、あの、まあ我々はガラスを通して外を見てるわけですから、そのガラス窓ですネ。窓枠が邪魔して、例えば二輪車が背後から左の横から走って来ると見えないと言うんですネ。あのこうミラーに映らなくなっちゃって、そういうのを死角と言いますけど、あるものに遮られて見えない。あるんだけど見えない。あるものに遮られて、あるんだけど見えない。そういう範囲のことを死角と言うんですが、そうしますと、この律法というのはですネ、〈まこと〉が見えないんです。ピスティスが見えない。キリストが見えない。その、そういうところで、そういうところで成立する。そういう見方、まあ比喩的に言うと、そういう見方じゃないかと思うんですネ。それをネ、あのこういうふうに言っている。それは $\sigma\pi\acute{\varepsilon}\rho\mu\alpha$ が来るまでのこと。約束された、つまりこれは約束されたというのは、神が語りかけてるんですネ。約束の相手である。それが来る。この「来る」というのは後でいくつも出てまいりま

す。それまでの、までのことである。

　でその次にぇ、20節、21節というのはちょっとよく分からないんですょ、これ。だからブルトマンも確かここは要約してなかったと思いますが、これは僕がみなさんに書いたのは、これは色んな解釈の中でまぁ最も分かり易いんじゃないかと（思われる解釈です）。まぁ分かんなくても別にどうってことないとこなんですが、それを色々補って書いてありますので、色々みなさんから注文を付けられたら、僕は答えることできません〔笑い〕。これは色々なぁの（解釈をみて）、これがいいんじゃないかと。

　でまぁしかし読んどきますとぇ、（20節）「仲介者は、ひとりだけに属するんじゃない」。あっ、その前がありますぇ。その19節、「かつ、仲介者——これはモーセを言ってんだそうですが——の手により天使たちによって制定されたものにすぎない」。〔小声で〕どこにそんなこと書いてあります？〔笑い〕約束は、あっ、約束じゃない、律法は。

　（20節）「仲介者は、ひとりだけ属するものではない。——括弧して——仲介者は一人の天使にだけ属するんじゃなくて、律法は、仲介者による、つまりモーセによる複数の天使たちの妥協の産物である。しかし、約束を与えた神はひとりである。仲介者など必要はない」。ぇ、ごたごたと聖書を補って書きましたけど〔笑い〕、これはよく分からないんですけど、まぁこういう解釈が一番分かり易いので、この解釈を採ってみなさんに書いたわけです。ですからあんまり20節は聞かないでください。〔笑い〕よくはぁの（分からないので）。それで21節から先は次の時間にやりましょう。はい。

　　〔休みをはさんで継続される〕

　はい、それじゃ始めましょう。さっきはぁの20節ぐらいまでちょっとお話ししたんですけど、まぁぁの律法ですぇ。この律法という、律法、「律法は、とは何であるか」という19節の表題。でこれよく律法の（ことを）、普通にはよく新約学者たちがぇ、救済史的な意味というふうに言うんですが、

救済史という概念は、非常によく僕にはよく理解できない。色々調べてもよ
く分からない。Heilsgeschichte（ハイルスゲシッヒテ）というドイツ語なんで
すが、でこれはぁの別に聖書にそういう概念があるんじゃなくて、ドイツの、
ドイツの神学界で出された概念ですネ。で特にその用語は使わない（で）、
使ってない、まぁ「律法の機能と限界」というような表題にしましたけど、
通常はネ、「救済史的な意味」と表題を付けるんです。それでまぁあの律法
は養育係という意味があるんだということをしきりに言うわけですが、
じゃあ本当にそういうふうに言ってるかということをネ、これからちょっ
と読んで行くことにします、ネ。で 20、〔笑い〕まぁ 20 節まで説明したこ
とにしまして、21 節ですが、これはまぁ以下はやっぱり 19 節で言ったこ
とを繰り返して言っているんですネ。

　では、――あっ 21 節はちょっと違いますけど――21 節、「では、『律法』
とはそもそも神の約束――ですネ。まぁ 3 章 8 節に出て来たのが約束です
が――神の約束と相いれないものか」。でここは僕はぁのネ、みなさんの訳
には、お渡しした訳には律法というのをかぎ括弧に入れましたけど、これ
はちょっと使い方が違うと思うんですネ。「断じてそうではない。――まぁ
これはパウロがよく言うやり方ですネ――なぜなら、もし人を生かす力の
ある――そういう意味で真の律法ですネ――人を生かす力のある真の律法
が与えられていたとすれば、たしかに義は『律法』から来た」。まぁ義は
律法から来ないというのがパウロの見方でしたょネ。しかし本当に救う力
を持っている律法ならば、それは義は律法から来た。あるいは、人は律法
によって義とされたということであれば、まぁそういうことが言えるであ
ろう。まぁこの意味の律法だったら、やはりパウロにとっては福音がそう
なんですネ。福音が律法なんです。福音こそ真の律法なんですネ。でもこ
こではこれ以上の議論をしませんで、まぁ 21 節だけちょっと孤立してい
ますネ。まぁ福音を律法と呼ぶという言い方はローマ書でも出て来るわけ
ですけれど、ガラテヤ書で特にぁの（出て来ませんが）、まぁそれに近い言

274

い方だったとすると、2章の19節で「わたしは律法によって律法に死ん
だ」と言うときの最初の律法は、私はまぁ真の律法、つまりキリストの律
法と解しましたけど、そしてまたキリストの律法ということは後でも出て
来ますけどネ。ここでの律法は、もっぱらパウロは（の）批判の対象とし
ての意味の律法が以下でも登場して来るわけですネ。ですから3章の21
節だけちょっと、まぁ孤立していると言うかぇ、議論はここで打ち切……、議
論はここらでちょっと議論になっ……、まだしていない、していないってことですネ。

　3章の22節から、22（節）、23（節）、24（節）、25（節）と、厳し
い彼の批判、律法論が登場するわけです。まぁどれも同じことですけどネ。
（22節）「しかし、聖書は」、この聖書は、この聖書という言葉は、ぁの解釈
者によって違います。これはパウロのいう言い方で「神」と言ってるんだ
というふうに解する人もいます。佐竹さんがそうだったと思いますが、し
かしまぁ、ぁの私は違う意味に、違う説を採る人と同じで、ここはいわゆる
律法のことを聖書と言ったんだと（思います）。ですからモーセ律法とし
て採っております。「しかし、聖書はすべての人を罪の下に閉じ込めてし
まった。が、」、その次ですネ。ちょっと原文の方、上の方を見て、あっ、上の方
と言いますか、上の方ですネ。上の方を見ていただきますと、括弧に入れてると
ころがありますでしょ。これは聖書本文にないんですけれど、これを入れ
ないと誤解されてしまうんですネ。でこれを入れる理由は、実は23（節）、
24（節）、25（節）に全部書いてあるから、それは十分裏付けられると
思って入れたんですネ。あのネ、この、これは括弧に入れた部分は、イエス・
キリストの〈まこと〉が来る、来るまでという（意味です）。これは19節
でもそういうふうに出て来ましたネ。ぁのσπέρμα（スペルマ）、子孫が来
るまで、子孫が来るまでのことである、律法というのは。つまり、キリ
ストが来るまでのことである、ということが19節にありましたが、それ
が23（節）、24（節）、25（節）にも出てまいりますので、まぁ22（節）
だけちょっとこれがないんですけれど、補ってみました。そうしないと、

ἵνα（ヒナ）は目的、──22節のネ後半、ἵνα（ヒナ）って書いてありますネ。こ
れは約束……──ἵνα文は、「約束はイエス・キリストの〈まこと〉によっ
て、信ずる人へと与えられるためである」という目的文、目的文ですネ直
接結びつくと、ぁの律法に対する評価というのが、多少変わってしまう可
能性があるんですネ。ところがそういうふうに採ることは、やっぱり23
節以下の論旨からするとできないので、入れるのが（いいと判断しまし
た）。入れるのは別に反対者はいないだろうと思うんですが、「しかし、
──ぁの22節前半ですが──しかし、聖書はすべての人を罪の下に閉じ
込めた」。でもし括弧の中を、括弧を外すとですネ、それは、「聖書の、聖書
は、つまり律法はすべての人を罪の下に閉じ込めた。それは、その、約束
が、イエス・キリストの〈まこと〉から信ずる人へと与えられるためだっ
た」というと、これはぁの、律法は人間を罪の下に閉じ込めたことを、い
わば促進したというような言い方になり兼ねないですネ。ところがどうみ
ても前後、19節や23節以下をみても、そういうふうにパウロは言って
ないので、このように補った方がよろしい、誤解を与えないと思いますネ。
つまり、「約束が──ἵναからネ──律法……じゃない。イエス・キリストの
〈まこと〉から信ずる人へと、つまり〈まこと〉から〈まこと〉へと与え
られるために、イエス・キリストの〈まこと〉がやって来るまで、その
ときまで、聖書はすべての人を罪の下に閉じ込めた」。でこれ、この方が
はっきりするわけですネ。まぁそれは23節をみればもっとはっきりと書
いてあるんです。
　23節は、「しかし、〈まこと〉が来る前には、わたしたちは律法の下で
監視されており、──それは同じことですけどネ──やがて啓示される
〈まこと〉の時まで──これは同じですょ、〈まこと〉が来るということ
と。〈まこと〉が啓示されるということを言ってるんですネ。〈まこと〉が
啓示されるときまで。εἰς（エイス）とは時間の意味で目的ではないと、こ
れは岩隈（直）[註67]さんがなんかで書いていたんですが、辞書だったかな。

それをちょっと書いときましたけど——閉じ込められていた」。時間の意味で目的ではない。ですからまぁ時間と言おうが、場所と言おうが、それはどうでもいいんですが、〈まこと〉が——その、〈まこと〉の死角ですぇ——その、〈まこと〉が来ていても気づかない。そういう死角にあったところで、我々はその宗教、律法、そういうものに（が）その、その成立する。そうですぇ。ぁのやっぱり〈まこと〉というのは現実の中にあるキリストですから、それ、そこに気がつかないときはやっぱりこういう律法の下に監視されちゃう。ですからまぁそういう意味ではぇ、23節ははっきり言ってますぇ。まぁなんと言っても、「まで」。これは時間的な言い方ですけど、その時間的な死角、時間的な死角の下でこういうものが……。

で、その次ですけどぇ、24節も同じですょ。「このようにして律法は、わたしたちが〈まこと〉によって義とされるためにキリストが来る時まで、——この場合のεἰς（エイス）もその時間の意味であって目的でない。別にこれ、この場合は目的に採ってもいいんですけどぇ。まぁ我々が〈まこと〉によって義とされるためにキリストが来る。〔笑いながら〕まぁ目的に採っても別に悪いとは思わないんですけど——わたしたちは、わたしたちの監視者（となったのである）」と訳しました。これはぁの岩隈さんの本にも書いてあったし、ブルトマンも言ってましたが、「養育係」ってなんかすごく日本語ではぃい意味なっ、いい意味を与えちゃうんですぇ。養育係って、なんか保育園の保育士さんがぇ、幼稚園の先生みたいに思っちゃうじゃないですか〔笑い〕。これはそういう意味じゃないそうですぇ。まぁ奴隷なんかがやってたと言うんですけど、こういう役割をぇ。子供たちを監視する。ですからまぁ管理教育のぇ、〔笑い〕管理者みたいなもんなんでしょ。そういう、その、これをぇ「養育係」って訳すと、ぁの律法はやがてそのイエス・キリストが来られるまでの、そういう導き手だっていうふうにぇ採れちゃうんですょ。ぁのブルトマンなんかはどっちかと言うと、そういうふうな理解をするんですが、ぁのだから全然意味がなかったってことになり

ま、ってことじゃない。律法は確かに人を罪に陥れるけど、罪にするけれ
ど、やがてそれを通じてぁの、まぁキリストの啓示へと導くんだという、そ
ぅぃぅ、そういう働きをするんだというふうに解釈する先生もおられるわ
けです。

　しかしぁの、まぁこれはみなさんがそれぞれ、これから聖書をお読みに
なって考えて行っていただきたい。私はぇ、これはぁのやっぱりパウロっ
てのはそれほど律法に好意的じゃないと思いますぇ。本当の律法は別です
ょ。本当の律法は別ですょ。でもいわゆる律法、ぇ。パウロはそういう意
味で使う場合が、律法という言葉をそういう意味で使うことが圧倒的に多
いんですが、さっき言ったように、21節は例外でぇ。ぁの、そのときの律
法というのは、これはまぁ言ってみると、もっぱらその否定する、否定、否定
の対象としてあるんですぇ。そうして出て来るわけです、そういう意味で
ぇ。

　で25節は、「しかし、いったん〈まこと〉が来た以上、わたしたちは、
もはやこういう監視者ですぇ、律法の下にはいない」。養い、育ててくれる
係という意味じゃあないと思うんですぇ〔笑い〕。この養育係というのは、
今の新共同訳も使っていると思うんですぇ。これは前の口語訳も使ってた
んですけど、それは割とぁのポジティブな印象を与える訳だと僕は思いま
すぇ。まぁそれで思い切って「監視者」とやってみました。元もと但しギ
リシヤ語は「教育者」という意味ですょ、これ。但し、岩隈さんはぇ、ぁ
のよくギリシヤ語のおできになる方で、まぁ辞書まで作った方ですけど、
この人のなんかの本に書いてあったですぇ。これはいい意味じゃないんだ
と。記憶に頼って申し訳ありません。どこかの、なんかの本に書いてある
んですけど〔笑い〕。そういうことを一応申し上げておきます。

　そうしますとぇ、結局律法の意味、よくぁのパウロにおける律法の意味
ということを学者先生は、主としてここをテキストに使ってやるわけで
すが、まぁ僕の得た解釈、僕の得た印象で言うと、非常に厳しい見方を

している。まぁはっきり言って、律法はなんのためにあるかと言うと、それは要するに、これはキリストが来る（までのことである）。これは要するに、エック　ピステオース　エイス　ピスティン（ἐκ πίστεως εἰς πίστιν）、キリストからキリストへというときの、キリストからキリストへと——自分の、自分の内におけるキリストですぇ——そこ、それが来るまでであって、それ以外はぁのもう用がないということ。でそこに導く。そこへ間、直接的にせよ、間接的にせよ、とにかく導くんだというようなあれはないと思うんですぇ。もしそうだったら、もしいくらかでも導くんだったら、ぁの確かにキリスト教というのはユダヤ教、あるいは律法ということはある程度やらないとできないってことになりますが、パウロの異邦人伝道というのは元もとぇ、相手がそんな律法なんかやってるってことは前提にしないあれですょぇ。そうでしょ？　ガラテヤの人たちやコリントの人たちは、まぁ一般にはギリシヤ人、ぁぁ、一般にはユダヤ人じゃなかったわけですから、そういう教会でもって律法ということを前提にして、あるいはぇ特にまた割礼ということを前提にして、その上で、というんじゃないと思うんですけどぇ。これはそうですょぇ。やはり別の道で、そうだ、ぁのそのようにして、キリスト教というのは、そういうものを前提にする必要はないというのが彼の立場だと思うんですぇ。ですから、そう律法に好意的だった、あるいはプラスの評価をしたとは思えないですぇ。もちろん反対の方もおられるでしょう。一応そのように読んだということをぇ、申し上げておきます。

　ですからもうはっきり言うと、「律法があるところには」では、もうこれはそれに邪魔されちゃってできない。本当のまぁ——まぁなんと言いますか——本当のキリスト教と言いますか、それはパウロにとっては不可能になっちゃう。まぁローマ書の10章（4節）に、キリストは律法の終わりという言葉がありますが、まぁあれは目的というふうに訳す人も多いんですょぇ。まぁしかし多くの学者が、ブルトマンも確か、カール・バルト

もそうですけど、これは「終わり」というのが正しいと言ってたと思い
ますが、ぁのまぁ今、今のぁの新共同訳はネ「目的」かなんかだったと思いま
す。共同、前の訳は「終わり」だったんですよネ。まぁこれは要するに、も、
〔学生に向かって〕「目的」となってた？　10章、ローマ書10章のネ〔聖
書めくる音〕4節だ。「キリストは、すべて信じる者に義を得させるため
に、律法の終わりとなられたのである」（口語訳）。〔学生に向かって〕な
んて、4節、（新共同訳には）なんて書いてあります？　目的？〔学生
が「目標」と答える〕目標とある？　じゃあ目的ですネ。そういうのとは
ちょっと違う。ぁぁ、まぁそういうとこの解釈も違って来るわけですネ。で
もまぁネ、否定媒介的に「目的」と言ったのかも知れない。分からない。
　はい、そういう意味で一応ですネ、まぁ私は律法というのはまぁ言ってみ
ると、極論すればネ、意味がないということで、「〈まこと〉の死角に成立
する」というふうに理解をいたしました〔笑い〕。

7

〔授業資料から〕
**3：26-29 「あなたがたは皆、キリスト・イエスにあって一つ（＝キリ
ストの〈からだ〉）」**

²⁶ **Πάντες γὰρ υἱοὶ θεοῦ ἐστε διὰ τῆς πίστεως ἐν Χριστῷ
Ἰησοῦ·**
²⁷ ὅσοι γὰρ εἰς Χριστὸν ἐβαπτίσθητε, Χριστὸν ἐνεδύσασθε.
²⁸ οὐκ ἔνι Ἰουδαῖος οὐδὲ Ἕλλην, οὐκ ἔνι δοῦλος οὐδὲ
ἐλεύθερος, οὐκ ἔνι ἄρσεν καὶ θῆλυ· **πάντες γὰρ ὑμεῖς εἷς
ἐστε ἐν Χριστῷ Ἰησοῦ.**

²⁹ εἰ δὲ ὑμεῖς **Χριστοῦ**, ἄρα τοῦ Ἀβραὰμ **σπέρμα** ἐστέ, κατ᾽ ἐπαγγελίαν κληρονόμοι.

［私訳］

3：26　というのは、あなたがたは皆、〈まこと〉により、キリスト・イエスの中にあって、神の子なのである。

3：27　事実、キリストへのバプテスマを受けたあなたがたは、皆キリストを着ているのである。

3：28　そこには、ユダヤ人もギリシヤ人もなく、奴隷も自由人もなく、男も女もない。**あなたがたは皆、キリスト・イエスにあって一つ**（εἷς）**だから**である。

3：29　もしあなたがたが**キリストのもの**であるなら、あなたがたはアブラハムの**子孫**であり、**約束**による相続人なのである。

［授業］

　それで最後のとこですが、ちょっと表題があんまり適当じゃなかったんですけど、26節から29節までの四つの節ですネ。ここで大体まとめているようなもんですネ。微妙な訳の違いのあることはぁの後で他の翻訳をみておいてください。

　（26節）「というのは、あなたがたは皆、〈まこと〉により、キリスト・イエスの中にあって、神の子なのである」。これが、これがネ、「あなたがたは皆、〈まこと〉により、イエス・キリストの中にあって、神の子なのである」、これがパウロという人の出発点であり、前提であり、一切です。これは実は、僕はネ、僕の解釈から言うとこれは、実は同じガラテヤ書の3章8節で（述べた）、「神は、神は諸国民を義とする」ということの言い換えです。諸国民を義とする、人間を義としているんだという第一の義認と言うか、第一のピスティス。ピスティスにより、その〈まこと〉により神はすべての人間を義としているんだということの言い換えです。と言いま

すと、みなさんは、これはあなたがたはガラテヤ人を言ってるんで、ガ
ラテヤの人たちに言ってるんであって、全、全、全人類について言ってる
んじゃないとおっしゃるかも知れませんが、これは手紙ですからそうで
すㇴ。「あなたが」というのはガラテヤ人です。しかし、これはぁの手紙で
すから、「あなたがた」というのはガラテヤの人たちで、ガラテヤの人た
ちはガラテヤの教会員、今日流に言えば教会員ということで、まぁクリス
チャンということになりますが、まぁそういうふうにクリスチャンである
とか、ノンクリスチャンであるとかは立ててないと思うんですㇴ、そうい
う区別は。同じことはコリント、第一のコリントの、第一コリントの1章の
30節に、「あなたがたがキリストにあるのは神による」という言葉があ
りますが、キリストの中にある、エン　クリストー（ἐν Χριστῷ）。この
場合ㇴ、もちろん「あなたがた」というのは手紙ですからㇴ、コリントの
人たちを言ってるんですょ。でもこれもやはりそうです。で、ですからぁの
「すべての人」ㇴ、すべての人、諸国民、それがキリス、いゃ、神に義とされ
ている。これがぁの、このことが聖書の前提だというのが、ローマ書の、あっ
ローマ書じゃない、ガラテヤ書の3章8節でしたㇴ。それがここで再び最後の
締めくくりのように出て来てるんですょ。「あなたがたは皆、〈まこと〉に
より、キリスト・イエスの中にあって、神の子なのである」。

　28節後半、「あなたがたは皆、キリスト・イエスにあって一つだからで
ある」。

　29節、「あなたがたがキリストのものであるなら」、これ、「ものであ
るなら」と書いてありますけど、これは「ものであるから」とも訳せま
す、この εἰ（エイ）という語は。仮定してどうのこうのというあれじゃな
くて、あなたがたがキリストのもの、つまりキリストの、キリストの中にあ
るのだから、あなたがたはアブラハムの子孫である。同じ、まぁパウロは
よくこのこういう意味で εἰ と言うんですが——まぁ英訳すれば if ですけど
——言うんですが、これは仮定法がどうのこうのではありません。丁度日

本語で「あんたたち日本人なら、これぐらいのこと知ってるだろう」と言うときは、「あんたがたが日本人なら」と言ってますけど、「あんたがたは日本人だから、これくらいのことは知ってるだろう」という意味ですぇ。あれと同じ語法です。ですから、まぁこの場合直接にはガラテヤの教会ですから、ガラテヤの信徒たち、クリスチャンということで、まぁ一般に西洋のキリスト教会は、西洋の神学者たちは、これは信仰に対して言ってるんだと、信仰者だけが特別なんだと言うかも知れませんが、3章の8節でみたように、「すべての人間がそのキリスト・イエスの中にあって神の子だ」。でこれがぁの、僕はパウロという人のもっとも普遍的な、普遍的なまぁ言わば原福音だと思うんですぇ。それにただ気づかないんですょ。気づい……、そしてですから、彼の福音というのは、それに気づけば、それを信ずれば、それが、それが救いだと、それが義だと、こういうわけです。いや、第二義の義認が出るわけですぇ。ですからここで26節と、26節や28節やさらに29節の一部に出ていることは、全部まぁ言ってみると、第一の義認。そうでなくちゃいけないんですぇ。そうでなくちゃやっぱり本当じゃないですぇ。それがあるから、そういう、そういう神の恵みに気づいた人間が——なかなか気づかないけれど——そういう気づいた人間がまぁそれはクリスチャンですぇ。

で27節、「事実、キリストへのバプテスマを受けたあなたがたは、——これはですからぁのそれに気づいた人たち——キリストへのバプテスマを受けたあなたがたは、皆キリストを着ているのである」、という形で、これはあんたたちのバプテスマはそういう意味だったんだよということをこの諭しているわけですぇ。でそこには、ですから元もと神様が呼びかけて来ている。そこには、そしてそれを受け入れてバプテスマを受けたクリスチャンたちはもちろんのこと、元もと（28節）「そこには、ユダヤ人もギリシヤ人もない。奴隷も自由人もない。男も女もない。あなたがたは皆、キリスト・イエスにあって一つだからである」と。

　これなんかもぇ、ぁの滝沢（克己）先生はよく人間絶対平等だと言った
んですぇ。元もと絶対平等だと。平等であるべきだってのは法律の考え方
でしょ。今ぇ、民主主義ってのは「人間、平等であるべきだ」と。そう
じゃなくて、元もと絶対平等の世界、その世界があるんだということを
滝沢先生はよく言われましたけど、それですょぇ。「そこには、ユダヤ人
もギリシヤ人もない。奴隷も自由人もない。男も女もない。あなたがた
は皆、キリスト・イエスにあって一つだからである」。この「キリスト・
イエスにあって一つ」というこの解釈も、学者の間にひとつ、ぁの意見の違
いあることは知っております。でもまぁこれは素直に読むと、「キリスト・
イエスにあって一つの〈からだ〉である」というローマ書12章の5節
の言葉がありますぇ。これからまたコリント書に出て来る「キリストの
〈からだ〉」、それを連想させる言葉ですぇ。ですから私はこれはキリスト
の〈からだ〉を言ったんだと思ぅ。あなたがたは皆、キリストの〈から
だ〉である。まぁ個々には、個々にはキリストの〈からだ〉の肢体という
ことになるわけです。これは〈からだ〉の譬えというのがありまして、こ
れはぁのそれぞれ働きは、ぁのネ人間の〈からだ〉の肢体はそれぞれ働きは
違いますけど、どれがなくても困っちゃうわけですからぇ、平等ですょぇ。
そういう意味で、まぁこれは、ここにやはり肢体を——肢体、肢体と言う
か、キリストの〈からだ〉とかぇ——それを読んでも別に不思議じゃない
とは思います。但しぇ、この εἱς（ヘイス）というのはぇ、「あなたがたは
……キリストと一つ、一つ」というのは、学者によって幾つかの説がある
んですょ。私の言ったようなキリストの〈からだ〉と採る先生たち、それ
からこれは実は新しい人間を言うんだと。新しい人間という概念は第二コ
リント書で出て来ますけど、まぁそれに出てるんですぇ。それからキリス
トを言うんだという（説です）。まぁ大した違いはないですけど、どれもぇ
〔笑い〕。
　まぁしかし、人間という者はこの世に生を受けている。生まれて来ると

284

きは、同時にキリストの〈からだ〉の中にいるんですネ。キリストの〈からだ〉の中にいる。でそれが、それが、まぁ「キリストの〈からだ〉」と言うとまぁ教会と言いますが、それは教会というのは、その場合の教会というのは、現実の教会を言ってるとは思えません。どちらかと言うと、教会というもののまぁ理念的な——理想的な姿というのは、言葉のネ問題があるかも知れませんが——本来的な教会という意味で、そういう意味で言ってるだろうと、パウロは言ってるんだろうと思います。でそれはぁのブルトマンもそういうことを言っております。まぁ私たちは先学期やったときはそこまで読めなかったんですが、時間がなくてできなかったんですけど、言ってるんですネ。まぁそういう意味でのキリストの〈からだ〉。現実にある教会がイコールキリストの〈からだ〉というのは、ちょっと無理がありますネ。パウロはまぁあまりそういう意味で、キリストの〈からだ〉というのは使っているわけではないですが、ここではネ、ぁのそういう意味でキリストの〈からだ〉。あなたがたは皆、キリストの〈からだ〉である、本来ネ。でそこではもちろん男も女もない。奴隷も自由人もない。ユダヤ人もギリシヤ人もない。区別がないということですネ。絶対平等の世界。ただなかなか人間、そこに気がつかないネ。気がついてバプテスマを受けたと、まぁそれが言わばキリスト教徒だと言えるでしょうネ。

そして3章の29節ですが、この3章29節だと、「まぁあなたがたがキリストのものであるなら」と書いてありますけど、あなたがたはキリストのもの、まぁキリストの中にあると言っていいし、キリストの〈からだ〉と言ってもいいですネ。キリストの〈からだ〉の一部だから、「あんたたちはアブラハムの子孫であり、約束による相続人」。約束というのはあの約束ですネ。相続人というのは、ここはぁの恵みの相続人ということでしょうネ。そういうことだと。

というわけでネ、〔突然声を大きくして〕まあー、ともかく3章というのは難しいの〔笑い〕。ここをネ、ぁの、これからまぁみなさんはネ読んで行

くときはネ、あのローマ書、ローマ書じゃない、ガラテヤ書3章、散々泣かされ
るとこですが、ぁのでも、やっぱり難しいところっていうのは、やっぱり
色々と分からないながら読んで行くと、色々と教えてくれるところだネ。

　ぁの今回もぁの半年間だけだって言うので、まぁできるだけ聖書をやりた
いと思ったんですが、ガラテヤ書（を）やるときネ、この3章をどうやっ
てネ、みなさんとネ理解して行ったらいいか（迷いました）。僕もネ、こう
いう授業があるから一生懸命読むんだけど、なかなかそれがないと読ま
ないですけど。まぁやっぱり色々と難しくて、まぁとてもパウロという人の
ネ、その真意を汲み取ることができ……、もちろんネ、僕らでそんなことは
できない。ぁの不可能ですけど、どこまでできたか分からないんですけれ
ど、まぁこれからネ、みなさん、ガラテヤ書を読まれるでしょう。3章を
ネ、ひとつ僕の言ったことを憶えていたら、後で吟味していただきたいん
ですネ。

　まぁこれで約半分かな。6章までだからネ。

編者　註

1) ルドルフ・ブルトマン（1884 ～ 1976）　ドイツのプロテスタント神学者（新約聖書学）。翻訳では『ブルトマン著作集』（新教出版社）が代表書で、パウロ神学に関しては、同著作集第 4 巻『新約聖書神学 II』（1966 年）で論じられている。前期授業で取り扱った『新約聖書神学』とはこれを指していると思われる。

2) 青野太潮（あおの・たしお　1942 ～）　新約聖書学者。『「十字架の神学」の成立』（ヨルダン社　1989 年）、『「十字架の神学」の展開』（新教出版社　2006 年）などが代表書。岩波書店の『パウロ書簡』（新約聖書翻訳員会訳　1996 年）の翻訳を担当した。

3) 佐竹明（さたけ・あきら　1929 ～）　新約聖書学者。『ピリピ人への手紙』（新教出版社　1969 年）、『ガラテア人への手紙』（新教出版社　1974 年）、『ヨハネの黙示録』（新教出版社　1978 年）など多数。

4) 山内眞（やまうち・まこと　1940 ～）　新約聖書学者。小川氏とはテュービンゲン大学留学時に知り合う。

5) 原口尚彰（はらぐち・たかあき　1953 ～）　新約聖書学者。日本ルーテル神学校在籍中に小川氏の宗教哲学を受講した。両者とも日本福音ルーテル本郷教会にて受洗し、籍を置いていた。『ガラテヤ人への手紙』（新教出版社　2004 年）などがある。

6) マルティン・ルター（1483 ～ 1546）　ドイツの宗教改革者。パウロ書簡から福音の神髄を発見したことが宗教改革を引き起こして行く原動力になった。本講義ではルターの「義認論」と後代のルター派の「信仰義認論」を区別して論じられている。

7) 『ガラテヤ書大講解』（上：『ルター著作集 第二集』一一巻、聖文舎　1985 年）（下：同 第一二巻、1986 年）。

8) ベネディクトゥス 16 世　第 265 代のローマ教皇（在位 2005 ～ 2013 年）。

9) 授業資料　17 頁下から 18 頁上。

10) 授業資料　18 ～ 19 頁。

11) 座古愛子（ざこ・あいこ　1878 ～ 1945）　重い障がいを負ったキリスト

者。小川氏はこの稀有なキリスト者にしばしば言及されている。同女史を論じた「十字架につけられし女―座古愛子覚書―」は、本講義録の『後期論文集』（第 10 巻、2018 年）に所収されている。

12) 授業資料 19 頁。

13) ジャン・カルヴァン（1509 ～ 1564） フランス生まれの神学者。ルターと並ぶ宗教改革者で、改革派の流れを作った。主著は『キリスト教綱要』、『旧・新約聖書注解』（いずれも新教出版社）。

14) カール・バルト（1886 ～ 1968） スイスの改革派の神学者。『ローマ書』、『教会教義学』（いずれも新教出版社）など多数。なお『ローマ書』の第一版は 1918 年に出版されたが、1921 年に大幅に書き直した第二版が著された。通常『ローマ書』とは第二版を指す。邦訳は『カール・バルト著作集 14』（新教出版社 1967 年）にも収められているが、その他複数の訳がある。親鸞などの日本の仏教については、『教会教義学』の「神の言葉」（神の啓示下：Ⅱ /2）261 頁以下で論じている。

15) 法然（ほうねん 1133 ～ 1212）のこと。平安時代末期から鎌倉時代の僧侶。浄土宗の開祖。

16) 親鸞（しんらん 1173 ～ 1262） 鎌倉時代に活動した僧で、浄土真宗を開いた。

17) 滝沢克己（たきざわ・かつみ 1909 ～ 1984） 宗教哲学者、神学者。『カール・バルト研究』、『仏教とキリスト教の根本問題』（いずれも『瀧澤克己著作集全 10 巻』法蔵館に所収）、『現代の医療と宗教』（創言社 1991 年）など多数。滝沢のほぼ晩年に小川氏は交流を持たれたが、日ごろから「滝沢先生」という尊敬を込めた呼び方をされていた。

18) ひろさちや（1936 ～） 仏教に関する講演や執筆活動をしている宗教評論家。

19) 最澄（さいちょう 766/767 ～ 822） 天台宗の開祖で、中国で仏教を学んだ後に比叡山延暦寺を建立した。同時代の空海と並び称される。

20) 空海（くうかい 774 ～ 835） 真言宗の開祖で、弘法大師と称されることが多い。最澄と同様に中国に渡り、真言密教をもたらした。

21) ブルトマンの教科書 『ブルトマン著作集 4』（新教出版社 1994 年）のこと。

22) King James 欽定訳聖書と呼ばれる。1611 年にイングランド王ジェームズ 1 世の命令で翻訳されたことからこの名称となった。日本における文語

訳聖書に相当する。小川氏はこれをしばしば評価されている。

23)　New King James　新欽定訳聖書のこと。欽定訳聖書は段階的に改訂されており、1982 年版が最も新しい。

24)　本書ではすでに修正したものが印刷されている。

25)　配布された表は入手できなかったので、本書には掲載されていない。

26)　遠藤周作（えんどう・しゅうさく　1923 ～ 1996）　カトリックを代表する作家。『沈黙』（新潮社　1966 年）、『死海のほとり』（新潮社　1973 年）、『イエスの生涯』（新潮社　1973 年）、『深い河』（講談社　1993 年）などが代表作。弱者の信仰を主題とする同氏は、ペトロを好みパウロを嫌った。

27)　既刊の『ローマ書講義』（Ⅰ）の私訳と多少異なるが、そのまま以下に記載した。下の他の私訳も同様である。なお、本ガラテヤ書講義が最初の講義であり、翌年にローマ書講義が行われたので、その際にローマ書私訳の多少の修正が行われたのであろう。

28)　井上良雄（いのうえ・よしお　1907 ～ 2003）　文芸評論家から神学者に転向する。バルトの『教会教義学』の和解論をすべて翻訳し、『福音と律法』の翻訳も行った（『カール・バルト著作集 5』に所収）。代表書は『神の国の証人・ブルームハルト父子』（新教出版社　1982 年）。小川氏の恩師井上忠とも親交があった。

29)　太田修司（おおた・しゅうじ　1950 ～）　新約聖書学者、翻訳家。『パウロを読み直す』（キリスト教図書出版社　2007 年）が代表的著書。

30)　資料のⅡ　本書 78 頁以下に記載。

31)　浄土教　阿弥陀仏による極楽浄土への往生を説く教え。日本には 7 世紀前半に伝えられた。

32)　バウアーの辞書　Walter Bauer による *A Greek-English Lexicon of the New Testament and Other Early Christian Literature* のこと。

33)　1 頁　80 頁に記載。

34)　前田護郎（1915 ～ 1980）のこと。新約聖書の私訳を刊行し、ピスティスを「まこと」と訳した。

35)　ハンス・リーツマン（1875 ～ 1942）　ドイツの神学者。教会史が専門であったが、新約聖書の研究家でもあった。

36)　資料集　78 ～ 79 頁に記載。

37)　本田哲郎（ほんだ・てつろう　1942 ～）　カトリックの司祭。大阪釜ヶ

崎で日雇い労働者に学びつつ聖書を読み直し、新約聖書の私訳を刊行して
いる。新共同訳聖書の編集委員でもある。

38) 同頁の上に記載。

39) 北森嘉蔵（きたもり・かぞう　1916 ～ 1998）　神学者（宗教改革神学、
組織神学）。代表作は『神の痛みの神学』（新教出版社　1946 年）。

40) 124 頁に記載。

41) RSV（Revised Standard Version）　英語訳の改定標準訳のことで、最も優
れた英語訳とされる。

42) トマス・アクィナス（1225 ～ 1274）　中世の神学者、哲学者。ドミニコ
会に属し、スコラ学の代表的神学者。主著は『神学大全』（全 45 巻、創
文社）。

43) 『日本の聖書学』（ATD・NTD 聖書註解刊行会　1995 年）の 123 ～ 146
頁に太田修司氏の論文「ガラテヤ書における『イエス・キリストの信実』」
を掲載。

44) 配布資料の頁のことで、本書には記載されていない。

45) 正確には im Glauben des Sohn Gottes。

46) 『キリスト者の自由』　1520 年に執筆されたルターの代表的な書。邦訳で
は『キリスト者の自由　全訳と吟味』（徳善義和著、教文館　1996 年）、
『キリスト者の自由・聖書への助言』（石原謙訳、岩波書店　1955 年）な
どがある。

47) ハンス・ベッツ（1931 ～）　米国の神学者、パウロ書簡の注解書では『ガ
ラテヤ書』が有名。

48) ワルター・ハンセン（1946 ～）　米国の神学者で、『ガラテヤ書における
アブラハム』、『フィリピの信徒への手紙』などがある。

49) リチャード・ロンゲネッカー（1930 ～）　米国の神学者で、コリント書、
ガラテヤ書、ローマ書の研究書がある。

50) 吉村善夫（よしむら・よしお　1910 ～？）『ローマ書』（1967 年）翻訳
他、『ドストエフスキー』（新教出版社）、『夏目漱石』（春秋社）などの著
書がある。

51) 時宗　鎌倉末期に興った浄土教の一宗派で、開祖は一遍。鎌倉仏教のひと
つに数えられる。

52) 一遍（1239 ～ 1289）　鎌倉時代の僧。浄土教の一宗派の時宗の開祖。小
川修「一遍―唯一回性の聖―一遍法語の解釈試論」（本講義録の『後期論

文集』第 10 巻、2018 年、に所収）を参照。

53) 同女史を論じた「十字架につけられし女—座古愛子覚書—」のことであろ
   う。同論文は本講義録の『後期論文集』（第 10 巻、2018 年）に所収され
   ている。

54) 中村久子（なかむら・ひさこ　1897 〜 1968）　重い障がいを負いながら
   浄土真宗に帰依し興行芸人として生きたが、晩年は執筆、講演活動を行い
   ながら自立した生涯を送った。

55) 210 頁及び 225 頁に記載。

56) 210 頁及び 225 頁に記載。

57) 『聖書を読む』　滝沢克己『聖書を読む—マタイ福音書講解—』全 8 巻（岩
   切政和編、創言社　1993 〜 2003 年）のこと。1981 〜 1983 年にかけ
   て行われた滝沢克己の公開講義を口調までもそのまま再現したもので、本
   書はこれを参考にした。

58) 『聖書を読む』(2) の 49 頁以下から。

59) 210 頁及び 225 頁に記載。

60) セプトゥアギンタ　通称七十人訳と呼ばれる聖書のこと。紀元前三世紀か
   ら前一世紀ごろにかけて、旧約聖書のヘブライ語からギリシヤ語に翻訳さ
   れたもの。

61) 『福音と律法』は井上良雄が訳し、『カール・バルト著作集 5』に所収され
   ている。

62) 210 頁及び 225 頁に記載。

63) 授業資料に書いてある位置のことで、本書では 210 頁及び 225 頁に記載。

64) マソラ　マソラ本文のこと。セプトゥアギンタがギリシヤ語なのに対し
   て、マソラ本文はヘブライ語である。

65) 臨済義玄（りんざい・ぎげん　？〜 867）　中国・唐時代の禅僧で、臨済
   宗を開いた。弟子によってまとめられた語録が『臨済録』である。

66) 蓮如（れんにょ　1415 〜 1499）　室町時代の浄土真宗の僧。蓮如の布教
   は、手紙の形で分かり易く説いた御文（おふみ）を中心に行われた。

67) 岩隈直（いわくま・なおし　1909 〜 1997）　無教会の伝道者で、『新約
   聖書ギリシャ語辞典』を刊行した。

あとがき

立 山 忠 浩

　『小川 修 パウロ書簡講義録』は、小川修先生が同志社大学大学院で３年に亘って講義された「パウロ書簡講義」を逐次的に文章に起こしたものである。論文集を含めて全 10 巻であるが、ローマ書並びコリント書の講義録と論文集はすでに刊行されている。『ガラテヤ書講義』が最後になる。

　同志社での実際の講義はガラテヤ書、ローマ書、そしてコリント書の順で行われた。編集者の判断でこのような出版順序になったが、今回の『ガラテヤ書講義』（Ⅰ）の編集作業に携わることで、先生の意図された順序でパウロ書簡の研究に取り組むことが王道であることを再認識した。それはガラテヤ書が他の二書よりも先に執筆されたという理由だけではない。ローマ書、コリント書のそれぞれが、ガラテヤ書に明瞭に語られたパウロの福音理解を――それが本講義の副題である「神の〈まこと〉から人間の〈まこと〉へ」ということになろう――前提とし、基盤となって展開された書簡であることを確認するからである。

　小川先生のパウロ書簡講義には特色がある。聖書講義や注解は他にも多々あり、それぞれが特徴を持ち、他者とは異なる神学や思想、切り口があることは言うまでもないが、そういう意味の誰もが有しているそれのことではない。「パウロの手紙を自分で読む」ということである。これは、我々が日本ルーテル神学校に在籍していた時から一貫している姿勢であ

294

る。聖書を読み、説教する者の心構えとして繰り返し学生に語られていたことであった。

　この言葉は凡庸な響きがするかもしれない。当たり前で、特段の特色と言うべき言葉ではないという印象である。説教者であり、聖書の研究者、あるいは自覚的なキリスト者であるならば、それは当然だからである。

　では「パウロの手紙を自分で読む」という時の具体的な取り組みで考えてみよう。例えば説教者は説教するために聖書を自分で読む。他の私訳を参考にしながら私訳を試み、著名な神学者の注解書にも目を通しながら、教理から逸脱しないことを心掛けるであろう。人の心を打つ説教集も参考にし、説教のネタ探しにアンテナを張る者もいよう。もちろん黙想も欠かせない。一例であるが、これが聖書を自分で読む時の手法である。

　小川先生の特色とは、この一例のいずれをも否定し、また無視するということではない。先生にもしばしば言及される神学や思想家がいた。カール・バルト、滝沢克己、井上忠、井上良雄という名前がしばしば登場する。彼らから多くのことを学ばれたのである。あるいは〈まこと〉と訳されるピスティス（πίστις）に関する解釈は、太田修司氏や田川建三氏の論述も参考にされている。ただ、彼らの見解が無条件に鵜呑みにされることはない。「パウロの手紙を自分読む」とは、まず自分で書簡を読むことである。むしろ「神学者のだれそれ」とか「…神学」というものに引きずられ、それらの捕囚者とならないように、自分でパウロ書簡を読むという意味である。もちろん他の神学者や思想家の見解に耳を傾け、それを助けとするが、それは自分がパウロのザッヘを掴んだ後のことである。ゆえに、先達者たちの正鵠さが確認されることがあり、逆に彼らの教えが批判の対象となることが当然起こることになる。

　このようにして「パウロの手紙を自分で読む」ということから明瞭となったことのひとつがピスティスである。これまでの訳語はほぼ「信仰」であるが、それを〈まこと〉（「キリストの〈まこと〉」、「神の〈まこと〉」）

と訳すことで、その意味が大きく転換されることになる。信仰とは通常「人の信仰」のことであるが、〈まこと〉とはキリストあるいは神の〈まこと〉のことである。このピスティス理解は人の信仰を不要とするのではない。キリストのピスティスや神のピスティスと人のピスティスを区別し、その順序を明確にするのである。第一のピスティスを〈まこと〉とし、人の信仰は第二のピスティスという言い方になる。第一のピスティスは人の信仰の有無とは関係なく確立しているもので、これを小川先生は滝沢克己の言葉を借りて「原福音」とか「原事実」と呼ばれている。本講義録の副題が「神の〈まこと〉から人間の〈まこと〉へ」と表したのは、これを意味している。第一と第二の区別と順序が確保されることで、人の信仰も当然要求されるのである。

　これは「義認論」を標榜するルター派にとっては大きな衝撃となる。なぜなら、義認論とは「律法の実行ではなく、イエス・キリストへの信仰によって義とされる」（ガラテヤ 2:16）ということであり、これは「信仰義認論」と言うべき核心的な教理だからである。この場合の「信仰」とは人の信仰を意味している。結局は、「義認の根拠を人の信仰に置いているのではないか」という指摘を否定することは難しい。ただ、ルターは「受け身（受動的）の義」とか「神の賜物としての義」という表現を用いるので、単に人の信仰による義認を強調したとは言えないが、「イエス・キリストのピスティス」を「イエス・キリストへの信仰」と訳すことによって、「信仰義認論」を後代に定着させることに決定的な影響を与えたことが指摘されている。パウロ書簡、特にローマ書やガラテヤ書のピスティスの発見から宗教改革を起こしたルターの貢献が、今問われることになる。
　これはルターをただ批判し、過ちを正すということではない。本講義でも言及されているが、ルターの発見した福音というものは本来「イエス・キリストのピスティス」というものであったのであろう。それがいつしか

人の信仰を強調することの方へと振れ過ぎたのだと思う。この意味でも、本講義の意図することは、ルター派の義認論を本来のものへと振れ幅を戻す取り組みだと言えよう。

　さらに加えるならば、パウロのダマスコ回心に関する論述も従来の解釈からすれば極めて斬新な解釈であり、興味深い。ダマスコの回心はパウロを語る上で極めて重要で、パウロ解釈で欠かせない特異な体験であることは言うまでもない。ところが、この体験をパウロ自身は手紙の中で語ることはない。唯一の箇所として挙げられるのがガラテヤ書（1:15 以下）であるが、それも明瞭に記されているわけではない。なぜか。これはコリント後書 12 章につながることであるが、本講義でも極めて説得的な解釈が施されている。

　小川修先生のこの特色は、「それは独りよがりの解釈ではないか」、「これまでの教会の教理から逸脱しているのではないか」という懸念や誹りを免れない。確かに、従来の教理や信条の中でしか聖書を読まない人にとっては、本講義録は伝統的な解釈から逸脱していることになる。滝沢克己の評価と同様に、伝統的なキリスト教会や神学から見れば傍流であり、少数派の見解である。「ほぼ異端」という酷評をも甘受せざるを得ないことになる。

　そのような批判や反発が的を射ているかどうか、それは読者の判断に委ねるしかない。一言加えるならば、宗教改革者のマルティン・ルターの聖書の読み方、特にパウロの手紙の読み方は実に斬新であった。当時の伝統的な読み方からすれば、本流を離れた傍流であり、異端的なものに過ぎなかった。『ローマ書』を世に著したカール・バルトにしても伝統的な教会の最初の反応は反発であり、嫌悪感であった。

　ただ、今後は少数派や傍流というような位置付けが変化することになろうという期待を抱かせる出来事があった。一昨年の 2018 年に刊行された

『聖書協会共同訳』である。新しい聖書の刊行は、我々編集者にとって極めて意義深いものとなった。ローマ書、ガラテヤ書を中心にピスティスが従来の「信仰」から「真実」へと改訳されたからである。本講義録の刊行が開始されて7年目のことであり、パウロ書簡（特にローマ書）をテーマにした小川先生の論文が著され始めてからすでに半世紀近くを経ている。新しい聖書にもまだまだ不十分で曖昧な箇所が散見されるが、しかし重要な一歩であることは間違いない。「少数派の見解」という言葉が死語になる可能性を見ることになった。先生がご存命であればきっと喜ばれたに違いない。

　ある著名な新約聖書神学者に『ローマ書講義』（Ⅰ）を贈呈したことがあった。後日実に丁寧な返事をいただき感謝に堪えなかったが、その内容は実に厳しい評価であった。厳密、かつ厳格な新約聖書神学からすれば、本講義録は「素人感」が否めないことを認識することになった。しかしそれは、例えば小川先生の恩師であった哲学者井上忠の言葉を借りれば、新約聖書神学（〈こころ〉言語の一種）という独特の繭の糸にぐるぐると絡まれて、その世界、その学問領域の中でしか聖書を読めないという窮屈さ、不自由さを（まさに繭の中でのこと）感ぜざるを得ない。もしもそのような視点や神学的手法からしかパウロの手紙を読めないのであれば、パウロ自身がもっとも困惑するに違いない。

　小川先生は同氏の専門的知識、ギリシヤ語を中心とした諸解説に多くのことを学ばれたが、しかしそれでパウロの肝心かなめの福音、〈まこと〉、ザッへと言うべきものを受け取ることはできなかった。新約聖書神学者として、あえて自分の領域を超えたことには踏み込まず、根拠のないことを論じることを誠実であるがゆえに避けたのであろうと想像する。しかしそれでは、パウロが最も伝えたかったことが見えないという思いはどうしても払拭できない。ただ、これにはそれぞれの異なった評価があろう。

　最後に触れておかなければならないことがある。それは座古愛子という信仰者のことである（同女史を論じた「十字架につけられし女―座古愛子覚書―」は、本講義録の『後期論文集』（第 10 巻、2018 年）に所収されている）。重い障がいを負った女性であったが、同女史のことが本講義録の全般に亘って頻繁に登場する。いや、すでに挙げた神学者、思想家以上である。失礼ながら、彼らに比べれば名も無き、無学な女性であるが、小川先生はこの女史を、パウロの福音理解を真に理解し、見事に体現した女として繰り返し取り上げている（本書 25 頁以下）。

　我々牧師や神学する者はすぐに「…神学」とか、著名な神学者や学歴・業績を積んだ専門家に拠りかかり、その上に自分の福音理解を組み立てようとしないだろうか。そのようにして構築した自分の説教や聖書解釈を誇ろうとする者までいる。小川先生はそういう方向とは全く異なった。むしろ、名も無き女性であり、学校教育を受ける機会を持ち得なかった女史から本当に学ばれたのである。それゆえに、この女史の掴んだとてつもないパウロの神髄を、彼女に代わって世に著そうとされたのである。「このような稀有な女性の信仰が埋もれ、忘れ去られてはいけない」、これが先生の口癖であり、使命感であった。

　この座古愛子女史に並んで登場する中村久子についても言及すべきであろう。中村女史も座古愛子と同じように重い障がいを負った女性であったが（座古愛子の方がより重い障がいを負っていたが）、座古愛子と対面することで目を開かれた女性である。彼女はその時点では何の宗教にも帰依していない無宗教の人物であったが、座古との出会いのときに「生きているんじゃない。生かされている」という声を聞く。そして後に浄土真宗に帰依し、そこで仏教の教えを説く働きを担って行く。

　我々キリスト者は、中村女史が聞いた声を「それはキリストの声ではないか」とか「パウロの体験と同じで、中村久子はキリスト者ではないのか」と言いたくなるが、小川先生はそうではない。「やれ、仏教徒ではな

いか。やれキリスト者ではないか」というようなことは大した問題ではないと言われる。パウロの手紙、パウロの福音理解というものは、宗派、教派というものを越えたものであり、それを〈まこと〉と言うことに気づかされるのである。むろん我々はキリスト者としてパウロの手紙を読んでおり、それはこれからも変わらないことであろう。しかし、パウロの〈まこと〉は遥かに広い視野を持つ。エキュメニカルという教会間だけの対話ではない。キリストの〈まこと〉、神の〈まこと〉、そしてパウロの〈まこと〉は他宗教、他思想などとの対話・共存というさらに広がりを持っていることを知るべきであろう。

　今回の講義起こしもそれぞれが担当し、最後は立山が編集し、それをまた各担当者が確認するというこれまでと同様の作業を行った。それぞれの担当は以下である。光延博：9～61頁、197～223頁、高井保雄：61～99頁、箱田清美：100～134頁、角本浩：134～163頁、西川晶子：163～194頁、立山忠浩：223～285頁。

　今回もリトンの大石昌孝氏に様々な面での大きなご支援をいただいた。心からの感謝を申し上げたい。

　本講義録も残すところ『ガラテヤ書講義』（Ⅱ）の1巻だけとなった。本講義録を用いていただくことで、「パウロの手紙を自分で読む」ことの助けとしていただければ我々の望外の喜びである。それが小川修先生の思いであったと確信する。

2020年　初秋

小川修 パウロ書簡講義録・刊行会メンバー

箱田清美　高井保雄

大柴譲治　立山忠浩

著者紹介

小川　修（おがわ　おさむ）
1940 年、東京都豊島区南大塚に生まれる。
東京大学法学部卒業後、都市銀行に就職したが、神学・宗教哲学研鑽の道へ変更した。
立教大学大学院を経て米国ニューヨーク・ユニオン神学大学大学院修了後、ドイツの諸大学（エルランゲン、テュービンゲン、ミュンヘン）で神学・宗教哲学を専攻。
帰国後、実践女子大学、郡山女子大学で教鞭をとった後、聖徳大学（人文学部教授）が最後の勤務校となった。
その他、日本ルーテル神学校・ルーテル学院大学で長年主として宗教哲学を講じ、同志社大学神学部大学院（2007 年〜2010 年）では、パウロ書簡の講義を行った。論文は、ルーテル学院大学、聖徳大学などの紀要に多数収められている。
2011 年 1 月、帰天。

編者紹介

光延　博（みつのぶ　ひろし）1971 年、筑後市に生まれる。
日本福音ルーテル静岡・富士教会牧師

高井　保雄（たかい　やすお）1949 年、姫路市に生まれる。
日本福音ルーテル教会引退牧師

箱田　清美（はこだ　きよみ）1950 年、福岡市に生まれる。
日本福音ルーテル教会引退牧師

角本　浩（すみもと　ひろし）1965 年、東京都北区に生まれる。日本福音ルーテル神水・甘木・松橋教会牧師

西川　晶子（にしかわ　あきこ）1976 年、熊本市に生まれる。
日本福音ルーテル久留米・田主丸・大牟田教会牧師

立山　忠浩（たてやま　ただひろ）1954 年、鹿児島市曽於郡（現曽於市）に生まれる。日本福音ルーテル都南教会牧師

大柴　譲治（おおしば　じょうじ）1957 年、名古屋市に生まれる。日本福音ルーテル大阪教会牧師

小川修パウロ書簡講義録　7

ガラテヤ書講義　I

発行日　2020 年 9 月 21 日

著　者　小川　修
編　者　小川修パウロ書簡講義録刊行会
発行者　大石昌孝
発行所　有限会社リトン
　　　　101-0061　東京都千代田区神田三崎町 2-9-5-402
　　　　TEL03-3238-7678 FAX 03-3238-7638
印刷所　株式会社 TOP 印刷

ISBN978-4-86376-081-3　　©Osamu Ogawa　　<Printed in Japan>

小川修 パウロ書簡講義録